2018年度河北省社会科学发展研究课题
『雄安文脉传承视域下的雄安民俗熟语研究』
课题编号：201803050102
本项目受保定学院科研经费支持

雄安熟语与雄安民俗研究

白云霜 著

河北大学出版社·保定

出 版 人：朱文富
责任编辑：韩立霞
装帧设计：王占梅
责任校对：姚萌萌
责任印制：常　凯

图书在版编目（CIP）数据

雄安熟语与雄安民俗研究 / 白云霜著. -- 保定：河北大学出版社，2023.5
ISBN 978-7-5666-2166-5

Ⅰ. ①雄… Ⅱ. ①白… Ⅲ. ①北方方言－熟语－研究－雄安新区②风俗习惯－研究－雄安新区 Ⅳ. ①H172.1②K892.422.3

中国国家版本馆CIP数据核字(2023)第061739号

出版发行：河北大学出版社
地址：河北省保定市七一东路2666号　邮编：071000
电话：0312-5073003　0312-5073029
网址：www.hbdxcbs.com
邮箱：hbdxcbs818@163.com
经　　销：全国新华书店
印　　刷：保定市北方胶印有限公司
幅面尺寸：170 mm × 240 mm
字　　数：310 千字
印　　张：19.25
版　　次：2023 年 5 月第 1 版
印　　次：2023 年 5 月第 1 次印刷
书　　号：ISBN 978-7-5666-2166-5
定　　价：78.00 元

如发现印装质量问题，影响阅读，请与本社联系。
电话：0312-5073023

序

云霜博士的《雄安熟语与雄安民俗研究》就要出版了，翻阅着厚厚的书稿，我颇感欣慰，自己指导过的学生在词汇学研究之路上又向前迈进了一步。

熟语是民间流传的语汇形式，属于词汇系统中的特殊成员。熟语跟民俗关系密切，是民俗文化的重要载体。云霜选择“雄安熟语”作为研究对象，具有很高的语言学价值和民俗学价值。本书由熟语考察民俗，于民俗中探索熟语的语源，为语言与民俗的双向互动研究提供了一个成功案例。

“语言学视角下的雄安熟语考察”一章，从语言学视角出发对雄安熟语中的几类成员分别做了界定，区分了熟语与俗语，厘清了熟语成员成语、惯用语、谚语、歇后语、俗语之间的关系，提出了其个人见解，总结出了比较有效的区分方法。书中的一些见解和观点，如“俗语与整体为比喻的谚语的区分”“四字谚语与成语的区分”等，弥补了熟语研究之不足，具有一定的理论价值，值得肯定。据我所知，目前学界尚未出版关于雄安熟语系统研究的成果，本书整理出的雄安熟语体系比较完整而系统，有助于人们了解和认识雄安熟语的整体面貌，为现代汉语词汇研究做出了贡献。

“雄安熟语中的生产民俗”和“雄安熟语中的生活民俗”两章，是从民俗学视角出发的研究。从雄安熟语里观察整理出的雄安系列民俗，为我们展现了一幅幅生动丰富的民俗画卷。书中涉及雄安民俗的方方面面，我们可以看到农耕、渔猎、苇事、采掘等生产民俗，还可以看到饮食、居住、出行等生活民俗，人生礼俗、岁时节日习俗等社会民俗，以及民间信仰、民间智慧、民俗观念等精神民俗。

“记录与渗透——雄安熟语与雄安民俗之密切关系”一章，融合语言和民俗两个视角，从宏观和微观两个层面，对雄安熟语与雄安民俗的密切关系进行了分析研究。其中，深入总结了雄安熟语承载雄安民俗的方式、各类熟语成员对雄安民俗的贡献，整理出一套集中反映民俗的语素系列，还深入分析了熟语如何以修辞结构凸显民俗事象之细节。

“雄安熟语用字现状考察”一章，关注现实语用规范，探索词语的民俗语源，考释熟语用字，很多分析颇有见地，如“穿子”“解苇”“扳罾”“小圣庙”“稙谷”等民俗词语的用字，等等。

云霜博士毕业后曾出过一本研究文学作品方言词汇的书，与之相比，本书的分量厚重了许多，文化底蕴愈加深厚，专业思辨也更为深入。进行雄安熟语与雄安民俗研究是一项浩大工程，需要查阅大量的文献资料，进行田野调查，除了要具有较好的语言学功底以外，还要深入学习并恰当运用民俗学的相关理论知识。很多熟语具有明显的地方特点，如何解释并揭示其隐含的文化信息，对研究者来说是一个不小的挑战。云霜出于对汉语词汇学的执着和对家乡的热爱，选择了这一课题。为了做好这个课题，她付出了几年的辛劳，坚持不懈地对雄安熟语进行调查、甄别、探源、释义。研究中既立足于语言学领域，从词汇学出发系统梳理雄安熟语体系，同时还观照文化学视域，挖掘民俗元素，借助民俗语源考证熟语的用字和语形，将民俗学和语言学两个视角有机地结合起来。本书具有跨学科研究性质，分析熟语时联系民俗源流；谈民俗，不忘语言因素的作用。作者始终坚持语言研究之本位，时时处处从语言文字出发去分析、比较、探源和释义。

将熟语和民俗结合起来研究，有助于发现其中蕴含的地域文化特质；通过熟语发掘民俗文化信息，有助于保护和传承优秀传统民俗，增强文化自觉，坚定文化自信。随着雄安新区城市化建设进程的加快，当地的一些传统风俗有可能会隐退和消弭。从这一意义上来说，对雄安熟语的整理和研究可谓迫切而及时。

读罢全书，我获得这样一个认识：熟语的整理和发掘是保护文化多样性的有效途径，对传承发展地方文化有着特殊而重要的意义。祝愿云霜博士在这一领域继续深入开掘，不断取得新的成绩。

是为序。

郭伏良

2023 年 4 月于河大紫园

目录

第一章　绪论

雄安新区位于北京、天津、保定腹地，冀中平原之上，西眺太行，北望燕山，下辖雄县、容城、安新三县及周边部分区域，规划总面积为 1770 平方千米。雄安新区所辖区域历史悠久，文化积蕴深厚，早在新石器早期，这里就有人类繁衍生息。雄安地貌主要为平原，“华北明珠”白洋淀位于中南部。广袤的平原沃野以农耕为主，辽阔的水域与众多的河流则为渔业、苇编等提供了丰富资源，整个雄安新区形成了农、林、牧、渔、苇等相结合的生产布局。物质生产的多样性决定了生产习俗的多样性，而特定的自然地理条件、悠久的历史渊源又使雄安民众的生产生活带上了鲜明的地域性特征，形成了独具特色且丰富多样的民俗文化。

民俗，既是一个地区独一无二的印记，更是一个地区文明的精髓和灵魂。语言是文化的天然载体，熟语是展现民间生活原貌、历史与现实民俗的珍贵文本。然而，随着现代化、城市化进程的加快，许多民俗事象正处于衰退、消亡或变形的过程之中，很多熟语也在消亡之中。调查和研究熟语是抢救、保护、传承雄安民俗的重要且有效途径。我们的工作就是在这些语汇消亡之前，把雄安熟语收集起来，在熟语和民俗之间展开双向互动研究，为雄安地方文化的进一步研究提供资料，为雄安方言研究提供一些参考。

第一节　概念界说

一、“雄安熟语”的界定

（一）熟语与俗语

本书在出版之前，很多人问我：为什么要用“雄安熟语”而不用“雄安俗语”？大家之所以提出这一问题，跟“俗语”在民间的普及程度远盛于“熟语”有关，同时，也触及了语言学界关于“熟语”与“俗语”之争这一话题。

我们先来看看什么是“熟语”、什么是“俗语”，然后再回答为什么不用“俗语”而非要用“熟语”这一表述形式。

“熟语”是现代汉语中的术语，我国传统的语言学研究中并没有这个术语，学界一般认为是由俄语“фразеология”或英语“phraseology”翻译过来的。①熟语之所以称之为“熟”，主要是由于其性质的成熟稳定。汉语历史上对于定型语句没有统一的严谨的明确的指称方式，译借“熟语”这个国际上使用的术语很有必要，而且也方便学术研究和国际学术交流。②“熟语”这个称谓引进之初，它的下位语种一般认为包括五类：谚语、成语、惯用语、歇后语、格言。武占坤先生曾将其分为成语、谚语（包括格言）、惯用语（包括俗语）、歇后语、锦句五类。③后来，随着熟语研究的深入展开，国内学者逐渐认同了用“熟语”来总称词汇中那些结构上定型、意义上融合性较强、构成成分不能轻易改变的短语或句子；虽然对于熟语的范围问题学术界还没有完全统一的认识，但是大家都认可的是：谚语、成语、惯用语、歇后语为熟语的主要类别。④正如武占坤先生所言，虽然学者们的观点略有不同，但“万变不离其宗”，这个“宗”就是“谚语、成语、惯用语、歇后语四类的设置基本不变”⑤。

温端政先生考察过俗语的历史，他的结论是：在中国历史上，“俗语”这一语言形式早在先秦的文献里就大量出现，它“作为语言单位的名称，始于汉代”⑥，如刘向《说苑·贵德》：“故俗语云：‘画地作狱，议不可入；刻本为吏，期不可对。’此皆疾吏之风，悲痛之辞也”⑦。作为语言学概念的“俗语”也远远早于“熟语”，在新中国成立以前学界就开始有人讨论俗语了。

与熟语相反，学者们对俗语的看法莫衷一是，争议的焦点主要表现为“俗

① 孙维张：《汉语熟语学》，长春：吉林教育出版社，1989年，第1页。
② 孙维张：《汉语熟语学》，长春：吉林教育出版社，1989年，第3页。
③ 武占坤：《汉语熟语通论》（修订版），保定：河北大学出版社，2007年，第50页。
④ 孙月：《俗语在熟语中的定位及其特征》，保定：河北大学硕士学位论文，2006年，第3页。
⑤ 武占坤：《汉语熟语通论》（修订版），保定：河北大学出版社，2007年，第50页。
⑥ 温端政：《汉语词汇学教程》，北京：商务印书馆，2006年，第64页。
⑦ （汉）刘向撰，卢元骏注：《说苑今注今译》，天津：天津古籍出版社，1988年，第141页。

语”所辖范围的广狭，即“俗语是作为成语、谚语、惯用语、歇后语等的上位概念，还是作为与之平等的熟语之下位概念”，我们暂且将两种观点分别称为“广义俗语”和“狭义俗语”。

第一种说法：广义俗语。

将“狭义俗语”作为一种熟语类型，是20世纪80年代初期的事情，此前学界一般只有“广义俗语”概念。广义俗语当时成为“民间通俗定型的语句和词组”的总称，“而这一总称应该被看作只是‘民间通俗熟语’一词的简称或别称”。① 持“广义俗语”观点的学者，把“俗语”视为一个广义的“属”概念，认为俗语是人民群众口头上流传的、通俗的、定型的语句，并在这个大框架下划定它的范围。古往今来，人们对广义俗语的关注从未停歇，而对其所指称的对象、范围的看法却不尽相同，大体认为其包含谚语、歇后语、惯用语，还有俚语、土语方言和通俗成语等。

明清时期出现了专门辑录固定语句的书籍，其中不少涉及“俗语”，不过从现代语言学的观点看，钱大昕《恒言录》中的俗语，既包括俗成语也包括典雅的成语，还包括谚语；钱大昭《迩言》中收集的俗语，有词、惯用语、成语等；翟灏的《通俗编》、福申的《俚俗集》等，收条情况也大都如此。直至今人胡朴安主编的《俗语典》（1983）、李鉴堂的《俗语考原》（1985），在对俗语范围的认定上仍十分宽泛。屈朴在《俗语古今》一书中提到，俗语的品类有口语性成语、谚语、格言、歇后语、惯用语、俚语等。②

温端政在俗语的理论研究与词典编纂方面均卓有建树，他主张“广义俗语”之说，并在《俗语大词典》前言中指出，“俗语是群众所创造的、并在群众口语中流传、结构相对定型的通俗而简练的语句”③，而且指出俗语应包括谚语（表述语）、惯用语（描述语）、歇后语（引述语）。

第二种说法：狭义俗语。

持这种观点的学者认为，俗语应该被视为熟语中一个独立的类别。

---

① 徐建华：《俗语，一种独立的熟语语种》，《衡阳师专学报》（社会科学），1992年第1期，第70—73页。

② 屈朴：《俗语古今》，石家庄：河北人民出版社，1991年，第16页。

③ 温端政编：《俗语大词典·前言》，北京：商务印书馆，2015年，第2—4页。

在熟语之中，韩阙林把俗语单立了出来，指出汉语的熟语分为几种不同的类型，俗语与成语、典故、谚语、格言、惯用语、歇后语和名句等都是熟语的成员。[①] 王捷等在《中国俗语》的前言中指出，俗语是“一种独立的熟语语种”，是“通俗而形象地描述人情世态的定型的语句”。[②]

王勤提出要分清“广义俗语”与“狭义俗语”，前者等同于“熟语”，后者是熟语的一个成员，与谚语、成语、惯用语、歇后语为同一级别的种概念。王勤认为“广义俗语”的说法从语言规范的角度来看是有欠缺的，因为从广义俗语中拣出成语、谚语、歇后语、惯用语以后，还剩下一部分固定词汇，如“拆东墙补西墙，一个萝卜一个坑，鼻子不是鼻子脸不是脸”等，它们与成语、谚语、歇后语、惯用语处于同一地位、同一级次，他主张将其称为“狭义俗语”（简称俗语）。[③] 王勤通过与成语、谚语、歇后语、惯用语的比较，从外在形态、语义特征、跟其他熟语类别的区别与联系等方面，明确了狭义俗语的性质和范围，认为“俗语是以语言形象、生动、活泼为特点，以提高语言的表达效果为宗旨，具有口语风格定型的语句。它的功用不仅能表达某种思想，而且能用形象、生动、活泼的语言传情、感人”，并指出“必须让它独立门户，改变长期以来将它与其相似的词汇材料混为一体的杂乱状态”。[④]

此外，还有一些学者在狭义俗语与广义俗语的观点之外，就熟语与俗语的区分提出了自己的看法。马国凡《俗语》认为俗语不同于熟语，俗语着眼于通俗性，熟语着眼于常用性；二者之间有交集，熟语用来指各种类型的固定词组，熟语中通俗性的那部分固定词组与俗语相通，俗语应包括谚语、歇后语、俗成语和俗成句。[⑤] 周荐把俗语作为熟语的下位概念，将熟语分为“雅言”和“俗语”两大类，但他并不认为俗语与谚语等并列，而指出“俗语显然是个涵盖面很大的概念，它应该不仅包括谚语、歇后语，还包括惯用语”[⑥]。

---

① 韩阙林：《谈谈“俗语”》，《河北师院学报》，1979 年第 4 期。

② 王捷、徐建华、刁玉明：《中国俗语·前言》，上海：上海文艺出版社，1992 年，第 1 页。

③ 王勤：《俗语的性质和范围——俗语论之一》，《湘潭大学学报》，1990 年第 4 期，第 107—111 页。

④ 王勤：《俗语的性质和范围——俗语论之一》，《湘潭大学学报》，1990 年第 4 期，第 107—111 页。

⑤ 马国凡、马叔骏：《俗语》，呼和浩特：内蒙古人民出版社，1997 年，第 20—21 页。

⑥ 周荐：《熟语分类论》，载周荐《词汇学词典学研究》，北京：商务印书馆，2004 年，第 263 页。

本书认同王勤等学者“狭义俗语”的观点，并将其置于熟语之下，与谚语、歇后语、惯用语、成语共处同一层次。这样做的理由是：

第一，对于“广义俗语”这一概念的内涵和外延，学界历来莫衷一是，相较而言，“熟语”的内涵和外延都较为清晰，不存在太大的争议。

第二，“狭义俗语”所指的那部分语言单位，如“皮笑肉不笑”“干打雷不下雨”“八字还没一撇”“你走你的阳关道，我走我的独木桥”，数量可观，而且具有群体性的独立特征，它们既不同于形式固定的四字成语，也不同于以短语形式出现的、多为三字格的惯用语，更不同于由前后两部分组成的歇后语，而且，在表达内容、表达方式、语义构成、结构形式、语法功能等诸多方面也和谚语表现出不同的特点。[①] 因此，有必要且也有可能将其独立出来，与谚语、歇后语、惯用语、成语放在同一层次。

第三，“狭义俗语”具有熟语的基本特征，将其置于熟语之内、视为一个独立的熟语类别理所当然。

简而言之，在汉语定型语句中有一部分成员，它们在内容与结构上都与谚语、歇后语、惯用语、成语不同，需要单列出来并予以命名；以狭义层面的“俗语”称之，以“熟语”指称常用的定型化了的语句这一整体，让熟语为属概念，俗语为种概念，这样既沿用了俗语的传统说法，又尊重了中外语言学界的习惯称说，中西结合，经济而准确。

综上，我们认为“熟语”这个大家庭里有五类成员：谚语、歇后语、惯用语、俗语、成语。各类中的核心成员特征明显，简言之，谚语，以内容上的知识性（或介绍经验、或说理）为典型特征；歇后语，以形式上的前后两部分、语义上的引注关系（前半部分是引子，后半部分为注释）为典型特征；惯用语，以简短的三字格动宾结构、形象生动为主要特征；俗语，以生动活泼的描述性和讽刺性为主要特征；成语（包括雅成语和俗成语），多以四字格的固定形式和意义的凝固性为典型特征。然而，要彻底划清各类成员的范围并不是一件容易的事，一些问题我们到语言章节再进行深入讨论。

（二）雄安熟语

作为本书研究对象的雄安熟语，就调查点命名，不遵守排他性原则，从地

① 俗语与其他熟语类别的不同之处，详见第二章第四节“雄安俗语考察”。

理空间上看，一部分是雄安行政区划范围之内所独有的熟语，一部分则不只限于雄安本地。

雄安熟语的来源，从使用者来说，仅限于雄安原居民，而不包括外来人群；从社会阶层空间上说，以民间大众使用的熟语为主，兼顾文人使用的熟语；从时间上来看，包括雄安原居民现在使用和曾经使用的熟语；从内部成员来看，包括谚语、歇后语、惯用语、俗语、成语。

雄安熟语非常丰富，选入本书的仅是其中一部分。选择语例时，我们既照顾到熟语各个类别的分布，也尽量做到突出地方特色。

二、雄安民俗

（一）民俗和民俗事象

“民俗，即民间风俗，指一个国家或民族中广大民众所创造、享用和传承的生活文化。”① 在历史上，“民俗”这一概念有广狭之分，狭义民俗一般仅限于风俗习惯，然而随着学界研究的日益深入，人们普遍倾向于对民俗概念做广义的理解，例如除了渔民捕鱼时所遵守的约定和禁忌，还有渔具的种类和构造、捕鱼的方法等；除了农民耕种或丰收时所举行的祭祀仪式，还有农具的形状、耕种的方法等。钟敬文认为民俗分为四个部分：物质民俗、社会民俗、精神民俗和语言民俗。具体包括：

物质民俗，主要包括生产习俗、商贸习俗、饮食习俗、服饰习俗、居住习俗、交通习俗、医药保健习俗等。

社会民俗，主要包括社会组织习俗、社会制度习俗、岁时节日习俗以及民间娱乐习俗等。

精神民俗，主要包括民间信仰、民间巫术、民间哲学伦理观念以及民间艺术等。

语言民俗，包括民俗语言与民间文学两部分。

需要说明的是，语言民俗是一种特殊的民俗形式，它既是广义民俗的组成部分，同时又记录反映着民俗的其他成员（物质民俗、社会民俗、精神民俗）。我们以熟语和民俗为研究对象，本书下文中提到的“民俗”指的是“除去语言

---

① 钟敬文：《民俗学概论》（第二版），北京：高等教育出版社，2010年，第3页。

之外的民俗”，即物质民俗、社会民俗、精神民俗。

钟敬文先生对民俗的性质、特点、范围、传承扩布都有论述，他指出“民俗是中、下层民间文化的一部分”①，其特点有：集体性、传承性、模式性、地域性、民间性；时间范围：从过去到现在，历史与现实；空间范围：农村、城镇、都市；传承和扩布方式有：口耳相传、行为示范、心理引导。②

民俗事象。民俗事象是“关于生产、生活、文娱、制度、信仰等方面的民俗活动和民俗现象的总称，亦可表示单一的民俗活动”③。钟敬文指出：“民俗事象纷繁复杂，从社会基础的经济活动，到相应的社会关系，再到上层建筑的各种制度和意识形态，大都附有一定的民俗行为及有关的心理活动。”④

（二）雄安民俗

雄安民俗，即雄安当地的民俗，指的是雄安原居民所创造、享用和传承的生活文化，其空间范围以农村为主，兼顾城镇。如果细分的话，可分为当地独有民俗、与他地共有民俗。本书从熟语出发去考察雄安民俗，受熟语数量及其内容的限制，所能考察到的民俗范围相对较小、内容相对较少，这些民俗主要包括：

1. 物质民俗

生产类：农耕、苇事、渔猎、采掘、舟船加工等。

生活类：饮食、居住、出行、服饰等。

2. 社会民俗

人生礼俗、岁时节日习俗等。

3. 精神民俗

民间信仰、民间智慧、民俗观念等。

第二节　理论基础

语言与文化相互建构，因此语言学与民俗学的研究可以双向互动，这是本

---

① 钟敬文：《民俗学概论》（第二版），北京：高等教育出版社，2010年，第5页。

② 钟敬文：《民俗学概论》（第二版），北京：高等教育出版社，2010年，第5—6页。

③ 张紫晨编：《中外民俗学词典》，杭州：浙江人民出版社，1991年，第178页。

④ 钟敬文：《民俗学概论》（第二版），北京：高等教育出版社，2010年，第6页。

书写作的主要理论基础。语言与文化的相互建构作用表现为：语言对文化具有承载、贮存作用；文化通过语言的形式表现出来，人们通过语言来了解文化。语言与文化相互作用、相互融合、相互转化，为双向研究提供了可能性。

民俗作为民间文化的组成部分，与语言的关系亦是如此。语言学家索绪尔早就关注到这一关联，他说："一个民族的风俗习惯常会在它的语言中有所反映，另一方面，在很大程度上，构成民族的也正是语言。"① 民俗学家乌丙安指出："民俗事象除了表现在人类行为上和心理上以外，有很大一部分表现在口头上，也就是言语上……民俗与语言在人类文化史的进程中，从来就是难舍难离的旅伴和近亲。"② 在语言中，熟语与民俗的关系尤为密切，它们是民俗的语言载体，有些甚至还是民俗的组成部分。曲彦斌对民俗语言做过系统研究，他指出：俗语（即我们所说的熟语）是"民俗语言中的一种典型民俗语汇"③。正因如此，民俗学家经常把熟语纳入他们的研究范围，在民俗学界，通过采集熟语考订、整理民俗事实是一个重要研究方法。

从发生学的角度来讲，先有民俗后有熟语，没有民俗就没有熟语；而没有熟语，民俗也难以传承。下面，我们首先来探讨民俗对于熟语的作用，然后再讨论熟语对于民俗的意义，最后谈谈二者之间的互动双向研究。

一、熟语离不开民俗，民俗之于熟语，是不可脱离的内容和材料

民俗参与熟语的创造，或整体或部分。部分熟语是应民俗表达之需要而创造出来的，部分熟语的创造虽与民俗表达需要无关，但却借助了民俗元素。两种情况，都是民俗先于熟语。

第一种情况，熟语整体所指为某种民俗事象，人们因为要指称某种具体的民俗事象或表达某种观点认识而创造出一条熟语。此时熟语所指与民俗是等于的关系，如"正不娶，腊不订"（正月不娶亲，腊月不订婚）就是当地的一条婚嫁习俗；"跟着勤的没懒的"，表达的是当地人的尚勤观念。

---

① ［瑞士］费尔迪南·德·索绪尔著，高名凯译：《普通语言学教程》，北京：商务印书馆，1980年，第43页。

② 乌丙安：《民俗语言学·序》，沈阳：辽宁教育出版社，1989年，第1—2页。

③ 屈朴：《俗语古今》，石家庄：河北人民出版社，1991年，第37页。

第二种情况，熟语的整体所指与民俗事象无关，此时民俗包含在熟语所指之内，只是熟语的一个组成部分，如“武大郎擗苇叶——上抓下挠”，该歇后语所指为动作，借助了“擗苇叶”这一生产民俗。为什么要借助民俗元素呢？我们知道，熟语是民间语言，它们产生于民众的日常。而日常离不开民俗，民俗渗透在日常生产生活的每一个层面，“像鱼儿生活在水里一样，经营着社会生活的人们，无时无刻不泡在广泛的各类民俗文化之中”①。人类认知世界，习惯通过熟悉的去认知不熟悉的，人类的表达也是习惯拿周围常见的事物、现象、关系等来表达心情、描写行为表情、发表看法等，所谓“近取诸身，远取诸物”，而“物”当然是日常生产生活中常见的事物，跟生活风貌、风俗习惯相关，民俗事象也在其中，于是人们为了表达态度观点，或描写性质状态，就援引民俗事象来帮忙。于是，熟语中包含民俗元素就成为很自然的语言现象。

第一种情况，熟语的结构、形式、语义等完全服从民俗的需要。第二种情况，民俗参与熟语的结构形式、语义构成。无论哪种情况，熟语的内容、形式、语源既受语言内部规律的制约，同时也受到民俗的制约和影响，这是造成熟语地方性特征的主要原因。民俗参与的熟语，其语义有时非常出人意料，且与他地少有雷同，这样得来的熟语，对于没有共同民俗文化背景的人而言是难以理解的。例如，“大船上吃饭——不让人”，这句歇后语的表层含义和深层寓意都不好理解，容易引发一连串问题：“大船”指什么样的船，为什么在大船上吃饭不让人，等等。究其原因，主要是对熟语创作者的民俗背景、民俗性隐喻等不清楚。在汉语熟语系统里，有相当多的成员，只有结合民俗文化的有关因素才可能给以合理的说解。这类熟语也是最需要我们关注并费力去解释的那一部分，因为真的是“不深究就不明白”。要考证语义，必须追溯民俗语源，否则无法准确解释其真正含义，特别是那些运用了比喻、双关等修辞手法的熟语，其实际意义并不是字面意义的简单相加。鉴于此，我们认为考证民俗语源必不可少，讲清楚熟语中的民俗元素也是必需的，本书的做法是：找到熟语中的民俗元素，牵出整个民俗事象，再从民俗事象回到熟语的释义。

① 钟敬文：《民俗文化学：梗概与兴起》，北京：中华书局，1996年，第53—54页。

二、民俗离不开熟语，熟语之于民俗，是不可替代的优质载体和贮存库

熟语之于民俗，具有特别重要的意义。“民俗的形成和推行则必须借助于一定的语言形式，必须有一套和这种民俗相联系的独特的词语。”① 熟语形式简单，语义凝练，传播便捷迅速，是民俗得以表达和扩布传承的重要载体。熟语贴近民众的生活，记录民众的认知，当民众想要描述、品评某种品性、做法、现象时，就会用风趣幽默的歇后语、惯用语、俗语等来表达；熟语“规范着和服务于民众的生活”，“当民众在生产劳动或人际交往中体悟到某种经验，就用精练生动的谚语来概括，并用它来帮助说理或教育后人”。② 民俗事象并非都以熟语的形式呈现，熟语承载了多大体量的民俗，我们难以估量，但是可以肯定的是，这些民俗事象数量很多且很重要。当人们将生活文化以熟语形式表达出来的时候，最起码说明这些内容具有传播的必要，而且，这些内容在他们生活里肯定占有重要的位置或者具有特殊的意义。

熟语对民俗的承载作用。第一种情况，熟语“全心全意”地承载着民俗、记录着民俗，如“接三回四”（新婚第三天接新娘回娘家，第四天再送回婆家）、“神三鬼四”（给神仙磕三个头，给死人磕四个头），其作用是直接表达民俗，用简略的语言形式概括地记录复杂的民俗。例如，“六十六，一刀肉”，在上了年纪的父母过生日的时候，女儿要送一块肉，什么肉、谁送、送给谁吃、多少分量等信息，只用一个短语就都概括进去了。熟语的概括性，使得民俗方便储存，便于共时的传播和历时的传授。第二种情况，熟语中包含着民俗事象的某个或某些元素，一个字或一个词承载着丰富的信息，成为一个“民俗眼”（在熟语语义中具有重要作用的民俗信息）。例如，雄安人用“死眼儿穿子”喻指死心眼儿的人，其喻体为织席编篓的工具“穿子”。民俗的各个门类都在熟语中有着不同程度的体现，熟语承载着大量的物质生产生活民俗，反映着民间组织、制度层面的习俗，记载着民众的经验、信仰、伦理等精神民俗。雄安熟语中的谚语，

---

① 温端正：《方言和民俗》，载《方言与俗语研究——温端政语言学论文选集》，上海：上海辞书出版社，2003年，第2页。

② 钟敬文：《民俗学概论》（第二版），北京：高等教育出版社，2010年，第232页。

其中的民俗文化异常丰富，后面的章节中将做详细介绍。

熟语对民俗的传播作用。熟语传播民俗的方式，可分为“专门”和“顺带”。第一种情况，人们借助熟语传授生活经验做法，如“有钱不盖东西房”“出门的饺子进门的面”。第二种情况，在熟语的使用和说解中，民俗得到顺带传播，如“死眼儿穿子”在被人们使用的时候，穿子这一工具的特点，甚至苇事的工序就随之得到传授。与民俗相比，语言的稳固性更强，因而比民俗更具生命力。第一种情况，在一代代人的经验传授中，民俗得到传承；随着民俗的退隐，这类熟语也将黯然退避。第二种情况，由于这一类的语义并非指向民俗事象本身，不受民俗事象荣枯的限制，熟语的生命力也不受民俗事象荣枯之影响，可以“我行我素”，在更自由的时空中流传，其承载的民俗元素也将随其穿越时空。正因如此，很多熟语成为民俗活化石。

于熟语中发掘民俗。旧的民俗消失了，但熟语并不会随之而迅速、彻底消失，很多甚至还活在现实语用当中，这指的主要是第二种情况。例如，“麻秆打狼——两头害怕”，现代人早已不再种植麻，对很多人而言更是不知麻秆为何物，但是这条歇后语的生命力比形成它的生产民俗更强，至今还被广泛使用，其中的民俗故事，被一代一代人说解、传承。熟语为考证消亡了的民俗事象提供了线索，我们可以从语素、修辞、语义等多个层面去发掘民俗，透过这些熟语洞见彼时彼地的物质和社会民俗事象、文化风尚、世俗人情，从而领悟若干民俗的惯制和风采。

三、语言与民俗互相融合、密不可分，语言学与民俗学可双向互动研究

在很多时候，语言与民俗互相融合，难以分清彼此，正如曲彦斌所言：“大量的语言现象和民俗事象是交织在一起或两者集于一体的，其本身既是语言现象、语言材料，同时也是民俗事象或民俗形态。”[①] 民俗学从一开始就与语言联系在一起，作为一门独立的社会学科的建立，正是得益于印第安民族语言的调查[②]，很多国家的民俗学科也是从民间文学这一以语言形式呈现的民俗研究开

---

① 曲彦斌：《民俗语言学》，沈阳：辽宁教育出版社，2004 年，第 2 页。

② 谭汝为：《民俗文化语汇通论》，天津：天津古籍出版社，2004 年，第 2 页。

始的，“由于语言与民俗在存在意义上的密切联系，民俗研究往往以语言研究为其发端”①。这方面的成果如汉代扬雄的《方言》。面对民俗与语言互相渗透、互相融合的事实，“比较科学的首选研究方法，是对其进行语言与民俗的双向视点综合性协同研究，单一方位的研究显然失之片面”②。20 世纪 20 年代，北京大学研究所成立方言调查会，其方言研究实为民俗语言研究，林语堂、董作宾、顾颉刚等学者通过民俗考订方言，由方言现象探索民俗表现，发表过《北京城里方言化的地名》等文章，为语言与民俗的双向研究做了很好的实践探索。

作为语言系统之中词汇子系统之内的熟语，其与民俗的关系亦是如此。熟语是流行于民众口头上的固定语句，民俗是一定地域范围内民众的生活文化，二者在民间性、地方性、常用性、传承性等方面是一致的，于是它们成为语言学与民俗学的共同研究对象，从熟语考察民俗、于民俗中探索熟语语源，都是可行的。

总之，将民俗学和语言学两个视角相结合，进行综合性协同研究、双向研究，肯定会有大的创获。

第三节　研究现状与研究价值

一、研究现状综述

（一）关于汉语熟语的研究

汉语熟语的理论性研究我们在第一部分已经介绍了很多，在下一章还要就各类成员的研究成果做进一步的梳理，因此这里不再赘述。以下介绍一下熟语辞书编撰方面的成果。鉴于广义俗语在历史上的地位，以下综述中同时包括以“俗语”为名的成果。

从清代开始，一些熟语词典相继问世，待到汉语词汇学真正建立以后，关于熟语的辞书越来越多。其中有收录古代汉语熟语的，如《宋元语言词典》（龙潜安，1985）、《魏晋南北朝词语例释》（蔡镜浩，1990）、《清代俗语图说》（胡

---

① 申小龙：《民俗事象的语言视界》，《学术研究》，1992 年第 3 期，第 91 页。

② 曲彦斌：《略论语言与民俗的双向研究》，《语言教学与研究》，1997 年第 3 期，第 78—82 页。

毅华，2005）等；有从地域角度出发的，如《北京俚语俗谚趣谈》（刘建斌，1995）、《福清俗语》（郭成敏等，2004）、《繁峙方言俗语汇编》（米成，2013）等；有从文体角度出发编撰的，如《戏曲词语汇释》（陆澹安，1981）、《魏晋南北朝小说词语汇释》（江蓝生，1988）、《诗词曲小说语辞大典》（王贵元等，1993）、《中国古代小说俗语大词典》（翟建波，2002）等；有的只收集某部作品中的熟语，如《金瓶梅方言俗语汇释》（李申，1992）、《水浒语词词典》（李法白等，1989）、《世说新语辞典》（张永言，1992）、《〈红楼梦〉四字格辞典》（高增良，1996）、《金瓶梅方俗难词辨释》（刘敬林，2008）等；也有综合性编纂的熟语或俗语词典，如《古今俗语集成》（全六卷）（王树山等，1989）、《中国俗语大辞典》（温端政，1989）、《俗语词典》（修订版）（徐宗才等，1994）、《汉语熟语词典》（杨兴发、王发国，2005）等；有从中外语言比较的角度出发编撰的，如《汉日双解熟语词典》（彭林宜，1988）、《汉德熟语词典》（许震民，2010）、《汉英双解熟语词典》（曾东京，2014）、《汉蒙熟语词典》（额德虎日亚奇、乌日娜，2015）等。

此外，成语、谚语、歇后语、惯用语等分类熟语辞书同样层出不穷，数量最多的应属成语词典，如《汉语成语考释词典》（刘洁修，1989）、《成语熟语词典》（刘叶秋等，1992）、《成语大词典》（第2版）（宋永培等，2018）、《汉语谚语小词典》（温端政，1989）、《中国惯用语》（陈光磊，1991）、《中国歇后语》（孙治平等，1988）、《歇后语词典》（温端政等，1984）、《中国俗成语》（刘玉凯、乔云霞，1991）等。

（二）关于雄安熟语的研究

目前关于雄安熟语的全面且系统的研究成果还未见出版发表，雄安三县的部分熟语散见于《安新县志》《雄县志》《容城县志》《白洋淀志》和《中国谚语集成·河北卷》中。理论性研究成果，我们目前所见的只有李楠的硕士论文《容城方言民俗词语研究》(2014）和张莉以安新谚语为对象的系列研究论文——《安新渔谚的知识传授及文化传承价值》（2018）、《安新事理谚的白洋淀淀域文化内涵探析》（2018）、《安新谚语的白洋淀淀域文化内涵解析》（2019）。张莉的三篇论文解读了安新县的渔业生产谚、物产谚、事理谚，分析了其内容的知识性和语言表现形式的艺术性，探寻了其中所蕴含的白洋淀淀域特色文化。

（三）雄安语汇研究

桑宇红老师主持了雄安三县的方言文化典藏调查工作，可惜的是，我们至今未能找到他们的研究成果，只是在一次学术讲座中，聆听到了桑老师的调查分享，其中提到了雄安方言词语“压碱”“密封儿”“团子”等。

（四）语汇（含熟语）与民俗研究

本书是熟语与民俗的跨学科研究，鉴于与本书直接相关的研究成果太少，我们有必要将研究现状的范围从“熟语”拓展到“语汇”，以便为我们的研究寻找更多的理论和方法。

1. 理论研究

在国内用现代语言学方法对民俗语汇进行理论性研究之前，一些文化语言学者已经关注到语言与民俗的关系。申小龙曾经指出：“从本质上说，一切结构制度、传统、习俗、信仰、态度和手工艺都是以口头示范、言词教导和文字形式传承下来的。不仅各民族的神话、传说、故事、民歌、叙事诗、谚语、谜语等离不开语言，就是以行为为主导的生产习俗的传授、饮食和服饰的制作、宗教行为的传习等也离不开语言。语言是民俗的天然载体，其本身又是识别民俗乃至民族特征的基本标志。”①

民俗学界将语言民俗作为民俗的一个重要组成部分，民俗学家对熟语或俗语也提出过他们的见解，熟语作为一种特殊的民俗语言现象被纳入民俗语言学的视野。钟敬文在《民俗学概论》“民间语言”一章中，单独设置一节“常用型民间熟语”，他说常用型民间熟语“指在民众中普遍流传的日常生活习用语……包括俗语、谚语、歇后语、称谓语、流行语等”②。钟敬文所谓“常用型民间熟语”，约等于熟语或广义俗语，而他提到的“俗语”则是狭义俗语，“指民间口头上常用的短小定型的形容性短语，如‘半斤八两’‘土里土气’‘二百五’‘背黑锅’‘张家长，李家短’‘白刀子进，红刀子出’等”③。

曲彦斌把语言和民俗“二者结合起来，建立了一门独立的综合性学科——

① 申小龙：《民俗事象的语言视界》，《学术研究》，1992年第3期，第91页。

② 钟敬文：《民俗学概论》（第二版），北京：高等教育出版社，2010年，第237页。

③ 钟敬文：《民俗学概论》（第二版），北京：高等教育出版社，2010年，第237页。

民俗语言学”[①]，他把民俗语汇置于一个更广阔的文化背景下，从一个全新的双向的视角进行全面、综合、多方位的研究。曲彦斌在《民俗语言学》中从多个方面对词汇与民俗的关系进行了深入探讨，并设专章“中国俗语学”来讨论“俗语和民俗的关系”问题。[②]

曲彦斌以具体语例事象为文本，从发生学角度阐释说明了语言与民俗的双向互动关系。他指出语言与民俗的关系可以从双向来观察，因民俗而生成的语言现象，主要是从民俗形态、民俗事象或民俗要素来追溯语言的民俗语源；因语言而生成的民俗事象，主要是由语言崇拜、禁忌、谐音等约定俗成而来的民俗。[③]

2. 应用研究

中国学术史上的民俗与语汇研究早在两千多年前就已经开始，主要是从传统的训诂学角度出发进行的一些收集、辑录和考释之类的工作。扬雄的《方言》是中国将民俗与语汇结合研究的源头，明确了方言对民俗研究的特殊意义。后来的民俗语汇研究，“主要体现在辞书的编纂上，主要是唐代以来各种专辑、专门辞书以及笔记杂著等”[④]。在笔记小说杂著中，不乏对民俗语汇进行考证溯源的研究。明清时期，文人学者做了许多归纳民俗语汇的工作，记录了一批当时活在民众口头的民俗语汇，如钱大昕《恒言录》、郝懿行《证俗文》等。

谭汝为主编的《民俗文化语汇通论》(2004) 是“熟语和词关联于民俗文化的全面而系统的研究”[⑤]，融合了词汇学、熟语学、文化语言学和民俗学，书中设置专章“熟语与民俗文化”，将熟语作为一面镜子，从中透视民俗文化，系统梳理了三字格、四字格、歇后语、谚语、俗语、口头禅与民俗文化的关系，把熟语的分析同民俗文化的考察结合起来，稽古察今，对语汇进行了探源，在实

---

① 董丽娟：《民俗语汇研究的历史、传统、定位和新进展》，《文化学刊》，2011 年第 5 期，第 107—112 页。

② 依据曲彦斌《民俗语言学》(增订版) 第 173 页，曲彦斌所指的俗语是“广义俗语”，是“成语、谚语、惯用语、歇后语、俚语、格言、方言土语等语类的集合统称”。其中的成语和格言指较为通俗、口语性较强的那一部分，方言土语仅指方言中的俗语。

③ 曲彦斌：《民俗语言学》(增订版)，沈阳：辽宁教育出版社，2004 年，第 3—5 页。

④ 董丽娟：《民俗语汇研究的历史、传统、定位和新进展》，《文化学刊》，2011 年第 5 期，第 107—112 页。

⑤ 刘叔新：《民俗文化语汇通论·序言》，天津：天津古籍出版社，2004 年，第 2 页。

践研究方面做了系统的尝试。

还有一些学者以某地的民俗词汇为对象，考察了语言与民俗的关系。如，江佳慧《方言词汇与民俗——以景阳镇为例》(2015) 以方言词汇为线索勾勒了20世纪50年代至21世纪初一个多民族聚居区乡镇的风俗民情，在对当地的方言进行概述与评论的基础上挖掘了方言与民俗的紧密关联；林蔚文《闽台熟语研究》(2016) 对闽台熟语语义加以分类，并仔细梳理了熟语所反映的民俗文化；陆侠《蒙城方言熟语研究》(2018) 从语言学视角对蒙城谚语、成语、歇后语、惯用语分门别类进行了研究。同时，有的学者研究了特定的民俗跟语言的关系，如杨晓红《宗族观念与仪式的演变在民俗语言上的折射——以微山湖渔村民俗语言为例》(2017)。

民俗语汇汇编，如侯精一《平遥方言民俗语汇》(1995)，收录了方言民俗语汇4000余条，按照民俗事象大致分为28类。语文出版社自2010年出版了“中国方言民俗图典系列”丛书，从房舍建筑、日常用具、服饰穿戴、饮食起居、农工百艺、婚育丧葬、岁时节令、游戏娱乐、宗教信仰等方面出发，介绍了相关地区的方言演变和民俗发展情况，为我们开展语汇与民俗研究提供了宝贵资料。

二、研究价值

(一) 理论价值

1. 语言学价值

首先，本书在前人研究成果的基础之上，对熟语及其内部成员的内涵与外延做了进一步界定，希望能为汉语熟语研究提供一些参考。现实永远比我们想象的复杂，当我们面对纷繁的雄安熟语时，那些之前自认为已经很明确的标准，却经常发生动摇，这时候，我们才真正理解为什么理论要接受实践的检验。我们的做法是，在前人研究成果的基础上，结合雄安熟语实际，对谚语、歇后语、惯用语、俗语、成语做进一步细化的界定，尽量在它们之间“划清界限”。

其次，我们搜集了大量的雄安熟语，描写雄安熟语系统，这些将为雄安语汇的深入研究提供材料和参考。

最后，雄安熟语的研究，有助于弥补方言调查之不足，丰富方言词汇库存，为雄安方言研究和词典编纂提供参考。熟语与方言是两个关系密切、互有交叉的范畴，熟语的调查研究，是方言研究的一个重要组成部分，熟语中的方言语音、方言用字、古语词，可以为方言的历时研究提供佐证和线索，从而让熟语研究成为方言研究的一个重要补充。例如，“拼命的罱子，舍命的回子”中的“罱”，当地人读成“nǎn”，是古音 n、l 不分的证明；“河里没鱼市上看”中的“河”，在当地人的语汇系统中指“淀”，属于方言用法；“稙谷晚麦，不收别怪”，其中的“稙”为方言古语词，是“早”的意思。

2. 民俗学价值

语言能够表述、贮存民俗，通过对语言民俗关系的研究，可以揭示一个民族或者一个地区的历史文化的特点和基本面貌。

首先，我们通过熟语挖掘和搜集整理雄安民俗文化。

语言与民俗密不可分，而语言中的熟语最能反映民俗内容，熟语对民俗的表现，或直接或间接。熟语中保存着大量的民俗文化印记和线索，通过挖掘熟语中的民俗元素，我们可以钩沉那些已然消失的历史民俗，进而丰富地方民俗资源库。

从雄安熟语中我们收集到很多生产生活民俗信息，比如，“采了荷花牵动藕”反映了雄安采莲挖藕的生产习俗；“蒺藜皮儿，苲菜馅儿，聚须根当榆皮面儿”反映了淀区人以水生植物为食材的饮食习俗；“看着鱼儿下罩——瞧着办”介绍了“罩鱼”这一渔业捕捞方法的特点。我们从熟语中还发现了民间组织、制度层面的习俗和一些民俗活动，比如“车船店脚牙，无罪也该杀”，其中的“牙”指的是在买家和卖家中间的一种组织——“牙行”，而在雄安历史上，为了保护苇席市场，一度禁止牙行介入。从熟语中还可以发现民众的经验、观念、信仰、伦理等精神民俗，如“树大招风，鱼大遭擒”生动地讲述了低调处事的生存经验；“嫁出去的女儿，泼出去的水”反映了当地的传统伦理观念；“庙里打埝子——淘（逃）神”在反映白洋淀捕鱼技法“淘埝子”的同时，也透射出民间的俗神信仰。

熟语中隐藏着很多民俗细节元素，有助于我们发现民俗中隐秘的细节，使民俗调查更加细密、系统。例如，雄安熟语中有很多条目包含有语素“鱼”或“渔”，形成了可观的系列，由此我们可以整理出成体系的白洋淀渔业捕捞技法。此外，我们在雄安熟语中还整理出了“水淀”“苇编”“舟船”等多个民俗系列。通过相关熟语的比较和联系，还可以探寻到民俗深层的、隐秘的部分，而这些往往还未被人关注，如“鱼过千层网，网网都有鱼”“漏网之鱼”“跑了的鱼是大的”等，如果放在一起仔细分析，就会得出一个结论：渔网不能将所有的鱼都打尽。为什么呢？我们走访过淀区的渔民，发现白洋淀的渔具都是生态性的，网眼有大有小，对于能长大的鱼，比如鲢鱼，一般是捉大放小，所以漏网之鱼是很常见的；对于不可能长大的鱼，如屎包儿、山根儿、罗甸儿等，则用小眼的渔具。正因如此，才可能“网网都有鱼”。

雄安熟语记录着当下的民俗事象，同时也保存有很多的历史民俗。大量的民俗事象已经随着时代的发展而隐退，但是它们还完好无损地沉淀在熟语当中。熟语是古代民俗的化石，这使我们的熟语调查比民俗学调查更具有历史追溯意义，而且操作难度并不太大。比如“卡船”这种独特的渔船目前在白洋淀已经很难找到了，而歇后语“卡船上打孩子——没跑儿”却让人们记住了这种船。首先，从字面义可推知，“卡船”上的活动空间很小，如果再深入探究，还会发现“下卡”这种捕捞方式和下卡人以船为家的生活习俗。我们希望通过发掘、梳理这些熟语的民俗元素，为雄安民俗的历时整理和研究提供一些可靠的依据、线索和帮助。

其次，为民俗的记录和传播提供准确的书写形式。

熟语产生并流传于民间，其书写形式不为普通人所关注，加之民俗词语地域性较强和文献记载缺失，致使熟语用字成为辞书编纂的难题。据观察，词典、地方志对一些民俗词语用字处理不当的现象普遍存在。要解决这一问题，不清楚民俗语汇的语源是不行的。我们将充分利用田野调查获取的民俗资料，从民俗视角追溯语源，然后根据语言学的用字规律就熟语的语形和用字提出建议，努力在引导雄安民俗表达走向规范化方面做出一点贡献。

3. 民俗语言学价值

民俗语言学将语言研究与民俗研究相结合，属于跨学科研究。目前该领域的研究性成果还不太多见，就现有地方性熟语研究成果来看，大多是将语言学视角和民俗学视角“机械相加”，而较少将两个角度有机结合起来，很难算是“民俗语言学”研究。我们在借鉴前人研究方法的基础之上，增加语言学和民俗学“融合视角”的研究，一方面集中分析熟语对民俗的承载方式，另一方面借助民俗语源的帮助考释熟语的语形、用字，努力为熟语与民俗双向研究做一些新的尝试，为语言学与民俗学的交叉研究提供一个实践案例。

我们将雄安熟语研究与雄安民俗研究相结合，进行综合性的协同双向研究，以期发掘民俗学所未关注的、隐藏在语言文字背后的民俗信息，以及语言学所未发现的、深藏于民俗之中的文化语源，从而获得单纯性研究所不能有的新认识，拓展民俗词汇研究的方法论，促进两个领域的研究向细密化、深入化发展。

（二）应用价值

1. 保护和传承民俗文化

在雄安新区的建设过程中，必然会有人员的流动，大量的外来人口也要进来，长此以往，当地原有的语汇就会迅速消失，已有民俗习惯也会很快隐退，这一趋势难以逆转。熟语是语言形式的民俗，我们所做的工作，就是在熟语消亡和民俗隐退之前，把熟语收集记录下来，把附着其上的文化信息整理出来，以避免因城市建设而带来的乡愁遗失。我们对雄安熟语加以整理，并对其中地方特色鲜明的民俗内容进行解释，有助于人们对雄安民俗文化的理解，进而推动民俗的持续传承。

2. 规范雄安熟语的语形和雄安民俗表达形式

雄安新区设立以后，雄安民俗受到前所未有的关注，然而，据我们调查，网络文章和现实出版物对于民俗记忆的书写，在用字方面随意性较强，误用同音字的现象较多。我们在核实民俗语源的基础上，根据汉语用字规律，对熟语的语形和用字提出建议，为规范雄安熟语和雄安民俗的语言表述形式做出自己的贡献。

3. 为雄安新区规划建设提供民俗素材

雄安新区的建设不仅要继承历史文化，延续其特有的文脉，还要昭示未来，发展创造属于自己城市独特的新文化。本书通过熟语整理出的民俗文化元素可以为新区建设中的城区规划设计、文化工程设施布局等提供民俗学方面的参考。

4. 为雄安新区民生工程建设提供参考

熟语是“民众出于生活需要而约定俗成并长期享用的文化，它作为模式化的口头表达习惯规范着和服务于民众的生活”[①]，而民俗文化“在一定的有关范围内，也尽着规范集体成员的作用”，这种规范包括“人们的行为和心态”。[②]

---

① 钟敬文：《民俗学概论》（第二版），北京：高等教育出版社，2010年，第232页。

② 钟敬文：《民俗文化学：梗概与兴起》，北京：中华书局，1996年，第53页。

本书对雄安熟语及其反映的民俗进行梳理、探源，有助于人们理解当下日常惯见的生活方式从何处来、缘何如此、走向何方，并为政府部门更好地了解民情、改善民生、贴近民意提供一些参考。

第四节　材料来源与研究方法

一、材料来源

本书所收录的熟语，一部分来源于雄县、安新、容城三县的地方志及《白洋淀志》《中国谚语集成·河北卷》，一部分来自田野调查所得资料，还有一小部分来自雄安民俗相关文献。雄安民间使用的熟语非常丰富，不可能做到穷尽式的收集整理，收入本书的仅是其中的一部分。我们的收录原则是：既照顾到熟语各类成员的分布，又注意突出地方特色。在实际搜集过程中，我们尽量选择具有地方特色的熟语，而对于流传范围不只限于雄安地区的熟语，则尽量不收或少收。

二、研究方法

（一）文献法

我们翻阅《中国谚语集成·河北卷》《安新县志》等志书以及部分地方文学作品，收集雄安熟语之谚语、歇后语、惯用语、俗语、成语，搜采雄安民俗资料，同时展开田野调查，使文献调查结果与田野调查所得参稽印证。

（二）调查法

深入民间，实地调查、搜集雄安熟语和雄安民俗。实地调查在文献收集的基础上进行，先对雄安熟语和民俗有一个大体的了解和一般的把握，调查中注意整体把握与区域调查相结合。考虑到雄安的水乡特色，我们重点调查了淀区熟语及其使用情况。

（三）参与法

我们深入雄安个别村庄，参与当地人的生产生活，体验民俗和心理观念，以提高资料的可靠度。

（四）比较法

将雄安熟语与其他地区的相关语汇进行比较，找出相近与相异之处，进而探析雄安熟语的地域性特征。

第五节 研究思路与行文说明

一、研究思路

除去绪论，全书内容分为四个部分。

第一部分，对雄安谚语、雄安歇后语、雄安惯用语、雄安俗语、雄安成语进行界定，并梳理雄安熟语系统，分析各类熟语在语言上的特征，完成对雄安熟语系统基本面貌的描写。

第二部分，探析雄安熟语承载民俗的手段、方式，从语素、修辞、语义等方面考察雄安熟语对民俗的承载和表现。

第三部分，梳理雄安熟语记录了哪些民俗事象，特别是具有地域特色的民俗文化都有哪些，整理出基于雄安熟语的雄安民俗系统。

第四部分，雄安熟语用字规范现状调查。对雄安熟语及相关民俗语词的用字情况进行调查，发现分歧和问题，提出我们的思考和建议，以促进雄安熟语的准确、规范表达。

如此安排，出于这样的思路：从熟语出发，到民俗考察，然后再回到熟语本身。第一部分是从语言学视角出发的考察，第三部分是从民俗学视角出发的考察，第二和第四部分则是综合语言和民俗两个视角进行的考察。

关于第三部分章节的安排，需要特别说明一下。

雄安所辖区域位于华北平原，其民俗中既有个性化成分，也有与他地共有的共性化成分，我们的研究以个性化部分为主。本书综合雄安熟语语素、语义、修辞中的民俗因子，从中捕捉民俗事象的关联性和系统性，透视雄安民俗的面貌，总结熟语镜像中的雄安民俗个性化特征。根据钟敬文先生的观点，民俗分为物质民俗、社会民俗、精神民俗和语言民俗四大类。雄安熟语作为语言形式，本身就是语言民俗的重要组成部分，所以熟语中包含的民俗因子就剩下三大类：物质民俗、社会民俗、精神民俗。

雄安熟语对于物质民俗中富有地方特色的元素反映得非常充分，而且涵盖面很广。为了深入考察这类民俗，我们将其细分为物质生产民俗和物质生活民俗。物质生产民俗之中，还有着丰富的内容和层次，于是再分为农耕民俗、苇事民俗、商贸民俗、渔猎民俗、造船民俗等。物质生活民俗之中，又分为生存环境、饮食民俗、居住与出行民俗。雄安熟语中与商贸民俗相关的信息数量有限，且多为日常商贸活动，于是本书将其放入生活民俗类中一起讨论。

雄安熟语对社会民俗反映较少，主要集中在人生礼俗、岁时节日方面，而这些与日常生活关系紧密，因此并入物质生活类。

在精神层面的民俗中，钟敬文先生将“民俗信仰”单列出来，高丙中则将民俗信仰归入“民俗观念”。雄安熟语对精神民俗的反映，主要表现在民俗观念方面，高丙中的处理方式更适合我们对雄安熟语的分析，因此，本书采用高丙中的做法。民俗观念等与物质、社会两类民俗不同，缺少独特的民俗事象，因而很难界定其地域性；雄安行政区划范围有限，与周边地区相比，观念之独特性不够突出，如果不做区分地将大量的地域性并不显豁的熟语都收录进来，我们认为也没有意义。鉴于此，我们只选择反映民间信仰、民间智慧、民众观念的熟语进行分析，而这些都属于生存之道，所以放到物质生活一章。需要说明的是，有一些反映思想观念的熟语，其中包含物质、社会民俗事象，如“树大招风，鱼大招擒”，本书将其放到渔猎等相应章节进行详解，以保持物质生产或生活民俗的系统性，并充分体现地域特色。

这样处理之后，最终得到两章：生产民俗和生活民俗。生产民俗一章中分为四节：农耕民俗、苇事等民俗、渔猎民俗、造船等民俗；生活民俗一章分为四节：生存环境，饮食民俗，出行、居住和商贸民俗，岁时节令习俗、人生礼俗和民俗观念。

为了挖掘熟语中的民俗元素，我们在这两章对地方性明显的熟语之民俗语源进行探析，挖掘这些熟语的民俗内涵。雄安熟语的语源地域性较强，使用者往往习焉不察，可是对于现代人、外地人、后代人来说问题就多了，有些熟语我们已经不懂其然或其所以然。为了明晰每一条熟语的表层与深层意义，我们将对熟语涉及的有关主体、行为、工具、方式、条件等元素逐一解读。

经过以上归类划分之后，全书共六章：

第一章　绪论。

第二章　语言学视角下的雄安熟语考察。

第三章　记录与渗透——雄安熟语与雄安民俗之密切关系。

第四章　雄安熟语中的生产民俗。

第五章　雄安熟语中的生活民俗。

第六章　雄安熟语用字现状考察。

二、行文说明

第一，为了避免行文单调，本书中的“民俗”与“习俗”不做严格区分，两者变换使用。

第二，谚语、俗语、歇后语中既有短语也有句子，为了行文清晰，在列举语例时，除了惯用语和成语，不论短语还是句子都以句号收尾。

第三，为了行文简洁，“雄安原居民”有时也表述为“雄安人”。

第四，本书中的“水区”包括淀边村和淀中村，“旱区”指雄安的非水区。为了行文有所变化，有时也用“水乡”或“淀区”来指“水区”。

第二章　语言学视角下的雄安熟语考察

雄安熟语具备汉语熟语的共性特征，同时在结构、语义、修辞等方面也有值得注意的个性特征。前面已经明确，熟语包括谚语、歇后语、惯用语、俗语、成语五类成员，然而确定各类成员的范围是个比较复杂的问题，还有一些界限不清的问题需要厘清。因此，在以下各节中，我们首先对熟语的各类成员加以界定，然后再对雄安各类熟语的结构、语义、修辞等进行考察。

第一节　雄安谚语考察

一、“雄安谚语”界说

（一）谚语

谚语是熟语中的重要成员，武占坤先生称之为“龙头语种”①。汉语中的谚语数量很大，可以说浩如烟海。在收集雄安熟语的过程中，我们发现谚语的数量远远大于歇后语、惯用语、俗语和成语。

1. 谚语的主要特征

学界对于谚语这一概念的看法，历史上有广狭之分。“广义谚语”相当于广义的俗语，约等于我们说的熟语。温端政指出，“广义的谚语和俗语（这里他指的是广义俗语）是一个概念”②。吕叔湘也曾经指出：“典型的俗语（这里他指的是广义俗语）是所谓谚语。”③

---

① 武占坤：《汉语熟语通论》（修订版），保定：河北大学出版社，2007 年，第 52 页。

② 温端政：《谚语》，北京：商务印书馆，1985 年，第 5 页。

③ 吕叔湘：《中国俗语大辞典·序》，上海：上海辞书出版社，1989 年，第 1 页。

学界则大多认同“狭义谚语”的说法，很多学者给出了定义，其中《中国谚语集成》的界定很有代表性：“谚语是民间集体创作、广为口传、言简意赅并较为定型的艺术语句，是民众丰富智慧和普遍经验的规律性总结。”① 武占坤和马国凡认为，谚语是“通俗简练、生动活泼的韵语或短句，它经常以口语的形式，在人民中间广泛地沿用和流传，是人民群众表现实际生活经验或感受的一种‘现成话’”②。王勤认为，谚语的特性是“人民群众生活斗争的经验总结”，具有“传授经验和教训劝诫功能”。③ 武占坤指出谚语“以说知识讲道理为主旨”④。人们用谚语来指导生产生活，规范行为，“帮助说理或教育后人”⑤。温端政进一步总结了谚语的内容和结构特征：内容上“以知识性为根本特征”⑥，结构上为“表示完整意思的句子”。⑦

与其他熟语成员相比，从内容和功能来看，谚语内容的知识性很强，主要功能为传授经验、讲道理、劝诫人；而其他几类则不具备知识性，主要用于描写，以提高表达效果。从字面义的“真”与“假”来看，在熟语中，谚语是语义最“实在”的一类，刘勰在《文心雕龙·书记》中说“谚者，直言也”。谚语即使运用比喻、夸张等修辞手法，也是为了把经验、道理等讲明白，所以说谚语“最真”。

综上，谚语的主要特征是：以内容上的知识性（包括经验和认识）为根本特征；具有传授经验、讲道理、教训劝诫的功能；形式上为韵语或短句；表义方式以直叙式⑧为主；风格通俗活泼。其中，内容和功能是一致的，可以说“知识性”是判断谚语的金钥匙。

2. 谚语的语汇类型——普通谚语与谣谚

从语汇形式来看，谚语可以分为普通谚语和谣谚两类，前者在数量上占绝

---

① 中国民间文学集成全国编辑委员会、中国民间文学集成河北卷编辑委员会编：《中国谚语集成·河北卷·总序》，北京：中国社会科学出版社，1992 年，第 3 页。

② 武占坤、马国凡：《谚语》，呼和浩特：内蒙古人民出版社，1980 年，第 3 页。

③ 王勤：《谚语歇后语概论》，长沙：湖南人民出版社，1980 年，第 8 页。

④ 武占坤：《武占坤文集·卷二　中华谚谣研究》，石家庄：河北教育出版社，2018 年，第 5 页。

⑤ 钟敬文：《民俗学概论》（第二版），北京：高等教育出版社，2010 年，第 233 页。

⑥ 温端政认为，谚语既传授经验，也传授认识。

⑦ 温端政：《谚语》，北京：商务印书馆，1985 年，第 12 页。

⑧ 短语的字面意义与实际意义相一致。

对优势，后者数量不多，是谚语中的一个特殊成员。谣谚，是“谣”和“谚”两相融合的产物。从起源来看，谣和谚本来是完全不同的两种语言形式，但同时，“两者在表达形式上成为一墙之隔的近邻，当有关谚语的知识内容丰富复杂，须要突破三言两语的谚语常态形式时，这种谚语的形式就向谣的形式靠拢了”①。谣谚产生于近代汉语，“九九歌”“十二月花季歌”“十二月菜蔬歌”的出现是“谣”和“谚”两种表达形式合流为“谣谚”的标志。② 正因为谣与谚的关系如此紧密，很多学者主张将其纳入谚语来研究。

普通谚语与谣谚在内容和功能上是一致的，即从内容上看，也具有一定的知识性；从功能上看，也是以传授经验为主。二者的不同主要表现在形式和语音上：普通谚语是以直言形式说的，往往一句成谚，不严格押韵；谣谚则形体较长，字数较多，且多句押韵。

3. 谚语的语义实现类型——“直叙型”“曲折描述型”“综合型”

温端政先生指出，谚语的字面意义与实际意义的关系有以下三种类型。③

一是字面意义和实际意义一致，字面意义就是本义，如“奸出人命，赌出贼”“女大不中留，留来留去结冤仇”“不听老人言，吃亏在眼前”。

二是字面意义和实际意义不一致，字面意义不起作用，实际意义是本义，如“好鞋不踏臭狗屎”，表面是说干净的鞋子不要踩踏狗屎，而实际含义是提醒人们“好人不要跟坏人纠缠”，如果好鞋踩了狗屎就糟践了④。

三是具有两个实际意义，一个和字面意义一致，是浅层义，另一个是由此派生出来的，是深层义。如“新官上任三把火”，浅层义是指新上任的官员总要装腔作势，办几件事情抖抖威风；深层义指一般的人刚负责某一项工作总要努力办好几件事，显示一下自己的本领。

第三种情况在谚语中是很少见的。温先生指出：“在整个谚语中，第一、二

---

① 郭伏良：《新中国成立以来汉语词汇发展变化研究》，保定：河北大学出版社，2001 年，第 159 页。

② 郭伏良：《新中国成立以来汉语词汇发展变化研究》，保定：河北大学出版社，2001 年，第 160 页。

③ 温端政：《谚语》，北京：商务印书馆，1985 年，第 63 页。

④ 过去人们一般都是自家手工做鞋，很费工时，所以鞋就显得珍贵。踏，踩踏且沾染上污物。

种类型的谚语占绝大多数。”① 其实仔细分析，除非放在具体的语境当中，第三种情况的浅层义与深层义之间是很难分辨开来的。

综上，我们将谚语分为两大类：一类是字面意义就是本义；一类是字面意义不起作用，实际意义是本义。第一类直截了当地表达思想内容，读者一看就明白，如“有水就有鱼”“早雾晴，晚雾阴”“吃一堑，长一智”；第二类则用形象、具体的事物、现象、关系等来说明一定的哲理，需要读者从字面的词语和语法结构联想并引申出实际意义来，如“瘦死的骆驼比马大”“贪贱买老牛”“狗改不了吃屎”“好马不吃回头草”。对于后者，温先生指出，这类谚语是“形象思维和逻辑思维的结合体”②。由此，我们将这两类谚语分别命名为“直叙型”和“曲折描述型”。我们发现，除了这两类，还有一类谚语，介于二者之间，如“人待懒，车待散”“交人交心，浇树浇根”“马背双鞍非好马，女嫁八处不贤良”，这类谚语由两个部分组成：一部分的字面义就是谚语的实际意义，即谚语的内涵之所在；另一部分的字面义是实际意义的比喻，在谚语内涵的表述上起着比兴、衬托的作用，“在谚语构形方面有着完形功能”③。此类谚语在汉语熟语中为数不多，我们将其命名为“综合型”。

之所以要将谚语做这样的细分，是因为我们在给熟语归类时，发现很多形象性较强且为句子形式的熟语，在谚语和俗语之间很难决定其归属，学者们在处理这些语言片段时标准也不尽一致。因此，我们认为有必要把这个问题说清楚。在这一问题上，武占坤先生为我们指明了方向：“人们创造谚语的根本目的，不在于修辞，不是为把话说得更漂亮，而是为了说知识、讲道理”，“谚语的这一功利目的靠语义内容的真知卓识来实现，我们称之为功能上的内向性，向于内容的智慧性，而不是向于语言形式的艺术性，这一点有别于其他熟语的社会功能”。④ 我们的判断标准是：内容是否具有知识（经验和认识）性，功能是否为传授经验、讲道理、规谏教化。由于这一问题涉及俗语的界定，我们暂且讨论到这里，待到俗语一节再做深入探讨。

---

① 温端政：《谚语》，北京：商务印书馆，1985 年，第 68 页。

② 温端政：《谚语》，北京：商务印书馆，1985 年，第 67 页。

③ 张莉：《安新谚语的白洋淀淀域文化内涵解析》，《河北科技师范学院学报》（社科版），2019 年第 2 期，第 66—71 页。

④ 武占坤：《武占坤文集・卷二　中华谚谣研究》，石家庄：河北教育出版社，2018 年，第 6 页。

（二）雄安谚语

综合各家观点，结合我们搜集到的语例，我们这样来界定雄安谚语：

雄安谚语是雄安原居民现在和曾经使用的谚语，是用于传授经验、讲道理、规谏教化的一种熟语形式。雄安谚语在内容上以“知识性”为根本特征，语汇类型有普通谚语和谣谚；语义实现类型主要为直叙型（也有少量的曲折描述型和综合型）；结构上以短句为主；风格上以通俗活泼为基调。

二、雄安谚语的语汇类型

雄安谚语中绝大部分都是普通谚语，谣谚只有几十条，这里主要看一下谣谚的情况。郭伏良曾指出：随着时代的发展，谣谚“对时政的讽颂意味，特别是讽刺、暴露的功能不断强化”[①]。但是，我们在雄安谚语中看到的谣谚主要还是知识性的，少有讽刺性的。请看：

苇芽二月柴绒绒，三月四月绿莹莹，九月十月黄了叶，十一月里飞芦缨。[②]

作天难作四月天，蚕要温和麦要寒，种菜哥儿要落雨，采桑的娘子要晴干。

西昝的姑娘会上树，五柳的姑娘会织布，米家务的姑娘红眼儿铁屁股。

一蛆二蚍蜉（白介），三夫三寡，四父四孝，五把眼疼，六起溜，七疥癞，八疙瘩，九腌疚，十（石）性子，初一初二掉长虫。[③]

安州的席，采蒲台的苇，圈头的鱼虾，端村的嘴，赵北口的鱼汤喝了

① 郭伏良：《新中国成立以来汉语词汇发展变化研究》，保定：河北大学出版社，2001 年，第 160 页。

② 此条谣谚讲的是芦苇生长规律。

③ 从正月二十一到二月初二，妇女忌做针线活儿。民间迷信认为，针是利器，容易扎到龙眼；线细长，跟龙须形似，做活时捋线就相当于捋龙须，所以提倡等到二月初二龙抬头以后再做活儿。不同的时间动了针线会带来不同的后果：二十一，面里边长蛆虫；二十二，酱里长蚂蚁（或白醭）；二十三，丈夫死；二十四，父母亡；二十五，眼睛受伤；二十六，起溜，即带状疱疹；二十七，生的孩子长疥疮；二十八，生的孩子长疙瘩；二十九，生的孩子腌疚，即养不活；三十，生的孩子无生育能力；二月初一、初二，屋里掉长虫（蛇）。

不后悔。①

一九二九不出手；三九四九冰上走；五九六九沿河看柳；七九河开，八九雁来；九九无凌丝。九九加一九，耕牛遍地走。

十七十八力不全，二十七八正当年，三十七八还可以，四十七八下水船。

糖瓜儿祭灶，年下（指春节）来到，闺女买花，小子要炮。打灯笼，放鞭炮，三十儿晚上闹一闹。

立春雨水，计划订起；惊蛰春分，耕地送粪；清明谷雨，栽瓜种豆；立夏小满，抓紧种棉；芒种夏至，割麦种谷；大暑小暑，见草下锄；立秋处暑，种菜莫误；白露秋分，种麦打谷；寒露霜降，秋耕最好；立冬小雪，收菜冬灌；大雪冬至，小麦盖被；小寒大寒，准备过年。

皮裤套棉裤，必定有缘故。不是棉裤薄，就是皮裤没有毛。

京油子，卫嘴子，保定府的勾腿子，斗不过白洋淀的水鬼子。

东虹（jiàng）云，西虹雨，南虹出来卖儿女。

八月暖，九月温，十月有个小阳春。

喝冷酒，使官钱，夺人妻，贩私盐。

前不栽桑，后不栽柳，院里不栽鬼拍手②。

云往东，一阵风；云往西，披蓑衣；云往南，连阴天；云往北，发大水。

白洋淀，聚宝盆，日出斗金并斗银。

搿苇叶，伤苇根；揪荷叶，伤莲心。

水缸穿裙，山戴帽，燕子低飞，蛇过道。

好对好，赖对赖，弯刀对着瓢切菜。

头刀韭，谢花藕，新娶的媳妇，黄花妞。

高家楼，有奔头，不盖平房盖小楼。工农商贸一齐上，高速（路）修到家门口。（新中国成立以后）

---

① 安新县端村人能说会道，所以说“端村的嘴”。

② 鬼拍手，指杨树，风吹树叶哗哗响，尤其在夜间声音更大，民间说是“鬼拍手”。

除了以上反映雄安人民生产、生活的谣谚以外，还有少量的谣谚反映了旧社会白洋淀渔民的困苦生活以及抗战史实，如：

渔民苦，渔民苦，黄连蒲根一起煮。

高家楼，没熬头，戴不起帽子戴水斗，骑不起大马骑墙头，吃不上馒头吃窝头。（新中国成立以前）

抗盐税，反席捐，渔民合力攥铁拳；砸局子，揍贪官，看你还敢榨民钱！①

要打枪，找田章；要爬城，找杜鹏；要仗胆，找熊管。②

三、雄安谚语的语法结构

雄安谚语一般以句子的形式呈现，短语形式的很少，句子又有单句、复句之分。“从结构类型上看，谚语可分为单句型和复句型两种。”③ 综观雄安谚语，主要分为单句式谚语、复句式谚语两大类。从数量上看，后者多于前者。

（一）单句式谚语

单句是由短语或词充当的、有特定的语调、能独立表达一定意思的语言单位。因为谚语是群众口语中通俗精炼、含义深刻的固定语句，所以就需要精简易懂的结构形式。通过分析可以发现，雄安谚语中存在大量的单句式谚语。其中，主谓句居多，非主谓句很少。

1. 主谓句

跑了的鱼儿是大的。

过午风，到掌灯。

---

① 这条谣谚记录了一段生动的历史：中共党员罗玉川、张君等领导白洋淀人民成立“铡刀会”赶走反动军警“缉私队”，砸了官盐店。

② 此条谚语歌颂了三位抗日英雄：田章，曾担任当时为“雁翎队”起名的县委书记侯卓夫的警卫员，在雁翎队的锄奸团里以枪法准著称；杜鹏，攀登数丈高的新安城墙，如猿攀树；熊管，在戒备森严的新安城内直取汉奸首级，令敌人胆寒。

③ 温端政：《谚语》，北京：商务印书馆，1985年，第86页。

不湿脚的人捕不到鱼。

春分秋分，昼夜平分。

鱼儿勤跳，泥鳅上吊，大雨先兆。

以上几个例句都是主谓句，介绍了事物、现象在性质、时间、作用等方面的特点。“跑了的鱼儿”“过午风”“不湿脚的人”“春分秋分”是名词性主语，例5形体比较长，但也是单句，两个主谓短语“鱼儿勤跳，泥鳅上吊”联合起来做句子的主语。例5是名词谓语句，例4是主谓谓语句，其他三例都是动词谓语句。

2. 非主谓句

没有过不去的火焰山。

伸手不打笑脸人。

当着矬人不说短话。

得饶人处且饶人。

心急吃不了热豆腐。

（二）复句式

复句是由两个或两个以上意义上相关、结构上互不做句法成分的分句加上贯通全句的句调构成的语言单位。谚语经常要总结规律，传授经验、认识，或提出看法、表示劝诫，因此经常会用到结构相对复杂的复句。雄安谚语中存在大量表并列、选择、假设、条件、转折等关系的复句。这些复句中，有的还是紧缩复句。紧缩复句的分句间没有语音停顿，精炼简明，在谚语中运用广泛。

1. 并列关系

好马出在腿上，好汉子出在嘴上。

八月团脐，九月尖。①

麦熟一晌，瓜熟一时。

① 谚语介绍的是白洋淀螃蟹的成熟期。

冬吃头，夏吃尾，春秋两季吃半截儿。①

鲫鱼颤，鲤鱼弓，鲇鱼身子扭，鳜鱼常动。

前面 3 例是两项并列，例 4 是三项并列，例 5 是四项并列。

2. 选择关系

宁舍席八家，不舍鱼钻沙。

宁留一个秋，不留一个节。

宁吃半顿儿，不吃断顿儿。

宁拆十座庙，不毁一门婚。

宁扔一簸箕灰，不扔一泡尿（suī）。

3. 假设关系

要吃菱角莫怕扎。

水大漫不过桥（或船）。

再好的金疮药，也不如不拉口。

抬抬头，误三针。

水不紧，鱼不跳。

前两例是紧缩复句，例 1 相当于“如果想吃菱角就不要怕菱角扎手”，例 2 相当于“即使水再大，也漫不过桥（或船）去”，例 4 的意思是“要是做针线活儿的时候抬起头来，手底下就会耽误三针的活儿”。

4. 条件关系

有钱不盖东西房。

有水就有鱼。

出水才看两腿泥。

---

① 谚语说的是白洋淀按季节吃鱼的习惯。

例 1 相当于“只要有钱，就不盖东西房”，例 2 相当于“只要有水的地方就有鱼”，例 3 相当于“只有从水中出来，才能看清楚腿上的泥”。

此外，还有转折关系的，如“三条腿儿的蛤蟆不好找，两条腿儿的人有的是”；递进关系的，如“种地不如打鱼，打鱼不如织席”；顺承关系的，如“冬天麦盖三层被，来年枕着馒头睡”。

单层复句和多层复句。雄安谚语中的复句，大部分是单层复句，只有少数谚语是多层复句，如：

立了夏，把扇儿架；立了秋，把扇儿丢。

九月九阴，一冬温；九月九晴，一冬冷。

有西无东，家无老翁；有东无西，家无老妻。

人比人得死，货比货得扔。

宁盖庙左，不盖庙右；宁盖庙前，不盖庙后。

以上几条虽然是两层复句，但层次关系都很简单，第一层都是并列关系；第二层前四例均为假设关系，只有最后一例为选择关系。例 4 的第二层为紧缩复句。

四、雄安谚语的常用格式

关于复句型谚语的常用格式，温端政总结出了几类：“宁可……不可……”“宁（宁肯）……不（决不）”“若要……除非……”“只有……才……”“只有……没（哪）有………”“无……不……”“不……不……”。[①] 武占坤则走出复句的局限，以所有谚语为观察对象，发现谚语的格式有：“无……不”式、“宁……不”式、数词对称或递进式、意缀拈连式、“金……银……铜（铁）”式、“三宗宝”式。[②] 我们对雄安谚语进行了考察，发现武占坤先生提出的格式都存在，另外还有“千……万……”式、“不怕……就怕……”式。

---

① 温端政：《谚语》，北京：商务印书馆，1985 年，第 92—93 页。

② 武占坤：《汉语熟语通论》（修订版），保定：河北大学出版社，2007 年，第 86—88 页。

（一）“无……不”式

无风不起浪。

无利不起早。

无商不奸。

（二）“宁……不”式

这一格式在前后两个项目的比较中选择，先取后舍，目的是突出和强调所选项的价值和意义。

宁走一步远，不走一步浅。

宁往北走一千，不往南走一砖。

宁可撑死个人，也不占着个盆。

宁盖房一间，不垒一个弯。

（三）数词对称或递进式

这类格式的谚语前边已经提到了一些，如九九歌、芦苇歌等。其他如：

一日夫妻百日恩。

三天接，四天送。

七十不留宿，八十不留坐。

初一的饺子，初二的面，初三的合子对半转。

猫三，狗四，猪五，羊六，牛七，马八，家兔一月一窝。

头一网金，二一网银，三一网捞个聚宝盆。

（四）意缀拈连式

意缀拈连式是谚语（也是歌谣）特有的说法，罗列语义的要词，不要任何语法成分的连接，而且省略掉谓语，只靠语序，意缀成文。①

① 武占坤：《汉语熟语通论》（修订版），保定：河北大学出版社，2007 年，第 88 页。

五月的青虾，秋分的螃蟹。

春骨顶，秋鸭子。

拼命的罱子，舍命的回子。

猪五羊六牛十月。

跑马行船打秋千。

例 1 的意思是说这两个时间的青虾和螃蟹在一年中最好吃。例 2 的意思是说春天的骨顶肉鲜，秋天的鸭子肥美。例 3 将“罱子”和“回子”这两种劳动强度大的捕鱼工具并列，说明都很费力气。例 4 是“猪怀仔，五个月生；羊怀羔，六个月生；牛怀犊，十个月生”的省略。例 5 将三个动宾结构的短语并列，意思是说“骑马、驾船、荡秋千”都“很危险”，“很危险”这一谓语并没有出现。

（五）“金……银……铜（铁）”式

这一格式在雄安谚语中运用很少，我们只找到了三条，而且第三条还不够典型。

金圈头，银淀头，铁打的采蒲台。

金龙湾，银道务，铁打的葛各庄。

一淀水，一淀银，一寸芦苇一寸金。

（六）“三宗宝”式

这一格式在雄安谚语中运用很多，我们找到了很多条。

白洋淀三宗宝：鸡头、莲藕和菱角。

雄县三宗宝（新三宝）：温泉、黑陶、灶台鱼。

安新三种宝：榨菜、芙根、野蒜苗。

雄县城内三种宝：砖头、火硝、益母草。①

（七）“千……万……”式

这一格式用来表示时间长久。

千年苘，万年莲。

千年的鱼子，万年的莲子。

千炖豆腐，万炖鱼。

“苘”即苘麻，与鱼子、莲子一样都是可以长期保存而不容易腐坏的东西。

（八）“不怕……就怕……”式

不怕南水猛，就怕北水顶。

不怕闹得欢，就怕拉清单。

不怕初一下，就怕初二阴。

五、雄安谚语的语义类别

需要说明的是，本节讨论的语义内容指的是谚语的“实际意义”，不考虑与实际意义无关的字面意义。雄安谚语大多是民众在改造自然界的过程当中、在人类社会关系之中，对所发现的客观规律的总结，讲授的是宝贵的人生经验和对世界的深刻认识，其内容涉及雄安人生产生活的方方面面。可以说，雄安谚语简直就是一部雄安人生产生活的百科全书。

武占坤先生对谚语语义内容做过细致的分类，他把谚语分为十类②：事理、修养、社交、世相、自然、风土、生活、商业、农业、文章写作。下面我们将

---

① 因地壳陷落，雄县城内曾经形成过三百亩的大坑，城内砖头瓦块遍地都是。（《中国谚语集成·河北卷》，中国社会出版社，1992 年，第 438 页）雄县城四周常年有水，所以硝碱多。雄县出产益母草，传统中医认为该草是治疗妇科病的良药。

② 武占坤：《汉语熟语通论》（修订版），保定：河北大学出版社，2007 年，第 99 页。

武先生的研究结论简要列举如下：

（1）事理类，如“犀因角死，象因齿亡”。

（2）修养类，如“人死留名，豹死留皮”。

（3）社交类，如“投亲不如访友”。

（4）世相类，如“有钱的王八大三辈儿，没钱的爷爷矮三分”。

（5）自然类，如“燕子不吃落地的，鸽子不吃喘气的”。

（6）风土类，如“不到黄鹤楼，白来武汉游”。

（7）生活类，如“宁走十步远，不走一步险”。

（8）商业类，如“和气生财”。

（9）农业类，如“庄稼一枝花，全靠肥当家”。

（10）文章写作类，如“语不关风不动人”。

考察雄安谚语，我们发现前九类都有，但没有关于文章写作的条目。其中，商业类熟语很少，只有几条；农业类具有地方特色，除了农耕类以外，还有养殖、林业、苇事、渔猎、采掘等；商贸谚语比较少，我们将其与农业类合并为一类，命名为“生产类”；自然中以气象为主，于是单列气象类，最后得到八类。下面依其数量的多少降序列出。

（一）生产类

包括农耕、渔猎（捕鱼和狩猎）、养殖、苇事、采掘、林业、商贸等。

在生产劳动中，人们将各项劳作的程序、技巧、要领、时节等用谚语的形式总结出来，就像一条条口诀，代代相传，指导着人们的生产活动。

1. 农耕

其中有讲粪肥、土壤的，有关于播种、收割的，等等。

> 高粱谷，耖（chào）干土。①
>
> 清明打，谷雨撒，不怕鸭子，不怕爪（zhuǎ）。②
>
> 夏天不拔草，冬天吃不饱。

---

① 播种高粱谷的土壤需要保墒，但不可过湿，所以下种前要把土块耖一遍。耖，一种农具，能把土块弄碎。

② 水稻育秧播种时间。

白露早，寒露迟，秋分的麦子正当时。

夏至拔蒜，不拔掉蛋。

触露不掐葵，日中不剪韭。

茄子老了一兜籽，南瓜老了是面的。

2. 渔猎和养殖

有关于渔业的，如：

风钩、雨卡、晒死人的小箔。

紧撒网，慢拉绳。

深水钓边，浅水钓渊。

水下小鱼多，大鱼不在窝。

三月十五咬头窝。①

白儿里苲，苲里白儿。

有关于狩猎和养殖的，如：

鸡，鸡二十一；鸭，鸭二十八；鹅，鹅足月（三十天）即伸脖。

受冷长大嘴，受热长大腿。②

3. 苇事

苇是摇钱树，淀是聚宝盆。

抄二、压三、连抬四。③

编筐窝篓，重在收口。

---

① 咬窝，指雄黑鱼为争夺交配权而撕咬打斗。

② 鸭子养殖规律。

③ 编织苇席的口诀。

4. 采掘

采了荷花牵动藕。

七月采菱，八月掉落。

5. 林业

榆树沾水死，柳树靠水活。

榆木头，柳木脚，啃不动的葫芦瓢。

西昝的姑娘会上树，五柳的姑娘会织布，米家务的姑娘红眼铁屁股。

四月枣发芽，五月枣开花，六月枣树结疙瘩。

6. 商贸

鄚州货全，北京人全。

能舍新安庙，不舍端村集。

从南京到北京，买的不如卖的精。

褒贬是买主。

上赶着不是买卖。

（二）气象类

气象类谚语的功能是传授气候、天气变化知识，包括时令、节气、旱涝、气温变化、雨雪冰雹等。气象变化对农业生产的影响很大，甚至关系到一年的收成，而气象谚有助于人们进行气象预测，所以数量相当多。

四九冰全，五九冰消。

蛤蟆乱叫，今年要涝。

八月初一下一阵，旱到来年五月尽。

水缸穿裙，山戴帽，燕子低飞，蛇过道。①

鱼儿勤跳，泥鳅上吊，大雨先兆。

小暑一点，洪水横流。

伏凉下倒墙。

清明刮了坟头土，庄稼老儿白受苦。②

火烧云，热死人；云吃火，没处躲。

旱刮东风，不下雨；涝刮东风，不晴天。

不怕初一下，就怕初二阴。

（三）风土类

此类谚语讲的是各地的名物特产、地域性格，因而地域性非常明显。

白洋淀英雄多，到处都有嘎子哥。③

京油子，卫嘴子，保定府的勾腿子，斗不过白洋淀的水鬼子。④

到了大因别动口，到了龙化别伸手。⑤

雄县三宗宝（新三宝）：温泉、黑陶、灶台鱼。

雄县三宗宝（老三宝）：皮硝、钱串儿、益母草。

白洋淀有三宝：芒子、鸡头、老菱角。

辛集的毛皮儿，白洋淀的苇席儿。

郭里口、王家寨，寨南盛产白花菜。

南有苏杭，北有胜芳。

南有花城，北有花乡。

村连村，户连户，高阳人人会织布。

① 大雨征兆。

② 春天风大，会影响小麦的收成。

③ 嘎子哥，徐光耀小说《小兵张嘎》的主人公张嘎子，是白洋淀抗日英雄的典型。

④ 京，指北京；卫，指天津；勾腿子，摔跤动作；水鬼子，指白洋淀人水性好。

⑤ 大因，徐水县的一个村庄；龙化，雄县的一个村庄。

（四）生活类

此类谚语讲的是日常生活中的衣食住行、生老病死、婚丧嫁娶生育等知识，是雄安人生活经验的总结。

有饮食保健和食俗礼仪的，如：

无鱼不成席。
鱼是鱼味儿，肉是肉味儿。
吃饭先喝汤，一辈子不受伤。
君子不吃翻身鱼。
茶要浅，酒要满。
萝卜白菜保平安。
甜窝窝，蜜兜兜，一咬一吸溜。

有关于房屋建筑的，如：

宁盖房一间，不垒一个弯。
有钱不盖东西房。
七层锅台八层炕。

有关于出行的，如：

饱带干粮暖带衣。
小雪不耕地，大雪不行船。
在家千日好，出门一日难。

有关于服装穿戴的，如：

脚上没鞋穷半截。
人靠衣裳马靠鞍。

有劝人对生活要有安排的，如：

有钱不买半年闲。

吃不穷，花不穷，算计不到就受穷。

（五）社交类

此类是讲如何与亲戚相处、交友、待人、睦邻的谚语。

结干亲，生闲气，相好别拜把兄弟。

亲戚不通财，通财两不来。

男大不中管，女大不中留。

是灰就比土热。

亲不亲，礼上分。

在家靠父母，出门靠朋友。

交就交朋友，耍就耍骨头。①

害人之心不可有，防人之心不可无。

受人滴水之恩，当以涌泉相报。

交人交心，浇树浇根。

人心换人心，四两换半斤。

人情无账，钱有账。

酒越喝越厚，钱越玩越薄。

人心隔肚皮。

伸手不打笑脸人。

得罪君子不得罪小人。

吃了人家的嘴软，拿了人家的手短。

当着矬人不说短话。

得饶人处且饶人。

远亲不如近邻，近邻不如对门。

---

① 如果交朋友就交真心朋友，如果跟人翻脸就以命相搏。

姨表亲，当辈儿亲；姑表亲，辈儿辈儿亲。

（六）事理类

这类谚语总结说明客观事物的发展规律，主要作用是传授认识论和方法论。雄安谚语中解说哲理的谚语很多，言简意赅，富有指导意义。

有强调要尊重客观规律的，如：

风大刮不倒井，水大漫不过天。

赶哪儿的集，随哪儿的斗。

种瓜得瓜，种豆得豆。

有对人性的总结，如：

狗急了跳墙。

蔫儿人出豹子。

姜是老的辣。

跟着勤的没懒的。

慈不领兵，义不生财。

嘴上无毛、办事不牢。

人穷志短，马瘦毛长。

长袖善舞，多财善贾。

拔了毛的凤凰不如鸡。

瘦死的骆驼比马大。

光脚的不怕穿鞋的。

人善被人欺，马善被人骑。

有说明生存之道的，如：

撑死胆大的，饿死胆小的。

人无横财不富，马无夜草不肥。

先下手为强，后下手遭殃。

有说明实践与认识关系的，如：

不湿脚的人捕不到鱼。

活儿是眼里毛，手是光棍子。

不当家不知道柴米贵，不养儿不知父母恩。

（七）修养类

这类谚语讲如何立身处世、如何提高品德修养，有规谏和教化的功能。其中有教育人们坚持正义、追求真理的，如：

好鞋不踏臭狗屎。

船稳不怕风大，有理走遍天下。

没做亏心事，不怕鬼敲门。

脚正不怕鞋歪。

有教育人们热爱生命、积极向上、勤学苦练的，如：

好死不如赖活着。

人往高处走，水往低处流。

人勤地不懒。

人待懒，车待散。

饿的是馋人，冻的是闲人。

师傅领进门，修行在个人。

有教育人们要处理好与父母、子女、亲友、邻里的关系的，如：

老嫂比母。

一个姐半个聂①。

婆婆底下垒窝儿。②

在家敬父母，何必远烧香。

满堂儿女不如半路夫妻。

多儿多女多冤家。

嫁出去的女儿，泼出去的水儿。

家中有三宝：丑妻、近地、破棉袄。

家有一老，胜过一宝。

打虎亲兄弟，上阵父子兵。

好汉护三村，好狗护三邻。

有劝人机动灵活、戒骄戒躁的，如：

活人不能让尿憋死。

不能一棵树上吊死人。

光棍不吃眼前亏。

心急吃不了热豆腐。

十分精明用七分，留下三分给子孙。

人平不语，水平不流。

（八）世相类

这类谚语或是讽刺拜金主义，或是批判世态炎凉，如：

有钱的乌龟大三辈儿。

有钱能使鬼推磨。

墙倒众人推，破鼓乱人捶。

有钱的坐船，没钱的撑船。

---

① 聂（当地人读 niě），方言，母亲。

② 意思是有什么样的婆婆就有什么样的儿媳妇。

六、雄安谚语的语义类聚

（一）近义谚语

在雄安谚语中，有很多意义十分接近的条目。首先，我们根据取材来判断谚语是否为同一个语位。只要取材不同就看作两个谚语，如果取材一致，字面表述略有不同，也看作同一个语位，它们很多是形式的繁简关系，如“棉花立了秋，大小一齐揪”与“立了秋，一齐揪”，“宁盖房一间，不垒一个弯”与“宁盖一间，不垒一弯”，“宁往北走一千，不往南走一砖”与“宁走一千，不走一砖”，“三天接四天送”与“接三回四”。只有语位不同且意义相近的谚语，才看作是近义关系。在雄安谚语中，有一些谚语的内容和意义非常相近。

（1）水是田畴，鱼是籽粒。
水是青苗，鱼为籽粒。

（2）婆婆底下垒窝儿。
不是一家人不进一家门。

（3）不沾烟酒，保你活到九十九。
饭后百步走，活到九十九。

（4）大鱼吃小鱼，小鱼吃虾米，虾米吃青泥。
大鱼吃小鱼，小鱼吃小虾，小虾吃苲末。

（5）吃了黑鱼肠，忘了爹和娘；吃了黑鱼裤，忘了生身父。
宁舍孩儿他娘，不舍黑鱼肠。

（6）地梨儿地梨儿一撮毛，老爷①吃了孙子刨。
地梨儿地梨儿一撮毛，好吃不好刨。

（7）糖瓜儿祭灶二十三，大人们发愁小孩儿们欢。
张庄子②小集二十三，大人们愁小孩儿们欢。

（8）腊七腊八，冻死一家。
腊七腊八，冻裂脚丫儿。

---

① 老爷，方言，雄安部分地区对祖父的称谓。

② 张庄子，白洋淀边的一个村庄。

腊七腊八，冻掉下巴。

腊七腊八，冻个大疙瘩。

(9) 七月十五嚎死，八月十五撑死。①

七月十五嚎死，八月十五甜死。②

(10) 水面大了什么鱼都有。

林子大了什么鸟都有。

(11) 蛤蟆跳不出三尺远。

青蛙跳一辈子，也跳不过池塘边。

(12) 靠山的打猎，靠水的吃鱼。

靠山吃山，靠水吃水。

(13) 鱼找鱼，虾找虾，鲤鱼白子专找疥蛤蟆。

鱼找鱼，虾找虾，王八专找疥肚子蛤蟆（或疥肚子蛤蟆找王八）。

(14) 采了荷花牵动藕。

折掉一只荷，烂掉一窝藕。

(15) 苇是淀中宝，淀是聚宝盆。

苇是摇钱树，淀是聚宝盆。

(16) 结婚三日无大小。

三天不论大小，大大伯子摸摸脚脚。

(17) 鱼过千层网，网网都有鱼。

鱼过千层网，网后还有鱼。

(18) 水大漫不过桥。

水大漫不过船。

(19) 一天省一口，一年省一斗。

一顿省一口，一月省一斗。

一天省一把，十年买匹马。

(20) 勤罾、懒网、自在箔。

勤罾、懒网、自在箔，舍命的回子最难逃。

---

① 七月十五中元节，人们给亲人上坟哭嚎；八月十五中秋节，人们吃得非常丰盛。

② 八月十五中秋节，民间习惯吃月饼和水果，而这些甜度都很高。

（21）半碗鱼汤胜全席。

赵北口鱼汤，喝了后悔，不喝也后悔。

（二）反义谚语

反义谚语指两个或者两个以上意义相反或者相对的谚语。反义谚语的形成，缘于人们不同的实践经验，进而产生对同一件事物的不同认识。当然，反义谚语也反映了人们对同一事物的辩证思考与认识。

（1）撑死胆大的，饿死胆小的。

小心驶得万年船。

（2）百巧百能，必定受穷。

艺不压身。

一招先，吃遍天。

（3）勤扫院，少赶集，三年能买一头驴。

尖着省着，窟窿等着。

例（1）第一条强调大胆行事的好处，第二条则提醒人们一定要谨慎行事。例（2）第一条讲兴趣过于广泛，掌握的技艺太多，反倒不能集中精力干好一行，因而难以致富；第二、三条表达的意义恰好相反，第二条告诉人要多学技艺，早晚会派上用场，第三条提醒人们要有一技之长。例（3）第一条劝人精打细算，而第二句告诉人们过于俭省的危害性。

七、雄安谚语的修辞特征

谚语为群众创作，而且在口头上流传，因而语言风格朴素、直白，如“不打勤的不打懒的，专打不带眼的”。但是，也有一部分谚语运用了一些修辞手法，其目的是让所讲的经验、认识更加容易为人理解和接受。温端政认为，谚语中的修辞格最常用的是比喻，另外还有夸张、借代、拟人、摹状等。① 考察雄安谚语，所用辞格多样，其中辞格有比喻、借代、拟人、夸张等，但未发现

① 温端政：《谚语》，北京：商务印书馆，1985 年，第 129—130 页。

摹状。此外，雄安谚语在语音修辞方面表现为常用押韵，句式选择以对偶和排比为主。

（一）在语音方面，绝大多数谚语都押韵

水下小鱼多，大鱼不在窝。（波韵）
甜瓜，菜瓜，吃不了的撂下。（麻韵）
立冬不起菜，冻了你莫怪。（开韵）
有钱难买五月旱，六月连雨吃饱饭。（寒韵）
处暑找黍，白露割谷。（姑韵）
小寒大寒，对头一年。（寒韵）

（二）在句式方面，多用对偶和排比

1. 对偶

“对偶，是用语法结构基本相同或者近似、音节数目完全相等的一对句子，来表达一个相对立或者相对称的意思。”① 雄安谚语中的对偶很多是反对。如：

早起三光，晚起三慌。
勤上坡，懒赶集。
穷改门，富拔坟。
南有西湖，北有白洋。
麦收短秆，豆打长秧。
是非讨散，婚姻讨合。

以上几例都是反对，“早”和“晚”、“勤”和“懒”、“穷”和“富”、“南”和“北”、“短”和“长”、“散”与“合”分别形成对比。从语音角度看，以上几例中的两个句子单音节对单音节、双音节对双音节。

2. 排比

“排比，是把三个以上结构相同或相似、意义相关、语气一致的词组或句子

① 王希杰：《汉语修辞学》（第三版），北京：商务印书馆，2014 年，第 270 页。

排列起来，形成一个整体。”① 需要说明的是，雄安谚语中的排比属于宽式排比，所谓“宽式”指的是一组句子在结构一致的前提下，在最后一个句子里多上几个音节，以实现谚语在韵律上的沉稳、在语义上的完足。如：

冬吃头，夏吃尾，春秋两季吃半截儿。

桃养人，杏伤人，李子树下埋死人。

初一的饺子，初二的面，初三的合子对半转。

（三）在辞格选用方面，主要是比喻、比拟和夸张

1. 比喻

在三类谚语中，曲折描述型和综合型全部都用到了比喻，而直叙型运用比喻的却很少。曲折描述型谚语，它们整体上就是一个喻体，本体并不出现，用比喻来叙述知识、说明道理，如“早封的太子当不了皇上”，以此来比喻提早明确的继承人往往最终难以修成正果；“兔子不吃窝边草”，劝人不要对身边的人下手；“出头的椽子先烂”，提醒人不要冒尖儿。综合型谚语，本体和喻体都出现，如“人比人得死，货比货得扔”。直叙型谚语，某个组成部分可能会用到比喻，下面就来看看这类谚语中的比喻。

经考察，我们发现雄安直叙型谚语中的比喻多为暗喻，明喻很少。

一淀水，一淀银，一寸芦苇一寸金。

人是铁，饭是钢，一顿不吃饿得慌。

七米如同柜，鬼子有来没有回。②

谚语中的比喻词，要么不出现，如例 1；要么以“是”为比喻词，如例 2；例 3 用了比喻词“如同”，是一个非常难得的明喻。

---

① 王希杰：《汉语修辞学》（第三版），北京：商务印书馆，2014 年，第 280 页。

② 七米，指雄县米家务乡的七个自然村，抗日战争时期是冀中根据地之一，冀中十分区曾驻过此地，领导军民通过地道战痛击进犯的侵华日军和伪军汉奸。1984 年雄县修建米家务烈士陵园，园内有原冀中十分区司令员刘秉彦和政委旷伏兆墓地两座、烈士碑亭一座。

2. 比拟

"比拟就是把一个事物当作另外一个事物来描述、说明。"① 比拟又分为拟人和拟物。我们发现雄安谚语中只有拟人，没有拟物。

高粱扛枪，气死龙王。

七月里核桃八月里梨，九月里柿子来赶集。

穷榆富柳邋遢杨。

穷豆秸，富谷穰，再打几遍还有粮。

七月十五钢②嘴儿，八月十五咧嘴儿，喝了白露水儿，蚊子就挺腿儿。

例 1 将高粱当人来写，"高粱扛枪"指的是高粱长出莛秆并抽穗。例 2 将柿子当作人来写，用"赶集"来说明九月是柿子收获的时节。例 3 讲的是树木修剪的原则，榆树、柳树、杨树都被赋予了人性。例 4 用"穷""富"来说明豆秸和谷穰所藏籽粒的多少。例 5 把蚊子当作人来写，介绍了蚊子在每个时期的特点。

3. 夸张

夸张"是从主观出发，采用艺术的手法，对客观事物故意夸大其辞，以加深人们的印象"③。

春冷冻死牛。

针大的窟窿，斗大的风。

上府下卫过船闸，人褪层皮鱼脱鳞甲。

晚上下雨，白天晴，打的粮食没地方盛。

大暑小暑，灌死老鼠。

小麦锄三遍，隔着麸皮看见面。

---

① 李庆荣：《现代实用汉语修辞》（修订版），北京：北京大学出版社，2012 年，第 212 页。

② 钢，读 gàng，磨快。

③ 姚殿芳、潘兆明：《实用汉语修辞》，北京：北京大学出版社，1987 年，第 419 页。

例 1 讲的是雄安气候特点，“春冷冻死牛”夸张地说明了北方春冷的程度，而一般而言牛是不大可能被冻死的。例 2 用“针”和“斗”形成对比，说明小缝隙能钻进大风。例 3 的背景是，“日本侵略者侵占白洋淀后，在当时的新安城东关修建船闸，定时提闸放船通过，来往船只上府（保定府）下卫（天津卫）都得在闸前交税”①。该谚语用“人褪掉皮”“鱼脱掉鳞”来说明日伪军对渔民横征暴敛的程度。例 4“没地方盛”极言收获粮食之多。例 5 说明暑期降水量很大。例 6 强调锄地的意义重大。前五例都是扩大夸张，最后一例是超前夸张，还在锄地阶段就看到了未来的收获。

此外，雄安谚语中还运用了其他一些辞格，包括顶真，如“远亲不如近邻，近邻不如对门”；回文，如“砂不沾木，木不沾砂”“你敬人一尺，人敬你一丈”；借代，如“打草的伴不起放羊的”，“打草的”代指有正经工作的人，“放羊的”代指工作时间和地点都自由的人；反复，如“地梨儿地梨儿一撮毛，好吃不好刨”。雄安谚语中还经常用到类比，如“开河的鲫瓜赛猪肉”“秋后犁一寸，顶上一茬粪”。

第二节　雄安歇后语考察

在熟语当中，歇后语是最具民族特色的一个成员，“歇后语这一熟语类型是其他语言所没有或极少见的，从结构形式和表意方式都极具鲜明的汉语言特色，一般不能对等翻译到其他语言中去”②。歇后语的结构独具特色，由前后两个部分组成，前边的部分有如谜面，后边的部分有如谜底，如“狗咬吕洞宾——不识好人心”。

一、“雄安歇后语”界说

（一）歇后语

1. 歇后语的名称

据考证，歇后语萌芽于战国时期，起初仅流行于民间口语，被文人雅士视

① 《白洋淀民谚》，新浪博客“白洋淀 style”，http://blog.sina.com。

② 郭伏良：《新中国成立以来汉语词汇发展变化研究》，保定：河北大学出版社，2001 年，第 164 页。

为“鄙语”，难登文学殿堂；到了金元和明清时期，随着文学语言的口语化，才大量出现在元杂剧和白话小说中；进入现代汉语时期迅速发展起来，“更广泛大量地出现在口语和书面语里”[①]。关于歇后语的名称，在各地有不同的叫法，如“藏词”“俏皮嗑”“言子”等，其中影响最大的是“歇后语”和“譬解语”。[②]谭永祥指出，起初“歇后语”本是修辞概念，“譬解语”才是熟语概念，后来张瓌一（张志公）的《修辞概要》合二为一称为“歇后语”，并指出它“既是一种修辞手法，又是一种熟语”[③]。武占坤指出，歇后语的语型包括“前喻后解两个部分，前段是‘隐语’或‘喻辞’，后段是对隐语喻辞的解说，是全句的语义所在”[④]。温端政则将歇后语命名为“引注语”，他认为歇后语由“引子”和“注释”两个部分组成，而重头在后边[⑤]，他这样定义歇后语：“歇后语是汉语中由含有引注关系的两个部分组成的、结构相对固定的、具有口语特色的熟语。”[⑥]

我们认同温先生的观点，将歇后语的前后两个部分分别命名为“引子”和“注释”，但“歇后语”这一名称不变。

2. 歇后语的特征

歇后语是熟语中的一类特殊成员，葛本仪说过它是“一种具有特定意义和固定结构的特殊的语言形式”[⑦]。关于歇后语的特殊性，学界做过深入的研究。

武占坤指出，与其他熟语相比，歇后语的特点是：在语言结构上，是前喻、后解两截的语句形式；在风格上，俗中寓俏；在语用中，常常可以歇后。[⑧] 谭永祥总结出歇后语有五个特点：口头性、双关性、谐趣性、地域性、灵活性。[⑨]郭伏良指出，歇后语是“结构形式特殊、表意方式特别、风格幽默诙谐、运用比较灵活的熟语类型”[⑩]。陈长书认为歇后语的本质特点有三个：第一，从结构

---

① 郭伏良：《新中国成立以来汉语词汇发展变化研究》，保定：河北大学出版社，2001 年，第 164 页。
② 温端政：《歇后语》，北京：商务印书馆，1985 年，第 1 页。
③ 谭永祥：《歇后语新论》，济南：山东教育出版社，1984 年，第 23 页。
④ 武占坤：《武占坤文集·卷二　中华谚谣研究》，石家庄：河北教育出版社，2018 年，第 22 页。
⑤ 温端政：《谚语》，北京：商务印书馆，1985 年，第 14 页。
⑥ 温端政：《歇后语》，北京：商务印书馆，1985 年，第 20 页。
⑦ 葛本仪：《现代汉语词汇学》，济南：山东人民出版社，2001 年，第 22 页。
⑧ 武占坤：《汉语熟语通论》（修订版），保定：河北大学出版社，2007 年，第 134 页。
⑨ 谭永祥：《歇后语新论》，济南：山东教育出版社，1984 年，第 111 页。
⑩ 郭伏良：《新中国成立以来汉语词汇发展变化研究》，保定：河北大学出版社，2001 年，第 163 页。

方面看，是一种双体的定型结构；第二，从语义方面看，前后两部分具有引注关系；第三，从语音方面看，前后两部分之间一般有较长停顿。①

综合学者们的研究成果，笔者认为，歇后语的判断标准至少应该包括以下几个方面：

第一，从结构上看，为双体定型结构。所谓“双体”是指歇后语由前后两个部分构成；所谓“定型”是指歇后语引子和注释的组合比较定型，甚至可以传承多年不变，传播各地不改，如“周瑜打黄盖——一个愿打一个愿挨”“骑驴看账本——走着瞧”“猪八戒照镜子——里外不是人”“八仙过海——各显神通”“芝麻开花——节节高”“十五只桶打水——七上八下”，这些短语可以说是通行古今，妇孺皆知。

第二，从语义上看，构成歇后语的前后两部分具有引注关系。所谓引注关系，是指歇后语前后两部分之间具有被说明和说明、被注释和注释的关系。歇后语由两个部分组成，属于双体结构，而歇后语双体结构的关系，却与其他双体结构，有着很大的不同。②

第三，从语音方面看，歇后语前后两部分之间大多有较长的停顿，书面上用破折号表示。语音上的停顿将前后两部分隔开，甚至在语用中有的歇后语不出现后半部分都不影响语义的表达。

第四，从风格上看，幽默诙谐、新颖奇巧。歇后语取材于民间事象，大量运用双关（谐音双关和语义双关）和比喻，创造出令人意想不到的妙趣，令人忍俊不禁。

第五，从语用上看，运用灵活。在具体运用中，一般都是前后两个部分同时出现，但有时也只出现引子，特别是那些流传广泛、人尽皆知的歇后语。例如：

他这可是黄鼠狼给鸡拜年（——没安好心）啊！

这事闹的，我真是猪八戒照镜子（——里外不是人）啊！

---

① 陈长书：《歇后语研究》，北京：中国社会科学出版社，2016 年，第 6—8 页。

② 陈长书指出，其他双体结构前后两部分之间一般具有正常的语法关系和语义关系，如惯用语“含在嘴里怕化了，捏在手里怕碎了”（本书将其归人俗语）前后之间是联合关系；谚语“不经一事，不长一智”前后之间是假设关系。而歇后语的引注关系并不符合任何一种常见的语法关系和语义关系。

别听他那花言巧语，他这是猫哭耗子（——假慈悲）！

3. 歇后语与谚语、俗语

熟语中有些特殊成员，介于歇后语和谚语之间，或歇后语与俗语之间，对于它们的身份学界意见不一，我们在给雄安熟语归类时也遇到了类似问题。如“大水冲了龙王庙，一家人不认识一家人”“盖垫嘴儿两面里（理）儿”等，在日常语用中前后之间的间歇并不长，很容易归入谚语；而“菱角不大，牌子不小”，《白洋淀志》将其归入歇后语。对于歇后语与谚语的区别，谭永祥从内容、形式和功能上提出了非常实用的辨别方法：内容上，谚语带有明显的科学性，歇后语则以谐趣性为主要特征；形式上，二者都是句子的形式，除了停顿时间长短以外，还有一点，谚语有很多是复句，而歇后语则都是以引子为主语、以注释为谓语的单句；功能上，谚语一般作为独立的句子被运用，歇后语一般作为句子成分被运用，而且，谚语的整体都是有效成分，而歇后语的有效成分只是后半部分，前边不过是个引子。[①] 根据这三条标准，将“大水冲了龙王庙——一家不认识一家人”“盖垫嘴儿——两面里（理）儿”归入歇后语就很好理解了。再看“菱角不大，牌子不小”，它的两个组成部分并非引注关系，而是转折关系；而且整个短语的意思由前后两部分共同承担，并非都落到后一部分之上；最后，前后两个部分之间，没有较长的停顿，所以，我们将其归入俗语。

（二）雄安歇后语

雄安歇后语，指的是雄安原居民正在使用或曾经使用的歇后语，具备上述我们所界定的歇后语的性质特征。需要说明的是，歇后语有静态和动态之分。所谓动态，指的是现实语用中的“临时歇后语”，它们在特定语境中被说话者现场创造并运用，具有很强的个性；其引子和注释间的结合是特定语境中的临时组合，不会在其他语境中再现。本书中的雄安歇后语，指的是静态且定型的歇后语，不包括临时歇后语。为了突出地方性，我们在收集语条时，对于流传全国各地的歇后语只是有选择地收录，所以最终获得的雄安歇后语总体数量不是很多。

---

① 谭永祥：《歇后语新论》，济南：山东教育出版社，1984 年，第 54—56 页。

二、雄安歇后语的语法结构

歇后语由前后两个部分构成，两个部分一般都由短语（固定短语或自由短语）构成，少数情况下后一部分还可以由词或句子构成。

我们对雄安歇后语的结构进行了考察，前后两部分的结构关系为“短语＋短语”的最多，“短语＋词”和“短语＋句子”的很少。需要说明的是，我们在分析歇后语的结构时，对于注释语只看表层意义，而不管其深层意义，比如“一根筷子吃藕——挑眼儿”的深层意思是故意找毛病，挑别人的不是，是词；而表层意思却是挑选藕的窟窿眼儿，属于短语。

（一）短语＋短语

看着鱼儿下罩——瞧着办。

俩鹰打架——夺鱼（多余）。

卖鱼的不带浅子——勾嘴儿①。

王八碰到桥桩上——暗鳖（憋）气。

白洋淀的螃蟹——七上八下。

河里的鱼待客（当地人读 qiě）——没指望儿。

鸭圈里的饭食——炒蛋。

卖鱼的篓子——缘（冤）到底儿了。

狗赶鸭子——呱呱叫。

灶王爷伸手——拿糖。

黄鼠狼给鸡拜年——没安好心。

凉锅贴饼子——蔫出溜。

脱掉外衣去赶集——解套上市。

拐子拾柴火——弄不了咧。

水涝棉花——没桃（逃）。

管丈母娘叫大嫂子——没话搭拉舌。

王八出水——露一鼻子。

---

① 意思是有意或无意间勾起别人再次提起令其不愉快的话题。浅子，方言，即秤盘。

王八看绿豆——对了眼儿了。

一个锅里拉马勺——一家人。

一个杏核砸两半——图个仁（人）。

隔着门缝吹喇叭——名声在外。

卖烧饼的不带干粮——吃货。

卡船上打孩子——没跑儿。

（二）短语+词

船头上闸箔——圈头。

赶集走亲戚——顺路。

（三）短语+句子

鸡脑袋上的肉——大小是个官。

麻秆儿打狼——两头儿害怕。

俩瞎子挤眼——你骗我，我骗你。

阎王爷嫁女儿——抬轿的是鬼，坐轿的也是鬼。

骑着猪赶集——有一点施展一点。

隔着门缝看人——别把人看扁了。

三、雄安歇后语的语义特征

（一）雄安歇后语的语义结构

关于歇后语的语义结构，学界有多种说法。一类观点从歇后语的语义实现出发，主张二分法，如王勤（1981）等人分为“喻意型”和“谐音型”；孙维张（1989）等人分为“喻式型”和“双关型”；谭永祥（1984 年）分为“喻意型”和“会意型”；温端政（2000）分为“直陈型”和“双关型”。这些分类或是从歇后语前后两部分的关系出发，或是从后半部分即注释语出发，尚未将整个歇后语的语义关系做全盘分析。

另一类观点，从歇后语的前后两个组成部分以及各部分之中的语义组合关系出发。王吉辉认为制约歇后语“俏”的因素有三个：一是“谜面”；二是“谜面”和“谜底”的关系；三是谜底和歇后语表达意义的关系。[①] 受王吉辉启发，陈长书指出歇后语的语义结构应该包括：引子或注释本身中词语的语义组合关系，引子和注释之间的语义结构关系。他进一步提出歇后语的结构分析的方法：引子是常规搭配还是非常规搭配；注释语的语义层次，有单层和双层之分[②]，双层语义结构再分为三个小类：谐音双关型（如“吃冰拉冰——没化（话）”）、意义双关型（如“吹糖人儿的出身——口气怪大”）、意义转指型（如“王小二过年——一年不如一年”）。陈长书认为，歇后语的语义结构并非由引子的意义和注释的意义简单相加而成，在引注共同搭建的语义结构中还凝固了特定的意义内容和关系。他将引子和注释的语义联系起来，得到四种组合类型。[③]

第一，“超常搭配＋双层结构”，（引）超常搭配义－（注）表层意义→（注）深层意义；

第二，“常规搭配＋双层结构”，（引）常规搭配义－（注）表层意义→（注）深层意义；

第三，“超常搭配＋单层结构”，（引）超常搭配义－（注）常规搭配义；

第四，“常规搭配＋单层结构”，（引）常规搭配义－（注）常规搭配义。

上述“常规搭配”或“超常搭配”都是就引子中的词语之理性意义而言的。所谓超常搭配，指“引子一般表示的是客观现实中从不或者极少出现的现象”[④]，如“黄鼠狼给鸡拜年”；所谓常规搭配，指的是引子所描述的现象在客观现实中经常出现，如“小葱拌豆腐”，而且这一搭配在歇后语结构中的语义也与其在日常口语中独立使用时基本相同。在超常搭配的情况下，引子的语义是超常的；在常规搭配的情况下，引子的语义也是常规的。“双层结构”，即注释语有表层意义，还有深层意义。如“小葱拌豆腐——一青二白”，“青白”的表

① 王吉辉：《固定语研究》，天津：南开大学出版社，2009 年，第 185—187 页。

② 陈长书的考察结果显示，绝大多数歇后语的注释都具有双层语义结构。

③ 陈长书：《歇后语研究》，北京：中国社会科学出版社，2016 年，第 53—57 页。

④ 陈长书：《歇后语语义结构的形成机制和动态特点》，《山东师范大学学报》（人文社会科学版），2016 年第 2 期，第 148—156 页。

层意义是小葱青而豆腐白，深层意义则谐音“清白”。

我们认为，陈长书的观点和方法有助于对歇后语的语义进行深入、清晰、系统的分析，且具有很强的可操作性，所以，我们借鉴他的研究方法，对雄安歇后语的语义关系进行了考察。考察结果如下。

1. 超常搭配＋双层结构

鸭圈里的饭食——炒蛋。

庙里打埝子[①]——淘（逃）神。

猪八戒照镜子——里外不是人。

船头上闸箔——圈头。

耳挖勺炒芝麻——小鼓捣油儿。

苣菜炖鲇鱼——苦了大嘴了。

王八吃秤砣——铁了心。

灶王爷伸手——拿糖。

粥锅里煮窝窝头——混蛋出了尖儿。

啄木鸟死在树窟窿里——吃了嘴的亏了。

骑驴看唱本——走着瞧。

2. 常规搭配＋双层结构

大船上的烟囱——瞰[②]（赶）上了。

卖鱼的篓子——缘（冤）到底儿了。

俩鹰打架——夺鱼（多余）。

盖垫嘴儿———两面里（理）儿。

水蝎子——不怎么蜇（着）。

外甥打灯笼——照舅（旧）。

一个杏核砸两半——图个仁（人）儿。

---

① 打埝子，为防止水漫流，用泥土做成小型的堤坝将水围住。

② 瞰，指船瞰，方言，即甲板。

卖烧饼的不带干粮——吃货。

高粱地里带禾子——一路货。

歪脖子树排船——随弯就弯。

叫花子赶集——穷逛。

马勺上的苍蝇——混饭吃。

老没牙①吃西瓜——道道儿多。

3. 超常搭配+单层结构

武大郎掰苇叶——上抓下挠。

扳不倒儿骑兔子——没个稳当劲儿。

西瓜皮擦屁股——没完没了。

大水冲了龙王庙——一家人不认识一家人。

麻秆儿打狼——两头儿害怕。

长虫杀王八——白耽误工夫。

狗拿耗子——多管闲事。

黄鼠狼给鸡拜年——没安好心。

大雁吃莛秆②——直了脖了。

4. 常规搭配+单层结构

大年初一的饺子——没外人。

大船上吃饭——不让人。

水地里做饭——一锅掀。

一个锅里拉马勺——一家人。

烧香不磕头——惹祖宗生气。

---

① 老没牙，指掉了牙的老人，也指乳牙脱落的小孩子。雄安有歌谣：“老没牙三道沟，人家吃饭你喝粥。”

② 莛秆，高粱上端的茎，细长，顶端长有高粱穗。

河里的鱼待客——没指望儿。

拐子拾柴火——弄不了咧。

赶集走亲戚——顺路。

（二）雄安歇后语的语义类聚

歇后语的理性义和色彩义多为贬义性质，彼此之间很难构成反义关系。我们发现，雄安歇后语的语义聚合主要表现为近义关系。

歇后语的字面组成具有一定的变化性，如“八仙过海——各显神通”与“八仙过海——各显其能”“孔夫子搬家——净是书（输）”与“孔夫子搬家——净书（输）”，如何看待这些引子完全一样、注释意义表述相近的歇后语呢？它们是不是同义关系？温端政认为，同义关系的歇后语有两种情况：前一部分取材不同，后一部分所表示的基本意义相同或相近；但如果前一部分取材大致相同，后一部分所表示的基本意义也相同，只是说法上略有不同，则属于“同一个歇后语的不同变体”，不能算是同义歇后语。①

我们认为，只要是引子或注释取材不完全相同，就看作是不同的歇后语语位，在此基础之上，再讨论是否具有同义关系。理论上讲，同义歇后语应该有三种情况：第一，引子不同，注释相同或相近；第二，引子相同或相近，注释不同；第三，引子和注释都相近。我们梳理雄安歇后语后发现，第二种情况极少，第一和第三较多，具体又可细分为几种：

1. 引子不同，注释相同或相近

高粱地里带禾子——一路货。②

柳条串王八——一路货。

“高粱”跟“禾子”同为植物，柳条串起来的一串“王八”都是一样的事物。

水涝棒子——光闹嘴儿。

① 温端政：《汉语词汇学教程》，北京：商务印书馆，2006 年，第 303—304 页。

② “高粱”跟“禾子”都是庄稼。

狗掀帘子——光来嘴。

都是比喻光说好听的话而没有实际行动。

2. 引子不同，注释相近

兔子的尾巴——长不了。

秋后的蚂蚱——蹦跶不了几天。

都是说某种事物不会存在太久。

3. 引子相近，注释相同

老公公背着儿媳妇赶集——费力不讨好。

公公背儿媳妇过河——费力不讨好。

大大伯子背兄弟媳妇——费力不讨好。

以上三条引子的做法都是违背情理的，所以说“费力不讨好”。

4. 引子和注释都相近

吹鼓手赶集——没事找事。

背着喇叭赶集——揽差事。

“吹鼓手”的工具就是“喇叭”，“背着喇叭”的多半就是“吹鼓手”，“没事找事”的字面义跟“揽差事”的意思基本一致。

有的歇后语，注释有多种形式，且基本意义是一致的，它们属于同一个语位。如“盖垫嘴儿——两面里儿（理儿）”，还可以说成“盖垫嘴儿——反正里儿（理儿）”“盖垫嘴儿——里外里儿（理儿）”。其实，“反正”“里外”与“两面”意思是一样的。为了保持一致，我们选用第一种表述形式，即“盖垫嘴儿——两面里儿（理儿）”。

四、雄安歇后语的修辞特征

在歇后语中，比喻和双关是最常用的辞格，“歇后语的构成，从手法上看，离不开比喻和双关”①。

比喻使其生动形象，双关令其奇巧风趣。很多学者都对歇后语广泛使用比喻和双关做出过论述，前文已经提到，在讨论歇后语的语义实现手段的时候，孙维张（1989）等人注意到了比喻和双关的重要作用；王勤（1981）等人提出的喻意和谐音，从修辞角度来看就是比喻和谐音双关；谭永祥（1984）提出的喻意型和会意型，就修辞手段来说就是比喻和语义双关。温端政认为歇后语的语义产生分为三种情况：派生义、假借义、转换义，② 而如果从修辞的视角出发，我们发现这三种情况要么是借助比喻，要么是借助双关。陈长书在分析歇后语的引注关系时，提出比喻关系（喻体＋喻解或本体）和双关关系（引申＋双关）。③ 在歇后语中，双关只在后半部分即注释里起作用，而比喻则不同，比喻的结构是引子和注释合作完成的。

（一）双关

运用双关辞格构成的雄安歇后语，既有谐音双关，也有语义双关。

属于谐音双关的，如：

庙里打埝子——淘（逃）神。

卖鱼的篓子——缘（冤）到底儿了。

岳家佐的干粉儿——漏（露）咧。④

八月十五蒸糕——趁枣（早）儿。

一个杏核砸两半——图个仁（人）儿。

蝎子尾尾——毒一粪儿（独一份儿）。

挑水的回头——过井（景）了。

---

① 武占坤：《武占坤文集·卷二　中华谚谣研究》，石家庄：河北教育出版社，2018 年，第 24 页。

② 温端政：《歇后语》，北京：商务印书馆，1985 年，第 64—69 页。

③ 陈长书：《歇后语研究》，北京：中国社会科学出版社，2016 年，第 7 页。

④ 干粉儿，即粉条，制作粉条的过程叫“漏粉”。岳家佐，高阳县的一个村庄。

捋着胡子过河——牵须过渡（谦虚过度）。

土地爷掏耳朵——搌（崴）泥[①]。

属于语义双关的，如：

粪叉子挠痒痒——硬手儿。

泥娃娃洗脸——寒碜了。

苣菜[②]绑疙瘩——苦扣。

理发师的徒弟——从头学起。

脚面上的水——平蹚。

苣菜炖鲇鱼——苦了大嘴了。[③]

叫花子赶集——穷[④]逛。

灶王爷伸手——拿糖[⑤]。

猪八戒照镜子——里外不是人。

（二）比喻

谭永祥对喻意型歇后语做了细分，分为两类：半喻式和全喻式，[⑥] 前者如“黄鼠狼给鸡拜年——没安好心”，后者如“歪脖子树排船——随弯就弯”。二者的引子都是喻体，注释都是喻解；区别在于，在注释部分比喻是否也起了作用，“没安好心”就是字面意思，没有比喻意义，而“随弯就弯”的真实意思是比喻因地制宜、随机而变。考察雄安歇后语，我们发现个别歇后语是半喻式，更多的为全喻式。

半喻式，如：

---

① 崴泥，陷在泥里，比喻陷入困境。

② 苣菜，一种苦味儿较重的野菜。

③ 大嘴，鲇鱼的嘴比一般的鱼要大。苦，苦味儿，双关“苦楚”。

④ 穷，贫困，形容词；语义双关为副词，指无限制地去做。

⑤ 拿糖，以手取糖，双关装模作样以抬高身价。

⑥ 谭永祥：《歇后语新论》，济南：山东教育出版社，1984 年，第 102—103 页。

河里的鱼待客——没指望儿。

管丈母娘叫大嫂子——没话搭拉舌。

小圣庙里的船——吊起了来。

狗拿耗子——多管闲事。

烧香不磕头——惹祖宗生气。

全喻式，如：

王八吃秤砣——铁了心。

“铁了心”喻指坚定不移。

高粱地里带禾子——一路货。

“一路货”喻指同为一类。

王八出水——露一鼻子。

“露一鼻子”喻指露脸。

王八看绿豆——对了眼儿了。

“对眼儿”喻指两个人彼此中意。

第三节　雄安惯用语考察

一、“雄安惯用语”界说

（一）惯用语

1. 惯用语的性质和范围

在熟语的大家庭里，谚语、成语、歇后语、俗语等名称由来已久，而惯用语的名称则是后起的。马国凡将惯用语与谚语、歇后语并列①；胡裕树把惯用语作为“熟语”的一种，与成语、歇后语、谚语、格言等并列②。目前，将惯用语作为熟语的一个成员，学界的看法是一致的，但对于惯用语的具体性质和范围，大家在认识上却存在着较大分歧。

温端政在分析了各家对惯用语的观点之后，总结出具有代表性的八种意见③，我们再加上温端政的观点，对于惯用语的看法共计九种，以下逐一列出：

表 1 各家对惯用语的看法

语例	观点一	观点二	观点三	观点四	观点五	观点六	观点七	观点八	观点九
穿小鞋	惯用语	惯用语	惯用语	成语	惯用语	惯用语	惯用语	词	惯用语
从容不迫	成语	成语	成语	惯用语	成语	成语	成语	成语	成语
西施	词	词	惯用语	词	词	词	词	词	词
铁公鸡	词	词	词	词	惯用语	词	词	词	惯用语
唱对台戏	惯用语	俗语	惯用语	成语	惯用语	惯用语	惯用语	惯用语	惯用语
碰一鼻子灰	惯用语	俗语	惯用语	成语	惯用语	惯用语	惯用语	惯用语	惯用语
一块石头落地	修辞谚	俗语	惯用语	成句子的俚语		惯用语	惯用语	惯用语	惯用语
你走你的阳关道，我走我的独木桥	修辞谚	俗语		成句子的俚语		惯用语		惯用语	惯用语

第一种，以马国凡为代表，用“惯用语”来指称“穿小鞋”这一类“定型的词组”，认为惯用语在结构上以三音节动宾结构为主，在意义上具有双层性。④

第二种，以王勤为代表，认为“惯用语是具有超字面意义的语义功能，三言口语化习用短小的固定词组”⑤。他把惯用语仅限于“三字格”，超出三个字的，如“你走你的阳关道，我走我的独木桥”等描述性的语言单位看作“地道

① 马国凡：《谚语 歇后语 惯用语》，沈阳：辽宁人民出版社，1961 年，第 65 页。
② 胡裕树：《现代汉语》（重订本），上海：上海教育出版社，2011 年，第 258 页。
③ 温端政、温朔彬：《惯用语》，北京：商务印书馆，2014 年，第 16 页。
④ 温端政、温朔彬：《惯用语》，北京：商务印书馆，2014 年，第 5 页。
⑤ 王勤：《汉语熟语论》，济南：山东教育出版社，2006 年，第 390 页。

的俗语”①。

第三种，以王德春为代表，认为惯用语在结构形式上以动宾结构的三字格为主体，同时也把“祝英台、智多星、及时雨”等定中结构的三字格看成是惯用语。

第四种，以刘叔新为代表，认为惯用语结构成分固定，在意义上不具有双层性，其含义体现成类事物的一般概念而非个别事物概念或专门概念。②

第五种，以陈光磊为代表，认为惯用语是功能相当于词的定型短语，认为“吃茶、饭桶、铁公鸡”都是惯用语。

第六种，以孙维张为代表，认为惯用语是一种描绘性的熟语，结构灵活多样，音节构成上有多有少，而不限于三音节。

第七种，以吕冀平、戴昭铭、张家骅等为代表，认为惯用语在意义上具有整体性，在结构上不受“三字格”限制。③

第八种，以周荐为代表，认为惯用语只能是非三字格的一部分俗语④，“穿小鞋”“铁公鸡”等三字格都应划归词。

第九种，以温端政为代表，把惯用语定义为“非二二相承”的描述语。温端政将惯用语放在“语”的范畴之内来讨论。他认为，“语”是汉语里由词和词组合而成的、结构相对固定的、具有多种功能的叙述性语言单位⑤，叙述性是“语”的本质属性，以叙述的内容和方式为标准，将“语”分为引述语、表述语、描述语三种类型。它们的关系表示为：⑥

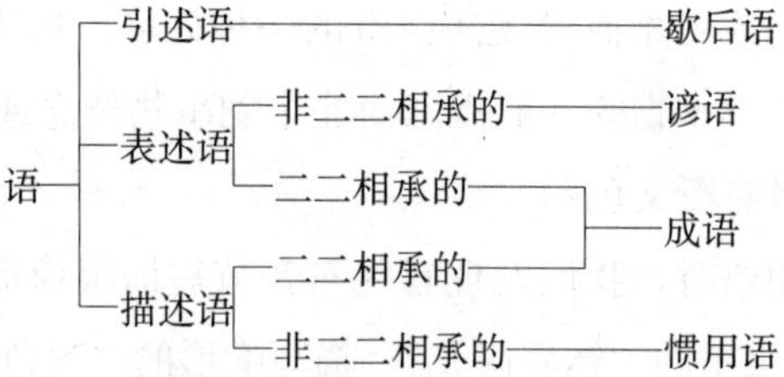

① 王勤：《汉语熟语论》，济南：山东教育出版社，2006 年，第 387 页。
② 刘叔新：《汉语描写词汇学》，北京：商务印书馆，2000 年，第 136 页。
③ 温端政、温朔彬：《惯用语》，北京：商务印书馆，2014 年，第 13 页。
④ 周荐：《惯用语新论》，《语言教学与研究》，1998 年第 1 期，第 128—139 页。
⑤ 温端政：《汉语语汇学教程》，北京：商务印书馆，2006 年，第 45 页。
⑥ 温端政：《惯用语》，北京：商务印书馆，2014 年，第 17—20 页。

其中的“二二相承”需要解释一下，“多数表现在语法或语义结构上，有的表现在语音结构上”①。温先生认为：惯用语不受字数限制，“唱高调、唱对台戏、报喜不报忧、吃不了兜着走、不蒸馒头争口气、打一枪换一个地方、当一天和尚撞一天钟、踩着别人的肩膀往上爬、吃不到葡萄就说葡萄酸”都是惯用语；惯用语也不受语节限制，两个语节的如“陈谷子，烂芝麻”也被看作惯用语；“吹牛、拍马、踢球”等和“吹牛皮、拍马屁、踢皮球”虽然音节不同，但意义相同，因此归入惯用语也有一定的道理；“吃醋、砸锅”等在语义上具有双层性，而且在语用中结构可以扩展，也可归入惯用语。②

笔者认为，在各家意见不一的上表中，“穿小鞋”“铁公鸡”“唱对台戏”“碰一鼻子灰”都是惯用语，“一块石头落地”和“你走你的阳关道，我走我的独木桥”都是俗语，“西施”是词，“从容不迫”是成语。

2. 惯用语的特征

在综合各家观点的基础上，笔者认为，作为熟语成员的惯用语，应该具备以下特征。从结构上看，其核心成员为动宾结构和定中结构。从音节上看，以三音节为主，多音节不超过四个。从语义实现上看，惯用语的实际意义不是构成成分的简单相加，“而是在原构成成分基础上产生的新的转义（比喻义或引申义）”③。很多惯用语借助比喻手法获得修辞义，“惯用语大多是带比喻性质的定型词组”④。例如，“铁公鸡”喻指小气、吝啬之人，整体上就是一个比喻，而且每一个成分都不是字面义。再如“穿小鞋儿”并非真的穿小号的鞋子，而是形容被人暗中整治或刁难而又无法申辩的一种处境。从语义内容来看，其实际意义体现的是“成类事物的一般概念而非个别事物概念或专门概念”⑤。从色彩上看，惯用语多具有贬义色彩。

在收集雄安惯用语时，我们发现有些三音节短语很像惯用语，如表示腿型的“罱子腿”、表示眼睛的“钵罗眼儿”、描写嘴形的“嘎鱼嘴”、描写嗓音特点

---

① 刘中富：《成语的界定与成语的层次性》，《山东师范大学学报》（人文社会科学版），2016 年第 4 期，第 50—59 页。

② 温端政：《惯用语》，北京：商务印书馆，2014 年，第 20—24 页。

③ 王勤：《汉语熟语论》，济南：山东教育出版社，2006 年，第 388 页。

④ 马国凡：《谚语 歇后语 惯用语》，沈阳：辽宁人民出版社，1961 年，第 71 页。

⑤ 王泽鹏：《近 20 年汉语惯用语研究》，《学术研究》，1998 年第 11 期，第 84—87 页。

的“公鸭嗓儿”等。它们虽然都是定中结构，但不应归入惯用语，因为它们的核心语素“腿、眼儿、嘴、嗓儿”用的都是本义，且短语实际意义表现的是个别事物概念。

3. 惯用语与其他熟语比较

与谚语相比，惯用语不像谚语那样传授知识经验，不用判断或推理的形式，而是运用多种手法描述人或事物的特点、性状，以增强修辞效果。谚语的语义比较直白，而惯用语更加含蓄。

与歇后语相比，惯用语的语义表达更隐晦，歇后语则更直白。惯用语很像歇后语的谜面，如果把它的实际意义加在其后，那就形成了歇后语，如将“马后炮”变成“马后炮——太晚了”，“铁公鸡”变成“铁公鸡——一毛不拔”。惯用语的实际意义隐含在字面义之下，但其意义是凝固的；歇后语的实际意义在后半部分明确体现，但如果只出现引子，除非是早已流传于古今各地，否则所指是不确定的。

与成语相比，二者都具有描述性，但成语大多为“二二相承”，而四字惯用语为“一三相承”；成语结构凝固而稳定，惯用语比成语更具灵活性，使用时有时可以在中间插入其他成分，如“吃挂落儿”可以说成“吃你的挂落儿”。

与俗语相比，二者的区别与联系详见“第三节　雄安俗语考察”。

最后，我们来看看惯用语的名称。“惯用语”突出的是“惯用”二字，这类熟语的约定俗成性更强，短语的隐含所指只有使用它的社会群体才明了，如雄安地方色彩鲜明的“鸽子眼儿”“死眼儿穿子”“傍大船”“打河田”等。因此，惯用语的民族性、地方性比其他熟语类别都要强。

（二）雄安惯用语

雄安惯用语，指雄安原居民正在使用或曾经使用的惯用语，它们符合上述我们界定的惯用语的性质特征。为了突出地方性，我们在收集雄安惯用语时，对于流传全国各地的惯用语只是有选择地收录，所以最终获得的雄安惯用语总体数量不是很多。

二、雄安惯用语的语法结构

我们对所收集的雄安惯用语的语法结构进行了分析，发现主要为动宾和偏正，同时还有少量的惯用语是主谓结构。

（一）动宾结构

听呱呱鸡①叫（婉指去世）

推饸饸床子（推脱、推延）

傍大船（比喻依靠有权有势之人以使自己获得收益）

晒小虾②（指人在烈日下暴晒）

掰疯杈（掰掉疯长的枝杈，比喻教训或调教不遵守规矩的亲戚）

闯光棍子（指逞强争胜，靠打打杀杀打天下）

抱大腿（比喻依靠有权有势之人以使自己获得收益）

上贼船（比喻不自觉地加入了不好的组织或走上了歪门邪路）

没囊子（形容没心眼儿、无主见）

出咕咕扭儿③（指出坏主意）

出幺蛾子（指无中生有，无事生非；也指耍花招、出鬼点子、出馊主意等）

充大了（当地人读 liǎo）兜子（自以为在别人心目中很有地位，其实别人根本不拿他当回事）

充大尾巴蛆（义同“充大了兜子”）

充大尾巴鹰（义同“充大了兜子”）

逗咳嗽（耍贫嘴、没话找话）

不觉（当地人读 jiǎo）孽（指不知道好歹，没有羞耻感）

打河田（指水上捕捞活动）

开顶风船（比喻违反事物前进的方向，自行主张）

装死长虫④（指对别人的提议不做任何反应）

---

① 呱呱鸡，学名苇莺，一种生长在芦苇中的水鸟。雄安水乡的坟地都在苇地里，而苇地里生活着很多苇莺，于是便有了这条惯用语。

② 小虾刚捕上来时为青灰色，放到太阳底下晒干以后就变成红色。人的身体特别是脸部，在强烈的阳光下暴晒后也会变成红色。因此，白洋淀地区的人们把人在太阳下暴晒叫“晒小虾”。

③ 咕咕扭儿，白洋淀地区也叫“东扭西扭”，是天蛾等蛾类昆虫的蛹，当地有儿歌“咕咕扭儿，往东瞅，你的家，赵北口”。

④ 长虫，蛇。

听渗漏儿（不经意间听到他人的谈话）

打稀里缸（抹稀泥，故意转移话题）

和稀泥（比喻无原则地调解或折中）

撂挑子（指中途罢工）

撂脸子（不给别人好脸色）

甩脸子（不给别人好脸色）

打翻巴（不承认自己已经说过的话或做过的承诺）

掏窟窿（比喻欠下沉重债务）

泼凉水（比喻打击别人的热情）

打横炮（比喻横生枝节、制造麻烦，干扰全局性的活动）

放空炮（喻指说空话，只许诺不兑现）

开小差儿（比喻思想不集中）

吃挂落儿（受连累、受牵连）

敲锣边儿（从旁煽动，用反语、俏皮话等方式挑拨是非）

留后手儿（留有应对情况逆转的余地）

瞧哈哈笑儿（坐视他人出丑，看热闹儿）

打圆盘儿（在一旁撮合买卖，促成双方成交；或说和双方和好①）

揪小辫儿（比喻揪住别人的缺点或错误不放）

穿小鞋儿（比喻受人暗中刁难或限制）

翻旧账（比喻把过去的矛盾、嫌隙重新提出来）

打破头楔儿（在双方议事的过程中，从中说坏话，使其不成）

吹枕边风（指妻子给丈夫灌输自己的看法）

喝西北风（形容穷困至极，没有任何东西可吃）

吃小灶儿（比喻享受特殊关照）

扣屎盆子（喻指栽赃、陷害他人）

尥蹶子②（比喻发脾气、使性子）

下蔫语（指背后发牢骚）

---

① 容城县地方志编纂委员会编：《容城县志》，北京：方志出版社，1999年，第512页。

② 尥蹶子，指牛马驴骡等牲口向后踢动后腿。

冒黑烟（背后说人坏话）
走后门儿（通过不正当的途径来实现个人目的）
挑大梁（比喻承担主要工作或起主要作用）
蹚浑水（比喻介入复杂混乱的事情）
嘬瘪子（比喻受窘为难）
拿歪（曲解别人的话语）
拿糖（故意摆架子，装腔作势）

（二）偏正结构

1. 定中结构

死眼儿穿子①（喻指死心眼儿的人）
眼皮汤（眼皮下垂，指不好的脸色）
二棹牙子②（喻指身材不直溜的人）
菜货蛇③（喻指不成器的人）
嘣嘣（当地人读 běng）钵儿④（比喻身体异常脆弱的人）
长脖子老等⑤（喻指傻傻等待的人）
榆木疙瘩（比喻思想非常顽固）
先儿白菜（指爱显摆自己的女性）
怪骨鸟儿（指性情古怪、与众不同的人）
屎囊罐子（指窝囊、笨拙的人）
苲蓬棵⑥（形容头发乱蓬蓬的样子）
鸽子眼儿⑦（即势利眼）

---

① 穿子，将苇秆分解为几片的工具。
② 棹牙子，船上用于挂棹的装置，有凹槽。棹，即桨。
③ 菜货蛇，方言，即土蛇。
④ 嘣嘣钵儿，一种玩具，用薄玻璃制成的容器，底部极薄，轻轻吹几下，就会破碎。
⑤ 长脖子老等，学名苍鹭，经常伸长脖子久立不动。
⑥ 藜科植物，也叫猪毛菜，外形似苲草，枝枝杈杈显得很蓬乱。
⑦ 鸽子的眼睛只盯着吃的，谁家有吃的就到谁家安家。

鸭子瘫儿[①]（喻指正在进行的事情没有了后音，不了了之）

死羊眼（喻指不灵活、认死理的人）

死面瓜子（喻指不灵活的人）

二五眼（意思是差劲，也指差劲的人）

糊弄局儿（指敷衍了事的做法）

炮荒子（指年轻且不稳重的男青年）

节骨眼儿（喻指关键的时刻或重要的环节）

大抹子（喻指善于息事宁人的人）

搅屎棍子（喻指经常将别人的好事搅坏的人）

蔫儿土匪（指不声不响搞怪、使坏的人）

粉子味儿（指说话强硬、不中听）

飘葫芦（喻指不稳重、不可靠的人）

闲尖子（指无所事事的人）

半吊子（指不通事理、举止不沉稳的人）

缠磨头（指为了一点小事就没完没了纠缠的人）

直肠子（指不会用心机、直来直去的人）

花花肠子（比喻心眼儿多、诡计多）

半瓶醋（喻指某种知识或技术只是略知一二的人）

香饽饽（喻指在人群中吃香、受欢迎的人）

二把刀[②]（指在某项工作中知识不足、技术不高的人）

花架子（喻指只有漂亮的形式而无实际能力的人）

小算盘（比喻对个人私利的打算、安排）

紧皮儿瓜（喻指皮肤紧致、身材矮小的人）

活脖子（喻指善于见风使舵的人）

转轴儿（喻指主意多或心眼儿多的人）

近视眼（喻指目光短浅）

老油条（喻指十分世故圆滑的人）

---

① 鸭子软腿病。

② 担任厨房最精细工作者叫“头把刀”，次者叫“二把刀”。

故事眼儿（指爱挑剔的人）

嘎杂子（指有个性且鬼点子多的人）

热粘皮（喻指没完没了地跟人套近乎的人）

搅和鞭子（指不讲理的人）

顺毛驴（喻指喜欢被人夸赞或奉承的人）

红眼儿病（指看到别人强于自己就嫉妒攀比的一种病态心理）

穴家子（打牌时，好牌都去了某一家）

死皮虱子（指不明事理且又少言寡语的人）

棺材瓤子（指行将就木的老人）

炕头王（指在家里厉害而在外面窝囊的人）

2. 状中结构

硬眼儿厉（给人下不来台）

乱敲铲子（说风凉话，或具有挑拨、煽动、搬弄是非等作用的话）

廊中俏（指没有什么本事的人却还动心思、偷奸取巧）

二进宫（京剧剧目，喻指第二次被拘留或判刑）

一刀儿切（比喻不顾实际情况，而用同一方式处理问题）

一锅儿端（比喻全部消灭或清除）

大杂烩（喻指把多个事物胡乱拼凑到一起）

不吃好味儿（不接受对方的好言好语，非要等对方疾言厉色后才听劝）

不吃好粮食（相当于敬酒不吃吃罚酒）

不着调（比喻不务正业）

炕头儿横（喻指在家中厉害而在外面窝囊）

睁眼儿露（lòu）（意思是人家闭着眼你还能勉强糊弄过去，人家一睁开眼就会识破你的骗局）

猫儿腻（指隐秘的事情或花招。猫，指偷偷地、不被人发现）

（三）主谓结构

眼皮子浅（形容目光短浅、贪图势利）

耳朵根子软（形容意志不坚定，容易受人左右）

眼儿气（指嫉妒别人）

手紧（指吝啬、不爱给别人花钱）

手松（指慷慨大方、喜欢给别人花钱）

三、雄安惯用语的来源

惯用语是通过比喻创造出来的，它们整体上就是一个喻体，本体并不出现，而喻体都是来自现实生活中的事物、现象、关系。雄安惯用语大多数来源于日常生活用语，个别源于行业用语。

（一）以日常生活中的常见事物为素材加以比喻或引申而成

1. 来自饮食的惯用语

民以食为天，很多雄安惯用语的素材就来自日常饮食习俗。其中有些为食品类，如“饽饽（香饽饽）”“油条（老油条）”“粮食（不吃好粮食）”；有烹饪方法，如“大杂烩”“一锅儿端”；有烧饭方式，如“小灶儿”；有烹饪工具，如“铲子（敲铲子）”“刀（二把刀、一刀儿切）”。

2. 来自动物植物的惯用语

生活与生产中，人们与很多动物朝夕相处，于是创造惯用语时，这些动物也进入其中，如“毛驴（顺毛驴）”“虱子（死皮虱子）”“呱呱鸡（听呱呱鸡叫）”“蛇（菜货蛇）”“长虫（装死长虫）”“小虾（晒小虾）”“咕咕扭儿（出咕咕扭儿）”“鹰（充大尾巴鹰）”。有时涉及动物的部位、动作，如“死羊眼”“鸽子眼儿”“尥蹶子”；还有的是动物的病症，如“鸭子瘫儿”。还有取材于身边植物的，如“苲蓬棵”“葫芦（瓢葫芦）”。

3. 来自人体部位的惯用语

雄安惯用语中用到“眼”的语条特别多，如“眼皮子浅、睁眼儿露、眼儿气、近视眼、二五眼”。人们习惯以“肠子”来指代心思，如“直肠子”“花花肠子”。其他如“脖子（活脖子）”“耳根（耳朵根子软）”等。

此外，还有源于发型、服饰的，如“辫子（揪小辫儿）”“鞋子（穿小鞋儿）”。还有的用到了日常用具，如“盆子（扣屎盆子）”“鞭子（搅和鞭子）”“棍子（搅屎棍子）”；有关室内器具的，如“炕头儿（炕头儿横、炕头儿王）”；有关账目的，如“翻账（翻旧账）”。

（二）借用日常生活中影响较大的行业用语加以比喻或引申改造而成

1. 源于生产方面的惯用语

如苇编的“穿子（死眼儿穿子）”，日常劳动的“挑子（撂挑子）”，木匠的“打破头楔儿”，泥瓦匠的“大抹子”，造船行船的“棹（二棹牙子）”“开船（开顶风船）”。

2. 源于军事方面的惯用语

如“炮筒子”“开小差儿”“放空炮”“枪药（吃枪药）”“打炮（打横炮、放空炮）”“打游击”等。

3. 源于医药卫生方面的惯用语

如“红眼儿病”“近视眼”“吃药（吃错药）”“打预防针”等。

4. 源于文化方面的惯用语

如“二进宫”“唱对台戏”“唱白脸”“唱红脸”“不着调”等。

四、雄安惯用语的语义类聚

惯用语多为贬义性质，因此它们之间很难构成反义关系。我们发现，雄安惯用语的语义聚合主要表现为近义关系。“死眼儿穿子”“死羊眼”“死面瓜子”等，这些含“死”字的惯用语都指不灵活、认死理的人。“炕头儿王”“炕头儿横”都形容在家里厉害而在外面窝囊的人，“炕头儿”喻指自家之内。“飘葫芦”“炮荒子”都比喻不稳重、不可靠的人。“大抹子”“打稀里缸”“和稀泥”都比喻无原则地调解或折中的人或做法，有趣的是，它们都源于建筑行业的“抹泥”工序。“撂脸子”“甩脸子”“眼皮汤”都指给人不好的脸色，其中“脸子”代指脸色。“傍大船”和“抱大腿”都比喻依靠有权势之人以使自己获得收益，而“大”字是它们的共同语素。

第四节 雄安俗语考察

一、“雄安俗语”界说

（一）俗语

在绪论中我们已经提到，对于俗语的定位学界是有争议的，我们认同“狭义俗语”的观点，将其作为熟语大家庭的一个成员，与谚语、歇后语、惯用语、成语相并列，指那些在民众口头上广泛流传、形式相对灵活，主要起形容、描写、修饰作用的定型语句。下面，我们进一步将俗语与其他熟语成员相比较，以明确俗语的性质，确定俗语的范围。由于很多俗语经常被学者归入谚语或惯用语，因此我们要重点厘清俗语与这二者的关系，然后再将其与歇后语、成语进行比较。

1. 俗语与谚语

俗语和谚语的关系非常密切，以至于武占坤先生说二者“简直形同孪生兄弟”[①]。处于二者边缘的那些熟语，尤其难以分清，一些学者在理论研究或词典编纂时，将“哪壶不开提哪壶”“东一榔头、西一棒子”等归入谚语，而将“落地的凤凰不如鸡”“丑媳妇总得见公婆”等归入俗语，我们认为这样归类是有待商榷的。

（1）从语义内容和表达功能来看

谚语的知识性很强，其功能是传授经验、讲述道理、谈论认识、劝诫他人；俗语则与知识无关，主要是描绘事物的性质、状态、过程或人的品质、行为，其作用是为了“把话说得更生动更形象”[②]。王勤先生讲得更直接：“人们所以创造俗语仅仅是为了使所用的语言生动、形象、俏皮，取得表达上的好效果，别无其他目的。”[③] 俗语不是用来传授知识的，它们缺乏谚语所具备的知识性，生动、形象、俏皮是大多数俗语的修辞效果，如“换汤不换药”“拉大旗，做虎

---

① 武占坤：《武占坤文集·卷二 中华谚谣研究》，石家庄：河北教育出版社，2018年，第11页。

② 武占坤：《武占坤文集·卷二 中华谚谣研究》，石家庄：河北教育出版社，2018年，第11页。

③ 王勤：《俗语的性质和范围——俗语论之一》，《湘潭大学学报》，1990年第4期，第110页。

皮”“打肿脸充胖子”“癞蛤蟆想吃天鹅肉”。请比较：“赶集早进城，赶席早入棚”与“起个大早，赶个晚集”。前者是经验的总结，为谚语；后者是对所处境况状态的描写，是俗语。

就语义的具体内容来看，谚语陈述的知识包括对人类社会的认知，如“奸出人命赌出贼”，也包括对自然世界的认识，如“早雾晴晚雾阴”；俗语描述的对象却全都是人类社会的，包括事情、人性、行为、关系等。王捷等在他们主编的《中国俗语》前言中指出，俗语一般用来描述“怎样一回事，怎样一种人”①，如“挂羊头卖狗肉”“又想当婊子又想立牌坊”。如果再进一步分析，还会发现，俗语所描写的人情世态多为不道德的做法或消极现象，其中有主动为之的，如“见人说人话，见鬼说鬼话”“得了便宜还卖乖”“有奶便是娘”；也有表示被动处境的，如“喝口凉水都塞牙”“放屁砸了脚后跟”。而在谚语所传授的知识中，绝大部分都是客观规律的总结，只有事理谚和世相谚反映了一些不良现象。

（2）从表义方式来看

谚语多直言叙述，如“先有白洋淀，后有安新县”“饱带干粮暖带衣”“人奸没饭吃，狗奸没屎吃”“宁拆十座庙，不毁一门婚”“练武不练功，到老一场空”，都是直截了当的表达；即使运用了比喻，谚语也会明确观点态度，如“背着抱着一般沉”“落地的凤凰不如鸡”。俗语多用描写，王捷等指出，俗语“通常用比喻、形容、夸张或直接说明来描写表述……”②。

首先，字面意义与实际意义的关系。谚语的绝大部分成员，其字面意义就是实际意义，如“饭后百步走，活到九十九”“桃三杏四梨五年，枣子当年就还钱”。俗语中有一部分成员的实际意义也可以从字面上直接理解，如“捋胳膊挽袖子”“高不成低不就”“担不得穷也受不得富”；但绝大多数俗语的字面意义并不是它的真正意义，实际意义不能从构成它的字面材料和结构关系推导出来，如“吃凉不管酸”，并不是说连食物凉了酸了都不在意，而是形容一个人极度懒散、淡漠，不关心任何事情；“打死了卖盐的”，并不是说真把卖盐的人打死了，而是说菜里的盐放得太多了，好像卖盐的人死了、吃盐不要钱似的。前一种为

---

① 王捷、徐建华、刁玉明：《中国俗语·前言》，上海：上海文艺出版社，1992年，第1页。

② 王捷、徐建华、刁玉明：《中国俗语·前言》，上海：上海文艺出版社，1992年，第1页。

“直叙式”，第二种为“曲折描绘式”，“用直叙式表义的俗语在汉语俗语群体里数量甚少，绝大多数的表义方式是第二种情况”①。

其次，来看字面义是否具有“合理性”。由于谚语讲的都是经验教训、观点认识，所以谚语的内容大都是符合客观规律的，即使运用了比喻等修辞手法，其真实性也不受影响，如“贪贱买老牛”“枪打出头鸟”。俗语则不同，俗语所讲的大多是客观生活中没有的现象，或不符合客观规律、道德标准的做法，如“天上掉馅儿饼”“空手捞白鱼”“脚踩两只船”“把脑袋别在裤腰带上”“鸡窝里飞出金凤凰”“踹寡妇门，挖绝户坟”。试比较：“苍蝇不叮无缝蛋”和“鸡蛋里挑骨头”。前者所讲是符合客观规律的，而后者所言在现实中是不可能发生的，再昏聩的人也不可能到鸡蛋里去挑骨头。

（3）整体为比喻的谚语，与俗语的划界难度最大

这种情况特别需要注意，这些短语或短句都具有一定的形象性和描述性，如“瘦死的骆驼比马大”与“放着河水不洗船”，其修辞色彩让人难以决断，难以归类。我们认为，可以从内容和结构两方面加以区分。

首先，内容是否具有知识性，是区分俗语和谚语的关键。王德春在《论熟语的种类》一文中将俗语与谚语进行比较，指出谚语是人们社会生活经验的总结，俗语多系生活现象，并不是经验的总结。② 整体为比喻的谚语，把深刻的哲理寓于形象语言之中，将思想性和形象性统一起来，它们或者说出一种客观规律，如“落地的凤凰不如鸡”“肉烂了在锅里”“河里没鱼市上看”“三条腿的蛤蟆不好找，两条腿的人有的是”；或者非常明确地表明观点或态度，如“好鞋不踏臭狗屎”（好人不要跟坏人纠缠）、“没有金刚钻儿，别揽瓷器活儿”，既有现实依据，同时也亮明了态度。而“放着河水不洗船”“吃着碗里的，看着锅里的”“吃凉不管酸”就不同了，它们虽然带有贬义，但那只是色彩意义，其理性意义并不表达观点、认识，而只是把一种现象描述出来，其目的是告诉你这是一种什么事、什么人、什么行为等，所以应该归入俗语。武占坤先生曾对此加以总结，一语中的：“谚语的根本价值，在于传授知识经验，把话说清楚就基本

---

① 王勤：《俗语的构成和意义——俗语论之二》，《湘潭大学学报》（哲社版），1998 年第 1 期，第 24—28 页。

② 王德春：《论熟语的种类》，载王德春《词汇学研究》，济南：山东教育出版社，1983 年，第 65 页。

上完成任务了，谚语讲修辞，那是锦上添花的问题。俗语的直接价值在于修辞，说法上不具备美学因素那就从根本上迷失本性了。”①

其次，从结构上看，谚语或俗语都是杂言，但谚语多为单句，而且是判断句或祈使句，语气肯定，多用“是、不、别”等词语，主语一般要出现。含“是”或隐含“是”字的，如“褒贬是买主”“瓜子儿不饱是仁（人）心”“近的臭，远的香”；含“不”字的，如“上赶着不是买卖”“萝卜快了不洗泥”“好马不吃回头草”“狗改不了吃屎”“饱汉子不知饿汉子饥”“兔子不吃窝边草”；含“别”字的，如“当着矬人别说短话”“别拿豆包儿不当干粮”“别拿村长不当干部”。俗语中有一些为复句形式，无论短语还是句子，其主语一般不出现，而且无论一个语节还是两个语节，潜在主语都是同一个人，如“吃着碗里的，看着锅里的”“占着茅坑不拉屎”“又是焰火又是戏儿”“吃不了兜着走”“打一枪换一个地方”“当一天和尚撞一天钟”“说曹操曹操到”。当然，也有个别俗语带主语，如“生米煮成了熟饭”“公说公有理，婆说婆有理”。而且，俗语一般不用判断句或祈使句，极少对人或事物做出评判。

2. 俗语与惯用语

温端政等专家将俗语放在惯用语之内，足以说明两类的一致性有多么强，我们要将俗语从惯用语中分离出来，需要耐心和仔细地对二者加以区分。

（1）从表达功能上看

二者都具有明显的描述性，但是，比较而言，俗语的描述性更强。惯用语有归类作用，俗语主要起描述作用。俗语在熟语中是最注重修辞效果的一类，关于其修辞色彩之强，武占坤、王勤等已经做出过说明，前文已经提到，此处不再赘述。只要细加比较就会发现，惯用语像简笔画、写意画，只关注事物、关系、现象的整体，性质描述简洁而概括；而俗语似素描、工笔画，关注的是细节，描绘具体而清晰。惯用语如“背黑锅”，为何背、背的结果如何等，都不体现；俗语如“牵着不走，打着倒退”，既写“牵着如何”又要写“打着如何”，“牵”与“打”，“走”与“退”于对比中将这种性格描写得具体而清晰。“吃着碗里的，看着锅里的”，既有动作“吃”和“看”，又有工具“碗”和“锅”，把贪心不足之态表现得淋漓尽致。从这个意义上讲，惯用语的语义概括性更强，

---

① 武占坤：《武占坤文集·卷二　中华谚谣研究》，石家庄：河北教育出版社，2018年，第11页。

言简义丰；俗语的形象性更强，具象生动，有些简直是活灵活现。

（2）从形式上看

惯用语简短，都是短语，一般为三言、四言，而且是一个语节。俗语的外部形式为五言以上的“杂言体”，少则几个音节，多则十个音节以上；可以是短语，也可以是复句；可以是一个语节，如“放着河水不洗船”，也可以是两个语节，如“一不沾亲，二不带故”。

（3）从内部结构来看

惯用语结构简单，一般是单层结构，两层很少，三层以上的没有，主要为动宾结构、定中结构，使用时中间可插入其他成分。俗语的结构类型多样，短语型俗语有并列、连谓、动宾、偏正、兼语等。俗语结构层次较多却紧凑，一般不会在中间插入其他成分；惯用语结构层次少却松散，经常可以插入一些成分，如“背黑锅——替人背黑锅”“看笑话——看我的笑话”。

（4）从表义方式上看

就理性义而言，惯用语的语义表达更含蓄、隐晦，从字面上很难推测出来，所以其专指性很强。俗语的语义表达虽然比谚语隐晦，但是跟惯用语相比则显得直接、显豁，其真实含义一般从字面上就能猜出个八九不离十。直叙式俗语如“大门不出，二门不迈”，字面义就是实际意思；曲折描绘式俗语，如“饭糊了打烧火的”，虽然要在字面义的基础上加以联想，但推导出其实际含义也并非难事。就色彩义而言，俗语的贬斥态度鲜明，嬉笑怒骂，直抒胸臆，带有“浓厚的情态色彩”和“强烈的夸张意味”。① 王勤指出，俗语中带有赞许色彩的成员较少。② 很多俗语都是对人、事、关系的定性评价，于细节之中显露出否定态度，或批判或嘲讽，如“拿着官盐当私盐卖”中“官”和“私”突显了这一做法的不明智；“胳膊肘子往外拐”中“往外”指明了此种做法分不清里外亲疏，“东一榔头，西一棒槌”用“东”和“西”显示了该种做法的混乱。再看惯用语，如“跳窝鸡”“活脖子”“放空炮”等，其字面义只是对某种事物、现象、行为的描述，而看不出是褒还是贬，其评价态度属于“言外之意”，是通过引申

---

① 武占坤：《汉语熟语通论》（修订版），保定：河北大学出版社，2007 年，第 128 页。

② 王勤：《俗语的构成和意义——俗语论之二》，《湘潭大学学报》（哲社版），1998 年第 1 期，第 24—28 页。

获得的。

(5) 从语法功能上看

惯用语进入句子以后，作用相当于一个词，常做宾语、谓语、定语等成分，例如：

这人是个笑面虎。

他总是替人背黑锅。

两个伪军无奈，提着包袱送她下楼。到大路口将包袱交给金环，金环接过包袱白着眼色说："牵着不走打着走，天生的不吃好粮食的东西!"（李英儒：《野火春风斗古城》）

俗语不但可以充当多种句子成分，还可以做复句的一个分句，甚至单独成句，如：

一位超生被罚款的农民告诉我："现在，谁不知道孩子多了负担重？生活苦一点不怕，可咱不能没有儿子遭人白眼，'不蒸馒头争口气'嘛。"（ccl 语料库：\当代\报刊\人民日报\2000 年人民日报\2000 年人民日报.txt）

俗语单独成句时，前面有时会加上"俗语说""老话说"等。

(6) 从风格上看

二者都是通俗的，但惯用语的"俗"，是有节制的，而俗语的"俗"，则更俗白。部分俗语所用字词甚至是粗俗的，如"一脚踹不出个屁来""屎到了屁股门儿才找茅厕"，毫不避讳地运用了人们日常都羞于出口的"屁""屎""屁股门儿"。很多俗语带有泼辣的风格，直截了当地表达不满情绪。

3. 俗语与歇后语

歇后语由两部分组成，而且为引注关系，从这一点就很容易将二者区分开来。歇后语在语用中有时只出现前半部分，如"猫哭耗子""上鞋不用锥子"，形似俗语，但是歇后语的后半部分"假慈悲""针（真）好"虽然暂时没有出现，但随时都可以补出，因此跟俗语相区别也并不困难。歇后语前后两部分构成主谓关系，而俗语中很少有主语出现，因而主谓结构极少，有些俗语像“一块石头落了地”“八竿子打不着”“死猪不怕开水烫”“死马当活马医”，虽然是主谓结构，但不存在引注关系。

4. 俗语与成语

成语当中的部分成员跟俗语一样，具有描述性，意义的整体性较强。二者的不同，主要体现在形式上：成语一般是四字格，俗语是杂言体，从五言至十言以上都有。请比较以下俗语和成语：

当面锣，对面鼓——开诚布公

鸡蛋里挑骨头——吹毛求疵

搬起石头砸自己的脚——自作自受

明里一盆火，暗里一把刀——口蜜腹剑

三天打鱼，两天晒网——一曝十寒

此外，二者的来源也不同。成语来源于历史故事、传说、寓言和典故，而俗语来自日常生活中群众的口头创作。最后，二者的色彩意义不同，大多数成语的书面色彩明显，庄重典雅；俗语口语色彩显豁，通俗活泼。在熟语系统中，成语（雅成语）是最雅的，俗语是最俗的。需要说明的是，在各地民间流行的成语中，还有一部分“俗成语”，其风格为俗中带谑，有些甚至比俗语还要俗，待到第五节我们再做详细介绍和讨论。

综上，我们认为可以这样界定俗语：俗语是为提高语言表达效果，对人或事物的特点、性状、动作等进行描述，形式为五言以上的短语或短句，其功能为描述，兼有嘲讽、揭露，其风格为通俗、泼辣。

（二）雄安俗语

雄安俗语，指雄安原居民正在使用或曾经使用的俗语，它们符合上述我们界定的俗语的性质特征。为了突出地方性，我们在收集语条时，对于流传全国各地的俗语只是有选择地收录，所以最终获得的雄安俗语总体数量不是很多。

二、雄安俗语的形式特征

（一）雄安俗语的音节形式

一般而言，俗语的音节数量大多在“五个以上”①。雄安俗语跟一般俗语一样，少者五个音节，多者十个音节，参差不等，十音节以上的很少。

五音节：皮笑肉不笑。

六音节：鸡蛋里挑骨头。

七音节：横挑鼻子竖挑眼。

八音节：跳进黄河也洗不清。

九音节：插个揽船橛子都发芽。

十音节：吃着碗里的，看着锅里的。

十音节以上：用着了抢在怀里，用不着了扔到河里。

（二）雄安俗语的语法结构

雄安俗语有短语、有句子，句子中又有单句、复句，复句内部又有多种不同的结构格式，紧缩复句也占有一定比例。

1. 短语

联合：又是焰火又是戏儿。②

黑不提白不提。

一把鼻涕一把泪。

一把屎一把尿。

吹胡子瞪眼。

睁一只眼，闭一只眼。

连谓：拆东墙补西墙。

报喜不报忧。

---

① 王勤：《汉语熟语论》，济南：山东教育出版社，2006 年，第 387 页。

② 形容因满意而欢快愉悦的表情。

吃凉不管酸。

偏正：空手捞白鱼。

一百八十度大转弯。

踩着别人的肩膀往上爬。

动宾：不知道哪片云彩下雨。

不知道自己吃几碗干饭。

不管三七二十一。

兼语：拿着鸡蛋碰石头。

拿着官盐当私盐卖。

赶鸭子上架。

有眼不识泰山。

2. 句子

(1) 单句

胳膊肘子往外拐。

驴唇不对马嘴。

懒驴上磨屎尿儿多。

瞎猫碰上死耗子。

把脑袋掖在裤腰带上。

针尖儿对麦芒儿。

恨铁不成钢。

(2) 复句

联合关系的最多，如：

姥姥不疼，舅舅不爱。

神不知，鬼不觉。

瓢不正，尾巴歪。

鱼也蹦，虾也跳。

用着了抢在怀里，用不着了扔到河里。

鸡一嘴，鸭一嘴。

也有转折关系的，如：

菱角不大，牌子不小。

大错不犯，小错不断。

牵着不走，打着倒退。

捡了芝麻，丢了西瓜。

不蒸馒头争口气。

吃人饭不拉人屎。

小姐的身子丫鬟的命。

成事不足败事有余。

聪明一世，糊涂一时。

还有假设关系的，如：

手中无网看鱼跳。

糊了打烧火的。

老虎不发威，当它是病猫。

白吃鱼还嫌腥。

吃不了兜着走。

条件关系的，如：

当一天和尚撞一天钟。

给个棒槌就认针。

干点活儿就要工钱。

说他胖，他就喘上了。

递进关系的，如：

吃着碗里的，看着锅里的。

选择关系的，如：

不是鱼死，就是网破。

三、雄安俗语的语义特征

（一）雄安俗语的语义内容

就理性意义而言，雄安俗语的内容大多为不好的品性、行为、现象、状态等的描写。在感情色彩方面，大多数俗语带有否定、贬义的感情色彩；在语体色彩方面，都是轻松直白的口语色彩。

王捷、徐建华、刁玉明在他们主编的《中国俗语》前言中指出：从内容上看，俗语主要擅长描述人情世态，表达心迹，“告诉人们是怎么一回事、怎样一种人、怎么样的心情”①。考察雄安俗语的理性意义，我们感觉只用“怎么一回事、怎样一种人、怎么样的心情”很难概括其意义类别，于是将其先分为“人”和“事”两大类，然后再细分出几个小类。在本书所收集的雄安俗语中，表现“事”的很少，表现“人”的很多。

1. 表现“事”的俗语

一朵鲜花插在牛粪上。
瞎猫碰上死耗子。
人家偷驴，他拔橛儿。
挂羊头卖狗肉。
羊群里出骆驼。
嗑瓜子嗑出个臭虫来。

① 王捷、徐建华、刁玉明：《中国俗语·前言》，上海：上海文艺出版社，1992年，第3页。

搂草打兔子。[①]

插个揽船橛子都发芽。[②]

平地起孤堆。[③]

又想好，又想巧，买个马儿不吃草。[④]

2. 表现“人”的俗语

（1）品性

白吃鱼还嫌腥。

刀子嘴豆腐心。

吃人饭不拉人屎。

用着了抢在怀里，用不着了扔到河里。

牵着不走，打着倒退。

拿得起来，放得下。

一脚踹不出个屁来。

眼大肚子小。

狗眼看人低。

满脑袋高粱花子。[⑤]

吃着碗里的，看着锅里的。

（2）表情、行为

又是焰火又是戏儿。

笤帚也歪，簸箕也斜。

皮笑肉不笑。

---

① 在干正事的同时，顺便干了其他事，而且收获还很大。

② 形容土地肥沃。

③ 意思是无事生非。

④ 马儿不吃草就能拉车干活，用来形容不切实际地追求不投入就能收获的错误思想。

⑤ 刚从庄稼地里走出来，头上还带着高粱花子，用以形容人土气且没见过世面。

干打雷不下雨。
占着茅坑儿不拉屎。
热脸贴冷屁股。
临上轿扎耳朵眼儿。
不见棺材不落泪。
不撞南墙不回头。
东凉儿倒西凉儿。
横草不动，竖草不拿。
想起一出是一出。
打肿脸充胖子。
有枣没枣梆一杆子。
有鱼没鱼撒一网。
指山卖蘑，指水卖水。

（3）处境、状态

一个鱼俩眼，光吃没攒。①
一个汗珠子摔八瓣儿。
放屁砸了脚后跟。
越渴越吃盐，越难越上山。
逮不着狐狸反惹一身骚。

（4）人际

一条船上打鱼。
一个螃蟹窝掏的。②

① 也可以表述为“一条鱼，两只眼。有的吃，没的攒”。意思是说以打鱼为生，收入只能保一家糊口，没什么攒头儿。
② 意思是同为一类人。

放着河水不洗船。①

脚踩两只船。

一个闺女许八家。②

打一巴掌，给个甜枣儿吃。

烂韭菜不打捆儿。

焦不离孟，孟不离焦。③

一不沾亲，二不带故。

好心当成驴肝肺。

虚让客（当地人读 qiě），碰上个热粘皮。

拉不出屎来赖茅厕。

（二）雄安俗语的语义类聚

1. 近义关系

白吃鱼还嫌腥。

白吃火烧还嫌轻。

鱼自带腥味，而如果白吃鱼还嫌腥气，就太不知足了，此俗语与“白吃火烧还嫌轻”异曲同工。

油瓶儿倒了都不扶。

横草不动，竖草不拿。

两条俗语都是形容养尊处优，什么活计都不干。第一条设置了一个极端表现，瓶子里的油（过去油是很值钱的物资）都快流出来了却不动手，第二条强

---

① 有资源却不利用，或有能力却不帮忙。

② 喻指同一件事物许诺给多人。

③ 焦、孟指的是杨延昭部下的两员大将焦赞和孟良，二人以勇猛著称，而且是结义弟兄，形影不离，经常一起出场。此条俗语用来比喻两个人感情深厚，而且形影不离。

调的是任何事都不做。

喝口凉水都塞牙。
放屁砸了脚后跟。

两条俗语用夸张手法形容人的运气不好，处处倒霉，诸事不顺。

羊群里出骆驼。
鸡窝里飞出来金凤凰。

二者说的都是在普通人群中出了一个极其优秀的人，就感情色彩来看，前贬后褒。

逮不着狐狸反惹一身骚。
丢了夫人又折兵。
偷鸡不成蚀把米。

三条俗语都描写出一种令人恼火的处境，事情没有成功却已付出了很大的代价。

笤帚也歪，簸箕也斜。
鼻子不是鼻子，眼睛不是眼睛。

形容闹情绪，看什么都不顺眼，对什么都不满意。

2. 反义关系

又是烟火又是戏儿。
鼻子不是鼻子，眼睛不是眼睛。

一条描写的是欣喜之情溢于言表，一条描写的是心情不好看什么都不顺眼。

横草不动，竖草不拿。

上炕一把剪子，下炕一把铲子。

两条俗语讲的是两种不同的劳动态度，第一条说的是什么活儿都不愿意干，第二条形容某人（一般指女人）特别能干，而且什么都会干。

拿得起来，放得下。

拿不起来，放不下。

两条俗语讲的是两种不同的处事态度：一种是敢做敢当，善于决断；一种是畏首畏尾，优柔寡断。

四、雄安俗语的修辞特征

俗语以提高语言表达效果为目标，追求语言的形象、生动、活泼，自然就十分注重修辞。雄安俗语在语音上不讲究押韵，注重句式变化，但整句只限于对偶，所用辞格多样。下面主要谈谈雄安俗语中的句式修辞和辞格运用。

（一）句式方面，常用对偶且多为反对

把相反或相对的事物放在一起，形成强烈的对比。

在家怕鬼，出门怕水。

气人有，笑人无。

前怕狼，后怕虎。

天上一脚，地上一脚。

其中，“在家”和“出门”、“有”和“无”、“前”和“后”、“天”和“地”意义相对，构成反义关系。另如：

深一脚，浅一脚。

三天打鱼，两天晒网。

明里一盆火，暗里一把刀。

当面一套，背后一套。

家里是条龙，外头是条虫。

（二）辞格选用，主要是比喻和夸张

1. 比喻

有的俗语整体上就是喻体，有的只有其中一部分为喻体。整体比喻的，如：

拿着官盐当私盐卖。

以此比喻本来可以光明正大去做的事，却要偷偷摸摸地进行。

不定是龙还是曲陈。

“曲陈”即蚯蚓，比喻看不出某人将来是否能成事。

狗揽八泡屎。

比喻一个人包揽的事项太多，什么都想管，就像一条狗占下八泡屎一样（过去的狗吃不上像样的饭食，经常靠吃屎来充饥）。

狗嘴里吐不出象牙来。

比喻不会说出让人爱听或佩服的话。

老虎屁股摸不得。

比喻自以为是，不容他人触犯。

是骡子是马拉出来遛遛。

意思是到实际中比试比试，分出能力高低。

俗语的一部分为喻体的，如：

虚让客，碰上个热粘皮。

“热粘皮”为喻体。主家假装留客，客人却不识主家真实意愿而留下来吃饭或留宿，“热粘皮”喻指这样的客人：

悖晦爹娘，不下雨的天。

前边为本体，后边为喻体。父母糊涂、昏聩，就如同该下雨而不下雨的天气一样，多用于埋怨口气，一般用于老年人或年长者。“悖晦”也有写作“背晦”的。

2. 夸张

眼支毛都是空的。

眼支毛即眼睫毛。眼睫毛已经很细了，不可能是中空的，这条俗语形容人虚伪至极。

把心提到嗓子眼儿。

心脏在胸腔里，怎么可能到喉部呢？这是位置的夸张。

把肠子都悔青了。

健康的肠道是粉色的，肠子青了，是夸张说明后悔的程度。

八竿子打不着。

八条竿子都打不着，极言距离之远，说明两者根本就不挨边或拉不上关系。

听蝲蝲蛄叫就别种地了。

此俗语的意思是不能因为有一点反对的声音就不敢做事。蝲蝲蛄是农作物的害虫，听见地里有蝲蝲蛄叫就不敢种地，这是盲目夸大困难的做法。

听风就是雨。

风后可能有雨，但是如果听到一点风声就以为雨要到来那就太过分了，这属于超前夸张。

挣一个花俩。

形容不会过日子，大手大脚，入不敷出。

太阳打西边出来了。

太阳不可能从西边出来，用绝对不可能发生的事来形容某人从来不做的事终于肯做了。

打死卖盐的了。

意思是说做菜放盐太多了，就好像打死了卖盐的，盐不要钱了，可以随便多放盐似的。

三天不打，上房揭瓦。

夸张地说明了孩子顽皮淘气的程度。

此外，雄安俗语中有些还用到反复，如“皮笑肉不笑”“换汤不换药”“敬酒不吃吃罚酒”；顶真，如“说曹操曹操到”。

第五节　雄安成语考察

一、“雄安成语”界说

（一）雅成语与俗成语

关于熟语中的成语，词汇学界的观点基本一致：以四字格为主，书面色彩明显，来源于历史故事、神话传说、寓言故事等，庄重典雅，结构定型，具有意义的整体性。

雅成语和俗成语，是温端政在谈到“语”的雅俗之分时提出来的。温先生认为，依据色彩的雅与俗，成语可分为雅成语和俗成语。雅成语的特点：一是“来源于书面系统”，二是在构成成分上“多文言成分”，三是“多为知识分子所使用”。[①] 俗成语的特点：一是“来源于口语系统”（口语系统包括古代口语系统、近代或现代口语系统），二是“多白话成分”，三是“多通行在群众的口语里”。[②]

武占坤根据传承历史时间的长短，将成语分为“古典成语”和“俗成语”，古典成语以“典故性”（来源于古代神话、古代寓言、历史传说）、“古汉语性”（保留古汉语的语音、词汇、语法特点）为标志[③]；俗成语则相反，“因出自广大人民群众之口，题材以人们日常生活事物为主，故缺乏典故性，文雅的意味全无，情调俚俗，因其形式四言，结构也多仿古典成语，故曰俗成语”[④]。武先生指出：“俗成语”是群众为表达实际生活而创造的，而人们的实际生活“天天有处处在”，因此俗成语的实有数目恐怕要“多如牛毛”，所以对俗成语很难进行穷尽式调查和统计，他还列举了当时的部分俗成语，如“死猫烂狗、三吹六

---

① 温端政：《汉语语汇学教程》，北京：商务印书馆，2006 年，第 66—67 页。
② 温端政：《汉语语汇学教程》，北京：商务印书馆，2006 年，第 67 页。
③ 武占坤：《汉语熟语通论》（修订版），保定：河北大学出版社，2007 年，第 116—117 页。
④ 武占坤：《汉语熟语通论》（修订版），保定：河北大学出版社，2007 年，第 121 页。

哨、灰土撩乱、蛤蟆老鼠、驴球马蛋、家长里短、哏屁潮凉、伸腿瞪眼”。[①]

刘燕在《俗成语与类成语及其他词语的划界问题》中这样界定俗成语：“是区别于一般成语、惯用语、自由词组及重叠词语的一种四字格形式的俗语性成语。”[②] 她将“俗成语”与“成语”（她这里的“成语”实际指的就是“雅成语”）进行了比较，指出：二者都是“多结构的四字格”，结构定型，意义有整体性；不同的是：成语多来源于神话、寓言故事、佛教、经史子集等，俗成语大多来源于口语会话、小说戏曲等；成语色彩文雅，书面语居多，俗成语意义通俗浅显，口语化程度较高，感情色彩浓厚；俗成语结构不如成语紧密。最后这一条可以说是对前人有关俗成语与雅成语之分的一个补充。

刘燕说俗成语是四字格形式的“俗语性成语”，提醒我们应该关注俗成语与俗语的联系与区别。二者的相同之处有：都来自口语，具有通俗性、描述性，感情色彩显豁。二者的不同之处为：俗成语为四字格，俗语音节都在五音节以上；俗成语都是短语，俗语有短语也有句子，结构上俗成语多是联合，而俗语结构多样；俗成语大多为直叙型，语义直白，而俗语实际意义多是通过字面意思比喻引申而来，曲折描述性强；受字数的限制，俗成语更简练，因而形象性也稍逊于俗语。

综上，笔者认为：“俗成语”属于成语，它与雅成语相对，是一种口语色彩鲜明、语义俗白、结构定型、四字格的习用性短语，其主要功能是描述，提高修辞效果。

（二）雄安成语

雄安成语指的是雄安原居民正在使用或曾经使用的成语，包括雅成语和俗成语。为了突出地方性，笔者在收集雄安成语时，对于流传全国各地的成语只是有选择地收录，所以最终获得的总体数量不是很多。

需要说明的是，四字谚语与成语的划界问题。在雄安熟语中有一些成员，如“接三回四、四磕八拜、鱼上酒止”，它们虽然都是四音节短语，且符合“二

① 武占坤：《汉语熟语通论》（修订版），保定：河北大学出版社，2007 年，第 121 页。

② 刘燕：《俗成语与类成语及其他词语的划界问题》，《齐齐哈尔大学学报》（哲社版），2014 年第 1 期，第 112—114 页。

二相承”①，结构稳定，并具有一定描述性，但是，它们是对民俗事象的记录，知识性很强，例如，“咸鱼寡肉”是对白洋淀人饮食经验的总结，“百人百性”反映了人性认知的经验，“穷筐饿篓”体现了白洋淀人的苇编经验。因此，笔者认为，应该忽略其形式方面，而根据其内容的知识性将其归入谚语。这样的四字谚语还有很多，如：

入乡随俗　穷家富路　话到礼到　四磕八拜　旱枣涝梨　老嫂比母
养儿防老　头三尾七　接三回四　大弯小拐　涝鱼旱虾　七菱八落
艺不压身　鱼教人会　容城三贤　水火无情　猪五羊六　春捂秋冻
春困秋乏

二、雄安成语的语汇类型

（一）雅成语

雅成语多为历史传承，且一般为文人所用，其地域性很弱，所以我们在收集雄安成语时，没有过多地收录，只是从中选择了一些地域色彩较强的语条，主要有：

藕断丝连　五黄六月　见风使舵　顺水推舟　上府下卫　日出斗金
浪里飞舟　一去不还　漏网之鱼　九河下梢　华北明珠　北地西湖
北国江南

以上成语，或者跟雄安的特产有关，如体现莲藕特点的“藕断丝连”，或者反映了雄安的区位特点，如“上府下卫”“北地西湖”，或者对雄安渔业生产有所体现，如“漏网之鱼”。

（二）俗成语

雄安民间使用的俗成语数量很多，难以穷尽，常用的主要有：

① 温端政将“语”分为引述语、表述语和描述语，并将成语定义为二二相承的表述语和描述语。据温端政《惯用语》第17—20页。

二忽两当①　唐拖马冒　急赤白脸　傻茶不觉（当地人读 jiǎo）
抽风倒挂　编巴造磨　叽里旮旯②　乌糟憋气　云山雾罩
花里胡哨　骑马找马　卸磨杀驴　过河拆桥　顺风顺水
胆小心细　归落包堆（当地人读 zuī）③　半斤八两
人五人六儿　不三不四　正南巴北④　乱七八糟　摇头摆尾
半傻不俏　死乞白赖⑤　以了往后　个月期程　犄角旮旯⑥
旁不相干儿⑦

三、雄安成语的语法结构

在我们收集到的雄安成语中，语法结构为联合关系的最多，其次是连谓，然后是偏正，其他结构关系很少。

联合关系，如：

口揶肚攒　眼高手低　胆小心细　腰掖袖退　平白无故　说话答理儿
摇头摆尾　劈头盖脸　听听慎慎　歪歪歹歹　吭吭哧哧　唬唬嗒嗒

连谓关系，如：

替人赶网　傻茶不觉　半傻不俏　过河拆桥　吹灯拔蜡

偏正关系，如：

① 形容对某事不是太关注、不是很了解。
② 指各个角落。
③ 即总共。
④ 意思是正道的、正经的。
⑤ 指为达到某种目的而一味地纠缠。
⑥ 指边边角角等不起眼的地方。
⑦ 意思是毫无关系。

北国江南　华北明珠　北地西湖　顺水推舟

中补关系，如：

茶头忽哨　老实巴交　死乞白赖

主谓关系，如：

一叶通津　破罐儿破摔

其中，“AABB式”的成语占比很大，增强了俗成语的口语色彩，如“听听慎慎”“歪歪歹歹”“赽赽摩摩”“唬唬嗒嗒”“咋咋呼呼”“齐齐截截”。

四、雄安成语的语义类别

关于雄安成语的语义，我们不考虑成语的字面意义，而只考虑其实际意义。经考察，雄安成语可以分为以下几类，其中表现心情、动作、表情的最多。

表现人的品性的，如：

傻茶不觉（形容人不精明、缺心眼儿）
茶头忽哨（形容精神不振的样子）
不三不四（不正派，不像样）
老实巴交（形容行事规矩、胆小谨慎的样子）
胆小心细（胆子小、心眼儿也小，形容特别谨慎的性格）
半傻不俏（形容心眼儿不多）
唐拖马冒（形容敷衍不认真）

表现心情、动作、表情的，如：

乌糟憋气（形容心情不舒畅）
七上八下（形容心中慌乱不安）

急赤白脸（形容因着急而变颜变色）
编巴造磨（形容挖空心思琢磨某事）
花马吊嘴（指花言巧语）
一屁俩谎（形容谎话太多，连放屁都带谎）
云山雾罩（形容不着边际地说话）
抽风倒挂（形容撒泼的样子）
听听慎慎（偷听别人说话）
歪歪歹歹（形容因病而无精打采的样子）
腆胸迭肚（形容身壮力强、神气活现的样子）
摇头摆尾（形容得意轻狂的样子）
人五人六（形容装模作样、假装正经）
屁滚尿流（形容因恐惧而惊慌失措的样子）
五脊六兽（形容闲得难受）
一南一北（形容有条理、有规矩）
腰掖袖退（当地人读 tùn）（偷着往腰里、袖子里藏东西）
口挪肚攒（靠节省吃食来攒钱）
误打误着（无意中采取的行动却实现了某个愿望）
说话答（dā）理儿（闲聊，常用于边说闲话儿边干活儿）
虱虱摩摩（指随意干点什么）
唬唬嗒嗒（形容为吓唬别人而虚张声势的样子）
歪脖横郎（形容不端正的样子）
吹笛儿捏眼儿（形容本来就很简单的活计，却还要别人来帮忙）

表现性质、状态的，如：

蛤蟆吵坑（蛤蟆的叫声充满了池塘，比喻很多人在一起非常喧闹嘈杂）
藕断丝连（比喻表面上断了关系，实际上仍有牵连）
花里胡哨（形容颜色鲜艳而繁杂）
吭吭哧哧（形容说话吞吞吐吐的样子）
顺风顺水（比喻做事非常顺利）

乱七八糟（形容毫无条理和秩序，乱得不成样子）
三长两短（指意外的灾祸或事故，多指死亡）
半斤八两（比喻彼此的才能不相上下）
鸡毛蒜皮（比喻无关紧要的事或没有什么价值的东西）
破狼儿破虎（形容室内非常破败）
黑灯瞎火（形容夜色黑暗，没有灯光，什么也看不清）
黑咕隆咚（形容很黑很暗）

反映生产劳动的，如：

打堤挖河（过去白洋淀地区的劳役项目）
织席编篓（编织席子和篓子，指从事苇编活动）
织席打箔（当地人读 báo）[①]（编织席子和箔，指从事苇编活动）
抢秋夺麦（麦收时节抓紧收割并收藏小麦）
挖坟打套（挖开土层安置墓穴）
摆边递抄（为织席人做辅助性工作）

有关人际、社交的，如：

少爹没聂（即缺爹少妈）
全爹暨聂（即父母双全）
替人赶网[②]（比喻帮别人忙活自己却一无所获）
过河拆桥（比喻达到目的后，就把别人的恩情忘掉）
顺水推舟（比喻顺应情势行事）
见风使舵（比喻随情势变化而转变态度或行为）

有关雄安历史的，如：

① 箔，用芦苇编织的帘子。
② 赶网，驱赶水中的鱼，使其撞到网上就擒。

一去不还（源自典故荆轲刺秦王①）

忠烈千秋（源自老调曲目，形容几代忠心报国的家族）

有关地理位置的，如：

麦洼野地（指田野）

华北明珠（白洋淀阔大的水面好像华北平原上的一颗明珠）

一叶通津②（从白洋淀乘船可以直达天津）

九河下梢（指位于多条河流之下）

上府下卫（指地理位置优越，能够连通保定府和天津卫）

北国江南（指北方的水区风光秀丽，与江南水乡不分上下）

有关时间、天气的，如：

五黄六月（指阴历五六月份天气开始炎热的时候）

个月期程（个把月，泛指一段时间）

以了往后（相当于以后）

隔（当地人读 jiē）长不短（意思是隔不多久，相当于时常）

---

① 相传荆轲刺秦之前辞别燕太子丹的“易水秋风台”就在雄安新区安新县的安州镇境内。

② 叶，小船；津，天津。

第三章　记录与渗透——雄安熟语与雄安民俗之密切关系

熟语是民俗的载体，民俗借助熟语得以保存、传承，这一点我们在绪论中已经做了充分讨论。本章我们将综合语言和民俗两个视角，深入分析雄安熟语是如何承载民俗、借助什么手段来记录民俗以及它们所记录的民俗涉及哪些方面。

首先，我们从宏观层面入手，就雄安熟语对民俗的承载方式加以分析，考察熟语各类成员对雄安民俗的不同贡献，分析熟语所记录反映的民俗事象都有哪些方面，这些民俗是具体的还是概括的，是单项的还是多项的，是物质层面的、社会层面的，还是精神层面的；然后，从微观层面入手，探究熟语借助什么来记录反映民俗事象，即以何承载，对熟语起承载作用的语言成分做进一步分析。我们这样来研究雄安熟语，希望能由表及里、由粗到精，从而达到多维而立体、全面而具体，使研究更有收获。

第一节　雄安熟语承载雄安民俗之宏观层面考察

一、雄安熟语承载雄安民俗的方式

钟敬文先生提出，语言作为承载民俗的载体，承载方式有四种：一是“概括指称民俗事象”，二是“具体陈述民俗事象”，三是“旁涉夹带民俗事象”，四是“折光反射民俗风貌”。[①] 考察雄安熟语，我们发现第一和第二种是一致的，熟语所指都等于民俗事象，于是我们将二者合并，最后得到三种情况。

---

① 钟敬文：《民俗学概论》（第二版），北京：高等教育出版社，2010年，第234—235页。

（一）直接表现民俗事象

这类情况的熟语对应着钟敬文所说的第一类“概括指称民俗事象”和第二类“具体陈述民俗事象”。这类熟语专门用于民俗事象的描述，“专语专用，语、俗完全相印”①，如谚语“男人打鱼，女人织席”就是雄安水乡的一种生产民俗。这种情况涉及物质、社会和精神类民俗。

所记录的民俗事象，有具体的，也有概括的。具体的，用熟语直接道出民俗事象的时间、数量、方向、方式等具体内容。如记录苇事的“霜降三天苇秋动镰”，表现节令食俗的“大年初一的饺子——没外人”，介绍民间丧俗的“四磕八拜”，来自民间婚俗的“闹房三日无大小”，谈出行经验的“宁往北走一千，不往南走一砖”，它们对民俗的描写都非常具体。概括的，则非常简练，如讲葬俗的“活着看没人，死了一大群”，其概括性就比前面几例要强。需要说明，所谓“具体”只是相对而言，因为我们知道，熟语的长度是有限的，而且语义具有概括性和模糊性。以“闹房三日无大小”为例，字面上提供的信息较为丰富具体，但是，谁去闹、怎么闹等，都没有提及，因此也是概括的。

这类情况在雄安熟语中为数不多，因为直接指称或陈述民俗事象的语汇形式并不都是熟语，有很多是词的形式，如讲节俗的“烤百病”“砍枣花”，虽然结构上很像惯用语，但由于整体上没有引申义，只能归入词。

（二）旁涉夹带民俗事象

有些熟语的实际意义并非描述民俗事象，但中间却夹带表示物质或社会民俗的词语，从而透出雄安的地方文化气息。例如，歇后语“武大郎擗苇叶——上抓下挠”是对动作的描写，其中的“擗苇叶”旁涉白洋淀地区端午节前擗苇叶包粽子的生产习俗和饮食习俗；事理谚“心急钓不住大鱼”教育人做事要有耐心，其中涉及当地“钓鱼”之俗；歇后语“河里的鱼待客——没指望儿”，旁涉以鱼待客的饮食礼俗；谚语“苇子秀穗，给懒老婆捎信儿”，语涉雄安种苇、编席之俗；惯用语“死眼儿穿子”，语涉白洋淀水区剖苇编席之俗；“俩鹰打架——夺鱼（多余）”，语涉以鹰捕鱼的渔猎习俗；“河里没鱼市上看”，涉及雄安水乡捕鱼之生产习俗和鱼市较多这一商贸习俗。

---

① 钟敬文：《民俗学概论》（第二版），北京：高等教育出版社，2010年，第234页。

（三）折光反射民俗风貌、民俗观念

部分熟语并不反映具体的物质和社会民俗事象，却反映了民众的生活样貌、思想观念和智慧经验。如“涝鱼旱虾”，折射出淀区渔业生产受旱涝影响的特点；“树大招风，鱼大招擒”，表现民众的生产生活经验和辩证思维；“船稳不怕风大，真理通行天下”，表现了民众对真理的坚定追求；“宁可撑死人，也不占着盆”，反映了过去普通人家拮据的生活状况和节俭的饮食习惯；“当面教子，背后教妻”，表现了父权制社会的治家方略；“装神的是懒货，求神的是闲人”，表现了民众对封建迷信的正确看法；“马背双鞍非好马，女嫁八处不贤良”反映了过去民间保守的婚嫁观念。

二、雄安熟语各类成员对雄安民俗的贡献

就我们收集到的雄安熟语来看，谚语对民俗的贡献最大。雄安谚语集中反映了当地的物质民俗、社会民俗和精神民俗，这与其数量众多有关，更与谚语的知识性特点有关。成语、惯用语、歇后语、俗语等对雄安民俗的贡献度要小很多，它们所记录的多为民俗元素。谚语对民众生产生活的记录是直接的，属于“直接表现”或“折光反射”。而民俗进入惯用语、歇后语、俗语、成语的时候，则有一个前提，即这些民俗先要进入人们的内心，并成为一个独立的意象，继而被人们从超越物质的层面去发掘，生成意义更为泛化的一个语义元素后，才进入熟语之中。

（一）雄安谚语与雄安民俗

从造语机制来看，谚语的创造就是为了总结和记录生产生活经验以及对世界的认识，而民众的经验往往是日常生产、生活方面的，这些方面又属于民俗范畴，因此它跟民俗是交融的，难以分清彼此。我们发现，雄安谚语与雄安民俗的关系最为紧密。从语义内容类别来看，生产类、生活类、风土类、气象类等大多从整体上反映了雄安生产活动、衣食住行、名物特产、生存环境等民俗风尚；而社交类、事理类、修养类、世相类，主要反映的是精神层面的民俗观念，其中一部分折射了民俗风貌或旁涉了民俗事象，以民俗元素来说明道理，因而也成为雄安民俗的载体。

综上，根据所包含的民俗元素情况，我们可以将雄安谚语分为两类：一类是本身就等于民俗事象或民俗观念；一类是包含着一些民俗元素。第一类，如

渔谚“紧撒网慢拉鱼”说的是捕鱼方法，农谚“清明打，谷雨撒，不怕鸭子，不怕爪（zhuǎ）”说的是水稻播种经验；生活谚“君子不吃翻身鱼”说的是饮食习俗，“穷埋爹富埋娘”说的是丧葬习俗；事理谚“好马出在腿上，好汉出在嘴上”反映了当地人对语言表达能力的重视，“人待懒，车待散”表达了尚勤观念，等等。第二类，如事理谚“船稳不怕风大，真理通行天下”包含着乘船出行的民俗；“采了荷花牵动藕”包含着采荷采藕的习俗；“猎人知兽性，渔民知鱼情”包含着渔业捕捞习俗。

（二）雄安歇后语与雄安民俗

雄安歇后语与民俗的关系分为三种情况。

第一种，个别歇后语整体就是对民俗事象的记录，如“水地里做饭——一锅掀”，这类情况很少。第二种，部分歇后语借助民俗事象来做引子，旁涉夹带民俗事象，如“庙里打埝子——淘（逃）神”中的捕鱼方式“打埝子”，“鸭圈里的饭食——炒蛋”中的“鸭圈”。第三种，部分歇后语虽然借助双关引出别的意思，但引子和注释在字面上陈述的就是民俗事象，如“船头上闸箔——圈头”更是充分利用了民俗元素，将淀区交通工具“船”、渔法“闸箔”、水村名“圈头”融合在一条歇后语里，民俗底色浓重，设计巧妙，趣味盎然。再如“俩鹰打架——夺鱼（多余）”描写了鱼鹰捕鱼时争夺大鱼的情景，“卖鱼的篓子——缘（冤）到底儿了”说明了鱼篓的编织特点，“歪脖树排船——随弯就弯”介绍了造船师傅选材、用料的方法。

（三）雄安惯用语、俗语、成语与雄安民俗

雄安熟语中的惯用语、俗语和大部分成语，都为描述性，其描述对象分为两类。

第一类，描述对象就是民俗事象本身，这时的熟语整体上承载民俗，数量很少，主要为惯用语和成语。例如，有关节俗的惯用语“龙抬头”，有关生产习俗的成语“织席编篓”。其中还有一些借用民俗事象引申出新义，如“晒小虾”“一条船上打鱼”“见风使舵”。

第二类，描述对象为人性、人类行为、社会现象、社会关系等，借助了一些民俗元素，此类数量很多。因描述所借助的材料受地域及具体的生产生活限制，民俗元素会或多或少地参与进来，这时候的熟语关涉一些民俗事象。例如，俗语“白吃鱼还嫌腥”反映了做鱼要去腥的饮食习俗；俗语“一个螃蟹窝掏的”

（一个地方出来的）中“掏螃蟹”是一种捕蟹方法；成语“替人赶网”的语义实现借助了“赶网”这种捕鱼方式；俗语“指山卖蘑，指水卖水”的表达也借助了雄安水源多的特点。

三、雄安熟语所承载的民俗项目

（一）多样的民俗类别

综合分析雄安熟语中的民俗语素、修辞结构和民俗语义，我们发现他们所记录、反映的民俗事象具有一致性，形成了若干“民俗语群”。例如，“赵北口的鱼汤，喝了后悔不喝也后悔”“吃饭先喝汤”“原汤化原食”，三条熟语反映出当地人习惯进食汤水的饮食保健习惯。仔细梳理，还可以捕捉到民俗事象的关联性和系统性，如“大暑小暑，灌死老鼠”“小水护岸，大水护堤”“涝了吃小鱼儿，旱了吃地梨儿，不涝不旱织小席儿”，这一系列熟语传递出这样的信息：过度的降水带来洪涝，所以必须护岸护堤加强防汛，为了生存，人们努力适应旱涝变换的自然环境，形成了多种生产方式。按照民俗学的分类，我们将雄安熟语所承载的民俗归为几类。需要说明的是，本节只是列出熟语所承载的民俗类别，至于详细的民俗内容待到后边两章再进行深入分析和解读。

1. 物质生产民俗

反映物质生产民俗的熟语数量最多，究其原因，在民间，生产是生存的基础，生活是生命的状态，那些每日都参与其中的行为，也是常说常提的内容，于是语言中就有了它们的一席之位。人们用这些熟语传授经验，描绘各种世态情态，表达情感态度。具体分为：

（1）农耕，包括农、林、养殖、采掘等，如“干耕碱，湿耕沙，不干不湿耕黏洼”“七月十五花红枣”“鸭子过三岁，赔了工料费”“南淀菱角北淀藕，七菱八落菱角秋”。

（2）苇事，如“摆边递抄”。

（3）渔猎，如“三只鱼鹰养一家”。

（4）造船，如“歪脖子树排船——随弯就弯”。

（5）商贸，如反映水乡特色集市的“鱼行鬼市”，反映乡间集市的“吹鼓手赶集——没事找事”和“赶集走亲戚——顺路”。

2. 物质生活民俗

（1）生存环境，包括地理、气候等，如“不怕南水猛，就怕北水顶”。

（2）饮食，如“咸鱼寡肉”“不经厨子手，没有五味香”。

（3）居住，如“有钱不盖东西房”。

（4）出行，如“小雪不耕地，大雪不行船”。

3. 岁时节日民俗

如“大年初一的饺子——没外人”“糖瓜儿祭灶二十三，大人们愁小孩儿们欢”“十月一，送寒衣”“宁留一个秋，不留一个节”。

4. 人生礼俗

婚俗，如“正月里说媒死媒人”“压炕头儿”“女大三，抱金砖；女大两，黄金长”；丧俗，如“丧不报，纸不吊”“烧浅不烧满”“白吃白喝白戴白”“穷改门，富拔坟”；做寿习俗，如表现女儿给娘家父母做寿的“六十六，一刀肉；一刀肉，活个够”。

5. 民俗观念

（1）民间信仰，如“小圣庙里的船——吊起了来”“正月十五贴门神——晚了半个月”。

（2）民间智慧，如“伸手不打笑脸人”“人有恒心万事成”“不打勤的不打懒的，专打不带眼的”。

（3）民众观念，如“吃不穷，花不穷，算计不到就受穷”“一天省一口，一年省一斗”。

6. 民间艺术

如“做饭不离锅灶，听戏不离老调”。老调是雄安三县的当家剧种，如今在白洋淀地区依然很流行。俗语“又是焰火又是戏儿”用“焰火”和“戏”来形容因满意而欢快愉悦的表情动作，间接反映了当地的艺术娱乐形式。

此外，还有反映民间娱乐的，如儿童玩具“嘣嘣钵儿”、民间游戏“输枱输不了小镰头”。

以上各类熟语，从数量上看，并不均衡，其中物质生产的最多，其次是物质生活，反映社会和精神民俗的都比较少。为了充分展现雄安熟语的民俗特征，后面我们分“生产民俗”和“生活民俗”两章进行深入考察。各章所收熟语主要依据所反映的民俗内容。

（二）交错的民俗视角

雄安熟语所承载的民俗，有单一的，也有融合的。大多数熟语只反映一种民俗，如讲宴俗的“鱼上酒止”，反映渔业生产的“替人赶网”，反映苇编生产的“穷筐饿篓”，讲出行习俗的“开河冻河不出门”。还有一部分熟语，同时反映了两种民俗，两种民俗套叠在一起，从不同的视角出发可以发现不同的民俗。其中最常见的有以下几种情况：

1. 同时承载物质和观念两类民俗

民俗观念是无形的，一般要借助具体可感的民俗来表达，如“谁家灶筒先冒烟，谁家高粱先红尖儿”本来是腊八节的一个风俗，这天早上各家都争着早做饭，认为饭早当年的粮食作物熟得就早，同时也反映了人们尚勤的观念。“赶集早进城，赶席早入棚”字面上反映的是赶集、坐席的生活习俗，深层表现的则是尚早的观念。

2. 同时承载饮食和生产两类民俗

日常的食材一般都来自当地的农耕、渔猎、采掘，因此饮食常常与生产民俗如影随形。“宁舍孩儿他娘，不舍黑鱼肠”既反映当地吃黑鱼肠的独特食俗，也说明黑鱼是当地的捕捞对象。“鲇鱼尾、鲤鱼头、鲂鱼的肚子一兜油”，表面看是品种丰富的食鱼习俗，同时也反映出鱼种的多样性。

3. 同时承载饮食和岁时节日两类民俗

很多传统节日都有特定的饮食习俗，于是饮食和岁时节日民俗经常同时出现在雄安熟语中，如“二十三糖瓜儿粘”。腊月二十三民间用糖瓜儿祭灶王爷，希望用糖粘住他的嘴，于是这天有吃糖瓜儿的习俗。从“初一的饺子，初二的面，初三的合子对半转”中我们了解到雄安民间的三个主食品类，同时也知晓了正月里的饮食习惯。

4. 同时承载生产和观念两类民俗

雄安谚语中的事理类，常常借助生产民俗来讲道理、谈认识。如“水面大了什么鱼都有”“打蛇打头，钓鱼钓口”，二者均源于水乡人的捕鱼经验，前者说明了事物的多样性，后者强调做事要抓关键的道理。

第二节　雄安熟语承载雄安民俗之微观层面考察

在考察了熟语成员对雄安民俗的不同贡献之后，我们还有必要从熟语的结构出发，分析一下熟语借助哪些语言成分来记录反映民俗，这是微观层面的考察。民俗元素以各种形式、从不同的途径渗透进熟语，或以语素的形式体现，或在修辞构成中承担某个角色，或成为熟语深层语义的组成部分。

一、熟语以语素折射雄安民俗元素，形成系列“民俗语串”

张莉老师对安新事理谚做过深入研究，她指出在她所搜集到的113条安新事理谚中，出现“最多的词语便是‘水’以及（与）白洋淀‘水’密切关联的事与物名词”，按照使用频率从高到低给词语排序依次是水（20次）、鱼（17次）、舟/船（14次）、风/浪（12次）、河（4次）、网（4次）、舵（3次）、荷（3次）。①

在我们收集的雄安熟语中，同样发现了很多承载民俗的语素，而且不仅限于谚语。除了张莉老师提到的以外，还有其他的一些语素，综合归纳一下，出现频率较高的语素主要是有关渔业生产的“鱼”“网”，有关出行的“船”“桥”，有关天气气候的“雨”“涝”，有关地方物产的“苇”“席”，等等。如果将熟语与民俗相联系，这些语素就是凸显民俗事象的“民俗眼”，正是它们增强了熟语的地域特色，为民俗的深入发掘提供了宝贵线索。我们通过这些高频出现的语素，可以将散落的熟语聚合成为一个个“民俗语串”。

（一）鱼——既是捕捞对象，又是重要食材

在雄安熟语中，“鱼”有时是词，为属概念，指各种鱼类；有时则是语素，为种概念，指某一个鱼种。“鱼”作为属概念频繁出现，反映了当地人对鱼的关注；而当它作为种概念出现在一系列的鱼种名称之中时，其细密的分类足以反映出渔业生产在当地的重要地位，也反映出鱼在人们饮食结构中的特殊意义。雄安人生活中的鱼种之丰、数量之大、频率之高，令人惊叹。

---

① 张莉：《安新谚语的白洋淀淀域文化内涵解析》，《河北科技师范学院学报》（社科版），2019年第2期，第66—71页。

第一，作为词和属概念的鱼，如：

鱼过千层网，难过一根绳①。

跑了的鱼儿是大的。

鱼吃新鲜肉吃肥。

鱼，鱼，驮面的驴。

鱼上酒止。

咸鱼寡肉。

千炖豆腐，万炖鱼。

坑塘翻水鱼浮面，大雨即将在眼前。

鱼也蹦，虾也跳。

第二，作为语素和种概念的鱼，如：

鲤鱼会跳，鲇鱼认道。

鲫鱼颤，鲤鱼弓，鲇鱼身子扭，鳜鱼常动。

黑鱼前窜，鲤鱼后煞。

不懂局，别吃核头鱼②。

黑鱼子和黑鱼肠，草鱼分段味道香。

不只是各种鱼名，包含“鱼”这一语素的还有“卖鱼的”“鱼行”“鱼汤”，前边两个说明雄安水乡渔业捕捞业繁荣，鱼虾商贸发达；后者让我们看到了雄安水乡炖鱼汤的食俗。请看：

卖鱼的不带浅子③——勾嘴儿。

鱼行管不了虾行的事儿。

---

① 绳，指捕鱼用的缸绳。

② 核头鱼，方言，即河豚。

③ 浅子，方言，即秤盘。

半碗鱼汤胜全席。

在下边的熟语中，“鱼”字并未出现，但它却隐含其中：

春鲂、夏刀、迎霜厚，开河的屎包儿赛猪肉。
鲢子不怕羞，离离拉拉到大秋。
没有红心苲，乱不住傻鲫瓜。

“鲂、刀、厚、屎包儿”分别指鲂鱼、刀鱼、厚鱼（即草鱼）、屎包儿鱼（即鳑鲏），“鲢子”，即鲢鱼，“鲫瓜”就是鲫鱼。

（二）虾、蟹、泥鳅等——丰富多样的淀中水产种类

五月的青虾，秋分的螃蟹。
八月的河蟹顶盖肥。
白洋淀的螃蟹——七上八下。
七下八上搭蟹楼。
鱼儿勤跳，泥鳅上吊，大雨先兆。

（三）鹰、鸭、骨顶等——淀中水禽类

鹰嘴鸭子爪——能吃不能拿。
赶鸭子上架。
鸭圈里的饭食——炒蛋。
清明打，谷雨撒，不怕鸭子，不怕爪。
春骨顶，秋鸭子。
俩鹰打架——夺鱼（多余）。
鹰叫一声，鱼惊千里。

（四）水、淀、河、冰、桥——水上交通环境

在白洋淀人的日常口语中，“河”“水”“淀”三个词不做严格区分，掉到

"淀"里，也说"掉进河里""掉进水里"，因此可作为一类来看待。

打水漂儿。
先有白洋淀，后有安新县。
在家怕鬼，出门怕水。
放着河水不洗船。
人平不语，水平不流。
开河冻河不出门。
水雾天晴。
大王淀里放炮——响（想）开了。
水地里做饭——一锅掀。
水地人待客，不是鱼就是虾。
河里的鱼待不得客。
小雪孱背河。
大河有水小河满，大河无水小河干。
用着了抢在怀里，用不着了扔到河里。
四九冰全，五九冰消。
水大漫不过桥（或船）。
水里撒尿——尿（suī）（随）大溜。

（五）船（舟）——重要的出行工具

"船"在雄安熟语里既可以做词用，也可以做语素用，如"大船""卡船""艚船""船瞰"，由此可以看出船在白洋淀人民的生活中的重要性和种类的多样性。

船赶船，要一天。
跑马、行船、打秋千①。
小雪不耕地，大雪不行船。
卡船上打孩子——没跑儿。

---

① 指三种危险系数较高的活动。

大船上的烟囱——艑（赶）上了。

大船上吃饭——不让人。

塌舱睡，顶条被。

清明的苇子压船艑。

关城的菱角，同口的米，王家寨的荷花，白洋淀的水，新安的艚船下了天津卫。

浪里飞舟。

（六）网——重要的捕鱼工具

稠网捞虾，稀网捞鱼。

破船怕浪颠，破网怕苲粘。

手里没网看鱼跳。

鱼过千层网，网网都有鱼。

勤罾懒网自在箔。

（七）苇、席——特色生产资料和产品

苇是淀区宝贵的生产资料，织席是人民赖以生存的生产方式。

苇是摇钱树，淀是聚宝盆。

种地不如打鱼，打鱼不如织席。

打鱼摸虾能养一家，织席编篓能养八口。

一淀水，一淀银，一寸芦苇一寸金。

辛集的毛皮儿，白洋淀的苇席儿。

安州的席，采蒲台的苇，圈头的鱼虾，端村的嘴，赵北口的鱼汤喝了不后悔。

（八）荷、藕、菱角、地梨、苲菜等——水中的食粮

折掉一只荷，烂掉一窝藕。

荷叶包不住菱角，缺点瞒不过众人。

花下韭，莲下藕，新娶的媳妇，黄花妞。

种藕不发愁，只要肥料足。

白洋淀三宗宝：鸡头、莲藕和菱角。

白洋淀有三宝：鸡头、地梨儿、大菱角。

七月菱角八月藕，九月才吃老鸡头。

九月重阳，瞎采菱秧。

蒺藜皮儿，苲菜馅儿，聚须根当榆皮面儿。

（九）涝、雨——天气特点

日头没（mò）到云里，大雨下到盆里。

涝不涝，谭城庙。

旱刮东风，不下雨；涝刮东风，不晴天。

伏凉下倒墙。

蛤蟆叫，大雨到。

东虹（jiàng）云，西虹雨，南虹出来卖儿女。

蛤蟆乱叫，今年要涝。

二、熟语以修辞结构承载雄安民俗，凸显民俗事象之细节

人类认知世界，习惯通过熟悉的去认知不熟悉的，所谓“近取诸身，远取诸物”，“物”自然是人们非常熟悉的生活中常见的事物，民俗也在其中。为了提高语言的表达效果，我们经常要运用修辞手段。雄安人在创作熟语的时候，也经常会借助语音、词汇、句式、辞格等方面的修辞手法。雄安熟语中的修辞，有很多以民俗事象为材料，或者用民俗事象来说明事理，或者用他物来说明民俗事象。民俗事象或为修辞背景，或为比喻的喻体或本体、比拟的本体、双关的本体或关体、夸张的本体或喻体等。进入修辞结构中的民俗，一般不是完整的、具体的，而是一个个元素，因此，我们从这些熟语中看到的往往是民俗事象的细节表现。修辞使表达生动形象，让被说明者鲜明鲜活，凸显了当地人对

民俗事象某一细节特点的认知，也让人们在趣味表述中了解并记住了那些民俗事象或细节。

（一）比喻

比喻利用事物之间存在的相似点，借此物去说明彼物。比喻令深奥的道理浅显化，使抽象的事物具体化，让概括的东西形象化。

1. 谚语中的比喻

前面提到，曲折描述型谚语，整体上是一个喻体，本体不出现；综合型谚语，由本体和喻体联合组成，谚语的一半是本体、一半是喻体；一些直叙型谚语，本体和喻体都出现，但它们只是整个谚语的一个组成部分。经过考察，在雄安谚语中，曲折描述型的喻体、综合型的喻体、直叙型的本体，很多都映射出雄安特色民俗。

水面大了什么鱼都有。

谚语的意思是现实社会中什么样的人都有。白洋淀鱼种丰富多样，由此谚语可以反映出来。

树大招风，鱼大招擒。

大鱼容易成为渔民的捕捞对象，用以比喻说明人出了名更容易成为被攻击的对象。此谚语反映出雄安以大鱼为主要捕猎对象的生产习俗。

鱼找鱼，虾找虾，疥肚子蛤蟆找王八。

用水生动物鱼、虾、蛤蟆、甲鱼来说明“物以类聚，人以群分”的规律。

采了荷花牵动藕。

藕是荷的根茎，谚语以荷花与藕的关系来说明事物之间彼此关联。荷花之蕊和瓣可以食用，而藕更是常见的食材。白洋淀有采莲和挖藕的习俗，而产藕的莲荷是绝对不让采花的，以免影响藕的收成。

荷叶包不住菱角，缺点瞒不过众人。

前半部分是喻体，用来说明“缺点瞒不过众人”。荷叶、菱角都是白洋淀中的植物，荷叶面积大且厚实，经常被人们用来当熟食的包装纸；但因菱角长有两个细长的尖儿，再大再厚的荷叶也会被它戳破。由此我们可以了解到菱角的外形特点和采摘菱角的习俗。

不做贼，心不惊；不吃鱼，口不腥。

后半部分是喻体，鱼的腥味比较重，水乡人对此非常了解，因为鱼是他们厨房里常见的食材。

一淀水，一淀银，一寸芦苇一寸金。

谚语把白洋淀的水比作白银，把芦苇比作黄金，由此来说明水产资源和芦苇的经济价值之高。

水是田畴，鱼是籽粒。

将水比作能产粮食的田畴，将鱼比作能发芽结籽的种子，充分说明了水和鱼的紧密关系以及渔业在生产生活中的重要地位。

2. 惯用语、俗语中的比喻

惯用语和俗语中有一部分成员整体就是一个比喻，这种情况与曲折描述型谚语非常相似，它们的实际意义都不是各成分字面意义的简单相加，而是另有深层含义。王德春在《论熟语的种类》一文中说：俗语（这里包含惯用语）“一般都是浅显易懂的，也有一定的形象比喻。例如：一个巴掌拍不响（本书将其归入谚语)，一个鼻孔出气，人不知、鬼不觉……”①。而且，惯用语和俗语从日常生活的方方面面取材，形象地描绘了大千世界的千姿百态。其中部分惯用语和俗语的比喻借用了民俗事象，在把事物说得更加形象生动的同时，也使民俗细节得以凸显。

先来看惯用语中的比喻。

死眼儿穿子

“穿子”是从事苇编的重要工具，用它可将苇秆破成苇篾。两寸左右粗细的一节木柱，中间掏空并安装刀片，柱壁上开几个小槽儿，苇秆从中穿过，就被刀片划成了几片并从槽孔钻出。在水乡，穿子因孔隙多而被赋予“心眼儿多”的寓意。“死眼儿穿子”现实中是不存在的，这是一个借喻，用来指心眼儿发死的人。此惯用语反映了穿子破苇的生产习俗，以及这一工具的结构特点。

晒小虾

过去白洋淀里的虾很多，产量很高，当下吃不完，就需要晒干储存。虾刚刚捕上来时是青色或灰白色的，在阳光下，虾的表皮随着温度的升高会变成红色。人的身体特别是脸部，在强烈的阳光下暴晒，也会变成红色。于是，淀区的人们把人在太阳下暴晒形象地叫作“晒小虾”。由此我们可以发现淀区捕虾和晒虾的生产习俗。

二棹牙子

此条喻指身材不直溜的人，反映出船体的结构特点。“棹牙子”是小型船只的一个部件，其作用是将棹（即桨）和船体连接起来。一根圆柱或立柱形的木棍，中间抠掉一小部分，就变得凹凸不平，很像错落的牙齿，于是被白洋淀人拿来喻指身材不直溜的人。

---

① 王德春：《论熟语的种类》，载王德春《词汇学研究》，济南：山东教育出版社，1983年，第65页。

长脖子老等

喻指傻傻地等待的人。“长脖子老等”学名苍鹭，一种大型水鸟，颈和嘴都很长，常单独长时间地在水边站立不动，长颈缩于两肩之间，并常以一脚站立，另一脚缩于腹下，站立可达数小时之久而不动，因此而得名“长脖子老等”。

开顶风船

此条喻指违反政策要求而行事。水上行船，逆风吃力，顺风顺水才走得轻快。该惯用语从反面反映了淀区人水上行船的丰富经验。

脚踩两只船

一个人双脚同时踩着两条船，这是不可能的，用以劝诫人用心要专一。由此我们了解到水乡人借助船出行和劳作的民俗，以及在船上站立掌握平衡难度很大这一细节。

再来看俗语里的比喻：

三天打鱼，两天晒网。

这条俗语深层意思是说对学习、工作没有恒心，经常中断，不能长期坚持，字面则记录了水区渔民的一项劳动“晒网”，明确了捕捞与晒网的密切关系，而且说明了两项活计的时间分配关系。在当地捕鱼生产中，“三天打鱼，两天晒网”是科学合理的安排。

不是鱼死，就是网破。

以网捕鱼，鱼钻入网眼后，会奋力挣扎，但是鱼鳍已经被网眼卡住，很难逃脱，多数情况下鱼儿就会死掉；偶尔有力气大的鱼也有挣脱逃掉的，而渔网则大多被其撕破。

赶鸭子上架。

白洋淀过去有很多人家养鸭，养鸭人家设有鸭圈，鸭圈的内部跟鸡圈不同，是没有木架的，鸭子都是在平地上休息，因为鸭子的脚上有蹼，使它们无法登上架子并保持平衡，不可能像鸡那样抓住木架。“赶鸭子上架”比喻逼着别人做其不会做或很难做到的事。由此我们看到的是雄安养鸭的习俗，以及鸭圈构造的细节。

放着河水不洗船。

船本身就置身在水中，如果船舱里脏了，舀水冲洗是很方便的事情。该俗语劝人要充分利用眼前的条件给别人行方便。由此可透视出淀区洗船这一生活习俗。

3. 歇后语中的比喻

歇后语中有大半成员运用了比喻手法，这已是学界的共识。谭永祥提出喻意型歇后语，这类歇后语“前部分和后部分是喻意的关系”①。他又将喻意型分为半喻式和全喻式两类。半喻式指比喻只在引子里起作用，而在注释部分不起作用；全喻式指在引子和注释部分，比喻都起作用。我们不管注释部分是否也含有比喻，我们只考察那些在歇后语的喻意型的引子中借助了雄安民俗因子的情况。此时，民俗元素成为喻体的组成部分，有的还是引子所构成的意象中的核心成分，而且于当地人来看很多都是常规搭配，而对外地人而言则不明所以，民俗因子令引子充满谜面的意趣。

鹰嘴鸭子爪——能吃不能拿。

前边为喻体，后边为本体。鱼鹰的嘴十分锋利，可以刺穿皮肉，什么都能

① 谭永祥：《歇后语新论》，济南：山东教育出版社，1984 年，第 102 页。

吃；而“鸭子爪”则只能用于走路，却不能抓握，所以什么都不能拿。将只会索取而不能付出的人比喻成“鹰嘴”而“鸭子爪”。这条歇后语说明雄安人对鱼鹰和鸭子身体部位的特点了如指掌，由此也反映出养鱼鹰和养鸭的生产习俗。

大船上吃饭——不让人。

大船船体巨大，需要有很多船工同时划船，这些人不可能同时吃饭，只能轮流换班，所以说“不让人”。这是白洋淀水上运输作业习俗的细节体现。

下风篙——顶着呢。

此条用于形容相对抗的双方在实力相当的情况下彼此相对峙的状态。处于下风向的船行进非常吃力，如果是撑篙划船，篙与水面的夹角非常小，篙头所指的方向与风向正好相反，所以说“顶着”。这是白洋淀水上出行经验的反映。

水涝棒子——光闹嘴儿。

“水涝棒子”，即被大水泡过的玉米，这种玉米不灌浆，只剩下棒子嘴儿，所以说“光闹嘴儿”。由此可以了解到白洋淀地区经常发生水涝灾害这一特点。

河里的鱼待客——没指望儿。

以鱼待客是白洋淀地区的饮食礼俗。俗话说“捡到篮子里的才是菜”，如果鱼“尚在河里”，能不能捞上来还说不准，所以待客“没指望”。由此可以反映出雄安淀区用鱼而不是肉待客的食俗。

歪脖子树排船——随弯就弯。

排船，即造船。由于船体有的部位需要曲面，所以歪脖树也可以作为造船材料。由此反映了雄安造船用材的特殊性。

卡船上打孩子——没跑儿。

卡船是渔民专门用于下卡捕鱼的船，由于要留出渔民睡觉和活鱼存储的空间，船上所剩供活动的空间很小，所以被打的孩子没有逃跑的去处。由此反映出卡船这种特殊渔船的空间结构特征以及下卡人以船为家的生产习俗。

此外，还有的雄安歇后语以一些水生动物为引子，间接地反映了雄安水乡的渔业对象，如“旱地的泥鳅——钻得深”“水蝎子——不怎么蜇（着）”，写出了泥鳅钻泥的习性，以及水蝎子（蜻蜓的幼虫）不蜇人的特点，进一步反映出雄安淀区人对水生动物习性的熟悉程度。

4. 成语中的比喻

由于本书考察的成语主要是雄安人使用的俗成语，大量的雅成语没有收录；而俗成语多是描绘性的，因此用到比喻的语例不是很多。雅成语中有一些成员，整体上就是喻体，如：

见风使舵

字面意思是说要根据风向调整船舵，用以比喻态度、做法等跟着情势转变方向，也记录了白洋淀人的行船经验。

替人赶网

赶网，一种捕鱼手段。下好网后，用铁片敲打船头，用声音驱赶鱼儿向网的方向跑，最后使其撞到网上。该成语的意思是帮别人把鱼赶到网上，自己却一无所获。该成语反映了淀区特殊的捕鱼方法。

浪里飞舟

有风浪船才容易快速行进，因为船可以借助风势和水流的方向行驶，这是水乡人总结的行船经验。

需要说明的是，在雄安熟语中，存在一批感情色彩显豁的典型喻体，“王八”“蛤蟆”“长虫”等成为丑陋、窝囊、恶毒的代言者。

鱼找鱼，虾找虾，王八专找疥肚子蛤蟆。

蛤蟆蝎子屎壳郎，个人觉得个人强。

蛤蟆跳不出三尺远。

柳条串王八——一路货。

王八碰到桥桩上——暗鳖（憋）气。

王八吃秤砣——铁了心。

长虫杀蛤蟆——一物降一物。

癞蛤蟆打哈欠——好大的口气。

癞蛤蟆过门槛——蹲屁股抢脸。

癞蛤蟆想吃天鹅肉——心高妄想。

长虫杀王八——白耽误工夫。

长虫吃麻花——满拧。

“王八”也叫甲鱼、鳖，因外形丑陋经常被用来骂人，喻指“坏人、窝囊人”等。“蛤蟆”即青蛙，白洋淀因水量充沛，青蛙很多。“疥肚子蛤蟆”即蟾蜍，外形丑陋，且有毒，因此被人厌恶，常被作为“恶毒的、丑陋的事物”的喻体。

（二）双关

“借助于语境的特定条件，故意让语句表面上说的是一个意思，实际上说的是另外一个意思，即所谓言在此而意在彼。”① 涉及民俗且运用双关的主要是雄安歇后语，也有一些为惯用语、俗语和谚语。

歇后语的双关性已经是学界的共识。双关在歇后语后边的注释部分，表面上是对引子的注释，实际上是另有所指。歇后语的双关中，一般是关体含有民俗元素，也有个别本体包含民俗元素的。

盖垫嘴儿——两面里（理）儿。

---

① 李庆荣：《现代实用汉语修辞》（修订版），北京：北京大学出版社，2012年，第228页。

“盖垫”是用于盖锅的器具，放在木制锅盖下边，直接与锅沿儿接触，为的是防止木锅盖磨损。盖垫用芦苇或高粱秸的篾编成，不分里外，所以说“两面里儿”，“里”谐音双关“理”，将说话时反正都有理的人比作“盖垫嘴儿”，由此反映了盖垫这种器具不分里外的编织方法。

庙里打埝子——淘（逃）神。

“打埝子”是渔法“围埝捕鱼”的俗称。选一处鱼群活跃且水位较低的地方，筑上土埝将其中的鱼儿围住，然后从里往外淘水，等水干了，鱼儿便束手就擒。“打埝”和“淘水”是这一渔法的两个关键环节，歇后语先设置一个庙里打埝的虚拟情景，再引出“淘”这一动作，进而谐音双关逃跑的“逃”，设计巧妙，别出心裁。

大船上的烟囱——舯（赶）上了。

大船是用于长途运输货物的船，船工要吃住在上面，所以船上备有供做饭用的锅灶，烟囱是锅灶上排烟的装置。大船的烟囱设置在船舯上，船舯就是甲板，所以说“舯上”。由此我们既了解了雄安水上运输的交通习俗，又了解了大船设置有厨房这一结构特点。“舯上”是方位短语，谐音双关动补结构的“赶上”。

卖鱼的篓子——缘（冤）到底儿了。

水乡用芦苇编织篓子，一般的篓子只编一层，从底部编起，到口即收。卖鱼用的篓子因为承重大所以工序比较复杂，编到口之后还要继续编回到底部，为的是让篓体更厚实、更结实。“缘到底儿”凸显了鱼篓编织的独特工序。

烧心白菜——老掉帮子（老调梆子）。

老调和梆子，是白洋淀地区流行的两个戏曲品种，现在部分村落还活跃着一些老调或梆子剧社。由此我们可以看到雄安地区人们的文化娱乐活动项目。

船头上闸箔——圈头。

“闸箔”这种渔法一般是将一片水域圈起来，将船头圈起来即为“圈头”。“圈头”谐音双关雄安白洋淀中的一个村名“圈头”，二者是同形同音关系。由此既反映了闸箔这种捕鱼方法、出行用船的习俗，也提及了圈头这一著名的水村，令人对这个淀中村产生遐想。

惯用语、俗语和谚语也会用到双关。惯用语，如“推饸饹床子”，意思是推脱、拖延，“饸饹”谐音“和乐”，由此我们可以了解到饸饹这种面食的制作特点。俗语，如“菱角不大，牌子不小”。白洋淀的菱角是小菱角，而叶片即“牌子”的个头却很大，采摘菱角，需要翻起大叶片才能提起果实。菱角“牌子”关联表示人自高自大的“牌子”。由此俗语人们自然会对菱角的果实小而叶片大的外形特点留有深刻印象。谚语，如“编筐窝篓，重在收口”。无论编筐还是编篓，收边的工序非常重要，如果处理不好，就可能前功尽弃。“收口”语义双关工作收尾，强调事情收官时很关键。双关的作用在于说明织席和编篓的程序：从中心或底部开始，最后才收边或收口。

（三）比拟

雄安熟语中的比拟主要是拟人，而且多是将鱼、虾、蟹、鳖、蛤蟆等水生动物当作人来写，非常具有地方特色。运用比拟且涉及民俗的熟语主要是谚语，也有部分为歇后语、俗语。

壕沟嘴巴，鲤鱼说话。

“嘴巴”用以借指壕沟的出口；“鲤鱼说话”，把鱼当人来写，指的是鲤鱼将头部伸出水面吧嗒嘴儿。夏天水中氧气不足，鲤鱼有吧嗒嘴儿的特点，渔民循声叉鱼。两个比拟生动地说明了鲤鱼的习性、捕鱼的地理位置。

鲢子不害羞，离离拉拉到立秋。

"鲢子"即鲢鱼，一种体形很大的淡水鱼。鲢鱼从春天到立秋这段时间一直在排卵，所以说"不害羞"。由此，形象地说明了这种鱼产卵期长的特点，也反映了雄安渔民丰富的捕鱼经验。

鱼儿勤跳，泥鳅上吊，大雨先兆。

泥鳅"上吊"指的是泥鳅头部朝上垂直身体于水中，这是泥鳅在大雨之前因水中缺氧做出的一种反应。由此谚语反映出雄安地区丰富的渔猎对象。

鱼迷花篮人贪色。

"鱼迷花篮"将鱼当作人来写，说它们迷恋漂亮的篮。白洋淀有一种以篮捕鱼的渔法，将苇篾编成的篮放到水草丛中，鱼儿钻入篮中，就跑不掉了。由此我们可以了解到雄安地区用篮捕鱼的习俗。

涉及民俗且运用比拟辞格的歇后语数量很多，如"癞蛤蟆打哈欠——好大的口气""黄鼠狼给鸡拜年——没安好心"。关涉民俗且用到比拟辞格的俗语，如"鱼也蹦，虾也跳"，形容很多人在一起乱动、乱发议论的场面。

（四）夸张

夸张是根据一定的目的，在客观现实的基础上，对事物做必要的扩大、缩小、超前等形象的描述，涉及民俗且运用夸张的雄安熟语主要是谚语，也有很少的歇后语和俗语，歇后语如"耳挖勺炒芝麻——小鼓捣油"（缩小夸张），俗语如"打死了卖盐的"（扩大夸张）。我们重点来看一下谚语。

吃了黑鱼肠，忘了生身娘；吃了黑鱼裤，忘了生身父。

黑鱼肠，即黑鱼的内脏；黑鱼裤，指的是刚刚孵化出来的小黑鱼。小黑鱼在行进时成群结队，其队伍的形状与裤子相近。这条谚语用夸张极言黑鱼肠和黑鱼裤的味道之鲜美，这是他地人很难想象的美味，由此可以窥见雄安淀区人吃鱼肠和小黑鱼的特殊食俗。

千炖豆腐，万炖鱼。

雄安人炖鱼有放豆腐的习惯，如鲇鱼豆腐，而二者都是久炖入味之物，所以用“千”和“万”来夸张二者适合久炖的特点。由此条谚语，我们看到了淀区用豆腐炖鱼的食俗。

鹰叫一声，鱼惊千里。

鱼鹰鸣叫一声，千里之外的鱼都会被惊到，这在现实当中当然是不可能的，“千里”极言鱼鹰对鱼的威慑力。由此，反映出淀区的鱼鹰捕鱼之法以及此法鱼获之大。

八月八，蚊子开花。

蚊子的繁殖和幼虫生长都在水中，而白洋淀的苇塘之中水流缓慢，为夏季蚊子的繁殖提供了很好的条件。农历八月初八正是夏末秋初之时，淀区蚊子多得难以想象。“开花”极言繁殖之快、数量之大，描写出了淀区在立秋后蚊子爆发性增长的特点。由此可以想见淀区人民生活中防蚊、灭蚊的重要性。

鱼过千层网，网网都有鱼。

白洋淀水中多鱼虾蟹贝，随便撒上一网就能有所收获。当然，过了“千层”网还能有鱼，是不可能的，这里是强调此地鱼虾数量之多。由此我们可以推断，渔网是淀区捕鱼的主要工具。

大暑小暑，灌死老鼠。

进入七八月份，是雄安地区雨水最多的时节，大暑小暑经常会发生暴雨，引发洪灾洪涝，但不至于把藏身在地下的老鼠淹死。“灌死老鼠”生动地说明了这一时段降雨量的丰沛。

插个揽船橛子都发芽。

“揽船橛子”，是将船固定在岸边的木棍，这条俗语形容土地极其肥沃，插根木棍都能发芽。由此我们可以了解到水乡人用木棍拴船的做法，以及雄安土地之沃。

卖了窗户门儿，也来听听新艳琴儿。
宁可风餐露宿，也要看看郃老木。

“新艳琴”是保定评剧团的著名演员，20世纪50年代影响很大。“郃老木”，著名昆曲演员，高阳县西西村人。以上两条谚语都运用了夸张手法，反映了雄安民众对戏曲艺术的热爱。

（五）对偶

涉及雄安民俗的对偶大都在雄安谚语之中，也有少量的俗语。有正对也有反对，用来表现一种事物的两种情形，或两种事物在某一方面的不同特点。

人老猫腰，船老直腰。

船旧了以后，原本带弧度的船板日趋变直，需要不断地修补校正，以适合船型的要求。由此反映了木船需要不断维修这一水乡生产习俗。

山里丢不了羊，河里丢不了船。

淀区人家户户都有船以便出行，船的外观虽然都一样，但各家有各家的记号，混不了，也丢不了。船在河里漂流，就像羊在山里游走一样。由此我们可以发现，船是淀区必备出行工具，而且都做好了各家的标记。

船头前丁，赛过跑风；船尾载大，赛过拉胯。

船头载重大于船尾，这样开起来就轻快；船尾如果载重大于船头，船就开不快。对偶让人瞬间明白用船载物时物放在哪里是很有讲究的，这当然是源于水乡人的出行经验。

> 五月的青虾子满，秋分的螃蟹最肥。

青虾在五月份繁殖，雌虾满肚的虾子，营养丰富；螃蟹在秋分时节繁殖，蟹黄灌满雌蟹的肚腔，肥美异常。“五月”与“秋分”，“青虾”与“螃蟹”，分别构成对仗。由此反映了春捕虾、秋捕蟹的渔业习俗，以及春吃虾、秋吃蟹的饮食习俗。

涉及民俗且运用对偶的雄安俗语数量不多，如“在家怕鬼，出门怕水”，对偶强调了“水”的危险性，就同“鬼”一样可怕。

（六）排比

在雄安熟语中，排比只在谚语中有运用，其他熟语类别中没有用到这种修辞手法。雄安谚语中的排比属于宽式排比，这种修辞手法的主要作用，是将几种相关的民俗事象呈现出来，进行列举、比较，说明其在时间、区域、方法等方面突出的特点。

介绍雄安物产的，如：

> 光淀的篮，大田庄的篓，漾堤口打迷房儿显身手。
>
> 关城的菱角，同口的米，王家寨的荷花，白洋淀的水，新安的艚船下了天津卫。
>
> 西昝的姑娘会上树，五柳的姑娘会织布，米家务的姑娘红眼铁屁股。

谚语介绍了雄县三个村子的支柱产业：西昝人种果树，五柳人织布，米家务人扎纸花。

> 金圈头，银淀头，铁打的采蒲台。

这是三个水产丰富、经济发达的大水村。

介绍雄安人生礼俗的，如：

姑的鞋，姨的袜，姥姥的两头衩。

说的是容城县习俗，婴儿满月时亲属根据亲缘关系送上不同的礼物，“两头衩”指裤子。

很多生产谚运用了排比，对生产项目或细节进行了罗列，让人对这些内容有一个整体认知。如：

春鲂、夏刀、迎霜后，开河的鲫瓜赛猪肉。

谚语介绍了鲂鱼、刀鱼、厚鱼和鲫瓜最好吃的季节，反映出白洋淀人对鱼的了解细致入微，食鱼的历史悠久。

风钩、雨卡、晒死人的小箔。

谚语列举了“下钩”“下卡”“闸箔”三种渔法，比较的是三者不同的天气条件。

头刀韭，谢花藕，新娶的媳妇，黄花妞。

排比列出了四种事物最为新鲜的时节，定语“谢花”明确了莲藕的成熟时间，即荷花凋谢的时候。

（七）顶真

顶真用前面句子末尾的成分作为后面句子开头的成分，前后相续，上递下接，环环相扣，以突出事物之间的联系。在雄安熟语中，顶真只在谚语中有运用，其他熟语类别由于形体相对较短，没有用到这种修辞格。

苇是淀中宝，淀是聚宝盆。

从“苇”到“淀”，从“淀”到“聚宝盆”，说明了白洋淀聚宝盆这一论断的依据，令人信服。此谚语反映出淀区人以芦苇为主要生产原料、在水淀中捕捞水产的生产习俗。

种地不如打鱼，打鱼不如织席。

从“种地”到“打鱼”再到“织席”，突出了苇编在当地经济生产中的重要地位。

大鱼吃小鱼，小鱼吃虾米，虾米吃青泥。

描写对象从大到小、从强到弱，层层推进，“大鱼—小鱼—虾米—青泥”，揭示了水中生物之间的食物链关系，顶真的运用在内容和形式两个方面都给人流畅明快的美感，其地方性和趣味性异常凸显。

此外，雄安熟语中与民俗相关的还有少量的借代。“涝不涝谭城庙”用“谭城庙会”代指该庙会的时间农历六月二十四，反映了雄安暑期水患频发的气候特点，同时突出了水患发生的关键节点；“穿心杠子一溜烟”借抬棺材的杠子来指代抬棺材的队伍。

个别谚语或俗语运用了比兴手法，其“兴”的部分是所要表述的事理，“比”的部分用以做陪衬，用来作比的事物也会有一定的地域特色。如谚语“呱呱鸡尾巴长，娶了媳妇忘了娘”，同样的意思在雄安周边地区表述为“马尾鹊尾巴长，娶了媳妇忘了娘”。其中的“呱呱鸡”即苇莺，是常年生活在白洋淀芦苇丛中的小型鸟类，鸣声似连续不断的“呱呱吉——”，因此而得名。此谚语反映了淀区芦苇荡中的生态状况。“一个鱼俩眼，光吃没攒”是水乡独有的一条俗语，鱼的身体很简单，没有胳膊腿，眼睛是最明显的部位，以鱼来起兴，足以说明当地人对鱼的熟悉程度以及鱼在其生活中的特别地位。少量的雄安谚语以回文方式体现民俗，如“水要鱼养，鱼要水养”，从水到鱼，又从鱼到水，说明并强调了鱼和水不可分离的密切关系，由此也可以看出雄安人对养鱼的熟识程度，渔业生产在其生活中的重要地位不言而喻。

第四章　雄安熟语中的生产民俗

第一节　从雄安熟语看雄安生产之水旱兼备特征

白洋淀的存在，让雄安地区拥有了特殊的自然地理环境和物质资源，环境与资源决定了当地人特殊的生产方式，而生产方式又在语言中沉淀，以熟语的形式留存在民众的记忆之中。在雄安人创造的生产类熟语中，有很多都书写了渔猎、舟船、苇编等民俗，具有鲜明的北方水乡之水旱兼备性。透过这些熟语，我们可以领略到这一地区独特的地域文化风貌。

一、雄安农业区划概况

雄安地貌分为平原和湖泊，白洋淀占了全部面积约五分之一的比重，于是有水区和旱区之分。为了加以区分，人们创造了“下地”和“上地”的说法，前者指水区，后者指旱区，因水区的地势明显低于旱区。不同的自然地理条件，造成了生产方式的多样化。雄安农业区划格局，分为淀区、淀边区、旱区。旱区是纯农耕区，淀区是纯渔苇（渔猎和苇编）区，而淀边区则是农、渔、苇混合区，在大张庄、李广、同口、端村、关城、刘李庄、寨里、新安等地，堤里是耕地，堤外是苇田、水淀，农耕与渔苇双作业。雄安的农耕和渔苇并行，这在我们收集到的雄安熟语中多有体现。

二、雄安生产之“水旱兼济”

农耕和渔苇都是雄安人养家致富的途径，就雄安整个区划来说，农耕、渔苇并重，于是我们找到了大量的农耕熟语，也发现了大量的渔苇熟语，两类熟语的数量不相上下。无论是农耕熟语，还是渔苇熟语，都可分为两类：一类从宏观层面强调了农耕或渔苇的特殊意义；一类总结了农耕或渔苇生产的细节，其语义范围或涵盖了关于整地、选种、育苗、收割等农耕作业的全过程，或以渔猎对象、鱼性、打鱼之法、养鱼方法等为内容，或讲述芦苇养护、芦苇制品品种以及织席打箔的工序，等等。

（一）宏观层面

旱区重视农业生产，所以人们强调的是“种棉有衣穿，种田有饭吃”。旱区土地肥沃，以农耕为主，雄安平原是重要的粮棉产区。而到了淀区，情况就大不一样了。白洋淀地区耕地相对较少，但鱼虾蟹蚌等水产丰富，同时还生长着品质优良的成片的芦苇。白洋淀人民凭借自己高超的打鱼捕虾和织席编篓的技能养家糊口，他们将捕捞上来的鱼虾和编织成的席篓拿到集市上卖钱，再去购买所需的粮食和生产生活用品。渔业和苇编在淀区是主要经济产业，打鱼或织席完全能够养家糊口，我们发现渔业与苇编一起出现在熟语里，如“打鱼摸虾能养一家，织席编篓能养八口”。白洋淀历史上还形成了一批特色生产专业村，有的以下钩著称，有的以下篮出名，有的以织网著名，有的以织席闻名，有的以编篓为主，有的以打苇箔为生，等等。淀边区既有水又有地，“进可攻退可守”，即使发生旱涝也不愁。淀边人家“春日无水时，操作农事，夏季山洪暴涨，入秋则捕捞鱼鲜，并以割苇采藕、采菱、养鸭以及夏日充船工冬日撑冰床为副业”①。淀边的人们说：“涝了吃鱼，旱了吃面。”“涝了吃小鱼儿，旱了吃地梨儿，不涝不旱织小席儿。”老天赐予的天然条件，让人们乐观而达观。旱区和淀区的男女分工也是不同的，旱区讲究“人要富，男耕田女织布”，而到了淀区则是“男人打鱼，女人织席”。有趣的是，旱区和水区为了强调农耕或渔苇的生产地位，还会故意贬低另一方。以农耕为主的旱区，如果一个人爱好水产捕捞，就会被当地人看作是不务正业，于是有谚语“打鱼摸虾，误了庄稼”；而在以渔苇为主业的水区，人们将打鱼织席跟种地进行比较，总结出了谚语“种地不如打鱼，打鱼不如织席”，这一观点当然在旱区是不被认可的。“鱼，鱼，驮面的驴。”鱼是水区打的，面是旱区产的，从这条饮食谚也可窥见雄安水旱交融的特点。

---

① （民国）张元第著，天津人民出版社 1995 年点校：《河北省渔业志》，载河北省地方志编纂委员会《河北省志·水产志》，天津：天津人民出版社，1996 年，第 253 页。

（二）微观层面

很多熟语反映了农耕、渔苇生产的细节，我们在后边的章节会做详细介绍和分析，包括旱区和水区生产项目，农作物、芦苇和鱼类品种，生产禁忌，等等。

三、雄安生产之“水旱相连”

在雄安熟语中，我们还发现很多熟语将旱区生产和水区劳作进行对比或类比，显示出二者的紧密关系，如“庄稼人看天，打鱼人看潮”或“庄稼人看天，打鱼人看浪花”，将农人与渔人这两种职业身份并论；“猎人知兽性，渔民知鱼情”，将猎人与渔民这两种身份并提；“养鱼不可缺水，种田不可无林”，在养鱼跟种田、水和林之间建立起关联；“铁杆儿庄稼”用旱区的庄稼做喻体来说明芦苇的价值，则体现出庄稼与芦苇在人们眼中都是很重要的作物。下面再举几例：

（一）“岸上高粱戴红帽，淀里螃蟹顶盖儿肥”——农作物关联水产品

白洋淀周围经常发生水涝，盐碱含量高，适合种植高粱。“戴红帽”即高粱秀穗，高粱籽粒的外壳为红色，秀穗的高粱就好像顶上了小红帽。此时正是农历八月份，白洋淀的螃蟹膏满肉肥，正是吃蟹的好时节。可巧的是，螃蟹以高粱米为食，淀里的螃蟹会成群结队地爬到高粱秆上，于是雄安人又创造了一条歇后语“螃蟹吃高粱——顺秆（杆）儿爬”。

（二）“太阳照门里吃新米，太阳照门外吃新麦”——水区作物关联旱区作物

这是在总结天气现象与收成的关系时，雄安人创作的一条有预兆意义的农谚。这一条与日照高度相关的谚语，充分反映出雄安粮食作物的特点，即水稻与小麦兼种。小麦分布在旱区，而水稻只在白洋淀周边地区低洼之处才有种植。我国所处的北半球，到了夏至季节，太阳直射北回归线，太阳照射的高度角最大；而到了冬至季节，太阳直射南回归线，太阳照射的高度角最小。雄安居民的房子一般是坐北朝南，6 月份正是太阳高度角大的时候，太阳光线照不到门里，只能照在门外，这时正是新小麦刚刚收割完的季节，所以这时就吃上新麦了；过了 6 月份，太阳高度角一天天变小，越来越多的光线斜射进屋门里，渐渐进入秋天，就到了稻米收割的季节了，这时就能吃上新米了。这条谚语还可简化为“门里吃米，门外吃面”，这里的“面”，特指小麦磨成的面粉。

（三）“堤内损失堤外补”——堤内收获关联堤外生产

谚语“堤内损失堤外补”在雄安地区具有现实意义。白洋淀周边，堤防环绕，东有千里堤，南有淀南新堤，南及西南有四门堤、唐河南北堤，西面有障水埝，北有新安北堤。①堤内的田地是旱田，用以种植庄稼，堤外就是白洋淀的苇田和淀泊。“堤内损失堤外补”这句话对于白洋淀地区来说，就是堤内的粮食因为洪涝损失了，就用堤外的芦苇产品、鱼虾蟹蚌等来弥补。特别是淀边的堤上村庄更是这样，这些村庄既有堤内的旱田，也有堤外的苇田和水域，属于水旱“两栖”。这句谚语也适用于白洋淀一些水村，在计划经济时代，邵庄子、刘庄子、王家寨等水区村庄修筑了环形小堤，围水造田（这些小堤很多至今还在）。当时小堤上都建有排水站，把堤内多余的水排到堤外，使堤内壕沟的水位保持在安全的位置，堤内田地里种植小麦、玉米、豆类等农作物和瓜果蔬菜等，堤内壕沟里养殖鱼虾蟹蚌。而小堤也有决口的时候，洪水奔腾而入，堤里跟堤外的水面很快就流平了，马上就要收割的农作物全都被水淹没，只能从芦苇和鱼虾上去弥补了。这条谚语的意思后来引申，泛指一方面受到损失就从另外的方面去弥补。

（四）行船与农耕的联系

船与渔猎关系密切，船也是运输芦苇及其制品的交通工具，离开船，渔业和苇业寸步难行。俗语“插个揽船橛子都发芽”是雄安人形容土地肥沃的一个说法。“揽船橛子”是用来固定船只，以免其离岸漂走的短木棍，是使船人必备的物件；而土地肥沃、作物或植物能否发芽，则是旱区农人关注的话题，一水一旱就这么自然地融合到一条熟语里来。此条俗语更能说明雄安水旱兼营的生产特征。“揽船橛子”还真有发芽的时候，水区土地湿润，如果“揽船橛子”碰巧是一根刚从树上掰下来的树枝，发芽是不成问题的。

接下来的几节，我们将对雄安熟语中的农耕、苇编、渔猎、造船等生产民俗进行梳理和总结。

---

① 安新县地方志办公室编：《白洋淀志》，北京：中国书店，1996年，第240页。

第二节　雄安熟语中的农耕民俗

雄安新区位于沃野千里的冀中大平原，多条河流从太行山发源，一路向东流淌，汇聚到白洋淀后再东流经海河入海，形成了白洋淀水系。这里的土地得到了水的滋养，气候四季分明，非常适宜农业的发展。几千年来，人们祖祖辈辈在这片富饶的土地上辛勤耕耘，创造出灿烂的农业文明，形成了深厚的农耕文化。一如传统的中国农民，雄安人民高度重视农业生产，“以农为本”是世代相传的思想观念。谚语“七十二行，庄稼为王”就足以说明农事在人们心目中的地位。

一、丰富多样的农作物品种

雄安所辖地区农业作物种类多样，既有北方当家品种小麦、高粱、谷子，也有地方特有的水稻、大麦、烟草、麻、益母草等。这些作物品种在雄安农事谚语中得到了集中体现。

我们仔细梳理雄安农谚，发现其中提到的农作物有小麦、水稻、谷子、高粱、玉米、荞麦、大麦、豆类、麻、芝麻、瓜等。针对不同的作物品种，雄安谚语对其播种、养护、施肥、灾害、收割等环节都有精微的总结。

（一）粮食作物

1. 小麦

小麦是雄安所辖地区最重要的粮食作物，除去旱区，水乡在干淀年份也曾大规模种植。关于小麦这一作物，从熟语中我们可以看到雄安人在灌溉、天气、生长、麦种等方面的经验做法。

首先，小麦需要灌溉。“寸麦吃大水。”“寸”和“大”形成对比，极言小麦这种作物对灌溉的要求。其次，小麦生长期长，不同阶段对天气有着不同的要求。“小麦有六怕：一月怕暖，二月怕寒，三月怕霜，四月怕雾，五月怕热风，六月怕连阴。”雄安的小麦是越冬小麦，一月尚在冬季，如果气温太高，细菌繁殖，病虫害多；二月三月小麦返青，如果遇上霜雪，返青受到影响；四月正是小麦迅速生长期，雾天光照少，小麦长速会受影响；五月正是小麦灌浆的时候，如果碰上干热风，还未饱满的籽粒就会过早地被吹干，而且秸秆容易倒伏，严重影响收成；六月是小麦成熟的关键期，需要充足且强烈的日照，连阴天对籽粒成熟和干燥非常不利。

再次，关乎小麦收成的一个关键期是小满。“小满不满，麦有一险。”如果到了小满节气，麦粒还没有灌满浆，当年的收成会受很大影响。在北方，“小满”这一节气名与小麦种植有着一定关联。小满在五月中下旬，这个时候小麦等夏熟作物的籽粒开始灌浆，逐渐饱满，但还没有完全成熟，所以叫“小满”，即还未大满。在小满的这一时段，如果麦粒不能顺利灌浆，成熟后的籽粒就会干瘪，因而影响收成。

最后，关于小麦的品种。“麦收短秆，豆打长秧。”麦秆越矮穗头越饱满，而且矮秆抗风，即使遇到干热风，倒伏的也少，损失相对较小。

2. 水稻

白洋淀地区有“鱼米之乡”的美誉，水稻是非常重要的种植作物。雄安的水稻种植“始于宋太平兴国年间，何承矩引进江东优良稻种，教给农民种植”[①]。到了明清时期，已有大面积播种。雄安的水稻又叫“淀稻”，这种稻子的特点是“在生长期间具有特殊的补偿能力，水位缓长时它能快速生长，可免没穗绝产”[②]。过去安新县同口的稻米品质最好，谚语有证：“关城的菱角，同口的米，王家寨的荷花，白洋淀的水，新安的艚船下了天津卫。”

反映水稻种植的熟语很多，关于育苗、插秧、收割都有记录，我们这里仅举出一例，其他后边再详解。“小满栽秧家巴家，芒种栽秧遍天下。”“家巴家”，方言，指少数人家。[③] 谚语的意思是，小满时节插秧的很少，大面积的插秧要等到芒种以后。由此可以看出水稻种植在当地是相当普遍的。水稻原粮称稻谷，脱壳后称大米、稻米、白米，粥饭皆宜。稻草用途较广，可打草绳、织草袋和草帘、做床垫等。

3. 谷子

在过去，谷子也是雄安地区的重要粮食作物。原粮加工后是小米，秸秆可

---

① 安新县地方志编纂委员会编：《安新县志》，北京：新华出版社，2000年，第293页。

② 安新县地方志办公室编：《白洋淀志》，北京：中国书店，1996年，第173页。

③ 中国民间文学集成全国编辑委员会、中国民间文学集成河北卷编辑委员会编：《中国谚语集成·河北卷》，北京：中国社会科学出版社，1992年，第614页。

做耕畜饲料；原粮脱粒后的谷糠，是喂养猪鸡的好饲料；打场扬弃的谷秕子，民间经常用来填充枕头。关于谷子这一作物，从熟语中我们可以看到雄安人在田地处理、植株密度、生长期等方面的经验。

首先，种植谷子的田地，不能“连茬”。“重茬玉茭连茬谷，年年守着庄稼哭。”“地里谷茬收个净，来年不生虫和病。”其原因是地里的谷茬中隐藏着病虫，对新谷子的生长非常不利。

其次，谷子需要密植。“密倒高粱稀倒谷。”高粱秆高，如果密植，遇到大风时阻力加大，容易被吹倒，所以种高粱种得要稀疏一些；谷子秆矮且细，如果种稀了，由于彼此不能互相支撑，就更容易倒伏，所以种谷应该密植。

再次，关于谷子的生长关键期。谷子发芽在小暑，“小暑谷露头”，但发芽的谷子未必能成活。“谷蹲青苗麦蹲芽”，播种之后，小麦只要发了芽，就说明苗活了，而谷子却要等青苗长出来，才算保住。

4. 玉米

玉米在雄安民间被称为“棒子”，雄安有歇后语“水涝棒子——光闹嘴儿”，反映了当地玉米生长环境的一个特点，那就是玉米经常被水泡。为什么呢，受白洋淀的影响，雄安地区降水量相对较大，夏秋经常有水涝现象，而这两季正是玉米快速生长的季节。“水涝棒子”，即被大水泡过的长在地里的玉米，这种玉米的籽实因水泡不灌浆或灌浆不满，只剩下玉米粒的尖儿，即“嘴儿”，所以说“光闹嘴儿”。通过这条歇后语，我们还可以发现雄安庄稼收成受降水的影响很大。过去，白洋淀地区十年九涝，在白洋淀周边地区庄稼被泡是常见现象，庄稼收成没有保障，沿岸人民年年都要提心吊胆，洪水一来庄稼有种无收，一年的口粮就没了。

5. 高粱

高粱的生命力顽强，耐盐碱的能力很强。白洋淀附近地势低洼，土质盐碱较重，过去这一带高粱种植面积很大。“高粱地里带禾子——一路货。”“禾子”即禾苗，“一路货”相当于沆瀣一气，这条歇后语反映了当地既种高粱也种稻子的生产习俗。而笑话人土气的俗语“满脑袋高粱花子”，则从侧面反映出农村普遍种高粱的习俗。

高粱种植较多的一个原因是：高粱浑身是宝，既可用于饮食，也可用于制作生活用具。高粱米可以用来熬粥，还可酿制高粱酒、高粱醋，磨成面粉可蒸窝头、贴饼子。高粱秸秆可用于编篱笆，还可打成秫秸箔，破轧成篾片编织秫秸席。高粱秸秆最上端的莛秆，是做锅盖、篦帘、托盘等家用物件的上好材料。高粱穗脱粒后可刨制扫地扫炕的笤帚。高粱种植较多的另一个原因，跟该地经常水涝的自然条件有关。“高粱扛枪，气死龙王。”这是关于高粱耐涝习性的一条谚语。高粱这种作物秆株高大，而且耐涝。为了冲抵洪水可能带来的风险，淀中村和淀边村的人们就选择种植高粱。白洋淀地区发洪水一般是8月份，这时高粱已经秀穗，“扛枪”指高粱秀穗，高粱的穗子红色、直立向上，很像绑着红缨的枪头。高粱一旦秀穗，再大的洪水也不会影响产量，所以说“气死龙王”——民间传说龙王主降水。

高粱一般与棉田套种、与豆类间作，有“高粱套黑豆，能打一石六”之说。

6. 其他粮食作物

荞麦，雄安地区把荞麦又叫“棱子”。“头伏萝卜，二伏菜，三伏点荞麦。”雄安的荞麦种植多为零星分布。荞麦面的含糖量低，食用后亦有饱腹感，成为糖尿病患者主食的无奈之选。荞麦皮性温凉，有安神静性之功效，是填充枕头的上好材料。另外还有大麦，如熟语“大麦浇头水儿，人们打个盹儿”。

豆类。“谷雨前后，种瓜点豆。”雄安的豆类品种多样，以大豆为代表。在雄安一带大豆被叫作黄豆。大豆主要是用来磨豆浆、做豆腐。杂豆，在雄安地区主要有豌豆、红小豆、绿豆等多个品种，种植面广而零星。人们习惯用小豆与高粱米、大米一起煮稀饭，过年时做豆沙馅儿、蒸豆包，端午节包粽子。绿豆可与多种作物间作混作，不多占地且能养地。① 夏季人们常用绿豆煮汤，以之消暑，也用来熬粥，还以绿豆为原料制作杂面条、绿豆糕。黄豆和绿豆都是生发豆芽菜的原料。

（二）经济作物

雄安种植的经济作物主要有棉花、麻、烟叶等。

棉花曾是北方人服装的主要原料，雄安当地流传着谚语：“种棉有衣穿，种田有饭吃。”过去雄安所辖地区曾经是棉花产区，人们纺棉花，用棉纱织布，附近的高阳从古至今都是著名的纺织之乡，如熟语“村连村，户连户，高阳人会

---

① 河北省地方志编纂委员会编：《河北省志·民俗志》，石家庄：河北人民出版社 2013 年，第10页。

织布”。棉花种植对土地的要求是不能连茬，如熟语“地里棉秸拣个净，来年不生虫和病”。关于棉花的生长期，人们也有谚语总结，如“花见花四十八”，意思是棉花从花蕾开放到棉桃绽开，大致需四十八天。过去棉花的用途很广，纤维用于纺纱、做棉絮，棉籽用于榨油①，棉籽粕是上好的饲料和肥料，棉秸当柴烧。

“清明麻，谷雨花，立夏栽稻点芝麻。”一条谚语说出了麻、棉花、水稻、芝麻四种作物。旧时雄县东南部低洼易涝，是麻的种植和加工基地，“1974 年曾播种 3.24 万亩，总产达到 152.28 万公斤”②。麻有两个品种，青麻（又名苘麻）和红麻。麻在当地用途很广，一是编成细麻绳，做钱串儿用（用来穿铜钱），二是搓成麻绳，用于打箔或捆束东西。

烟叶也是雄安所辖区域的经济作物，当地人对烟草种植很有经验：“栽烟栽夹儿。”夹儿，指叶片，烟苗只有当两片叶子抱在一起时最好成活。“深栽茄子，浅栽烟”，通过跟茄子对比，告诉我们栽烟的深度。

（三）蔬菜

旧时，人们的饮食水平不高，民间对于蔬菜的价值认识不够，蔬菜品种比较单一，种植面积也不成规模。“宅院有地多种菜，除了自吃还可卖。”出于日常饮食下饭的需要，旱区和水区都有蔬菜种植。过去的菜多在院子里种植，常见的品种有葱、蒜、大白菜、茄子、韭菜等。“种蒜不出九，出九长独头”“夏至拔蒜，不拔掉蛋”“立夏不刨蒜，必定下个蛋”，三条农谚总结了栽种和收获大蒜的最佳时节，其中的“蛋”指独头蒜。当土壤养分不足或光照不足或温度过低时，大蒜不容易分瓣而成为独头蒜。“触露不掐葵，日中不剪韭”，意思是说早上不要采摘向日葵，中午不要割韭菜。“茄子栽花”，指茄子秧上带花时栽种正合时。③ “茄子老了一兜籽，南瓜老了是面的”，告诉人们茄子要吃嫩的，南瓜要吃老的。“砘子响，苣菜长。”砘子，耩完地后用以压实松土的石制农具，一根木轴，两端各有一个石制的扁圆形石头。“砘子响”，指的是种小麦的时候，

---

① 棉籽榨的油叫棉籽油，也叫卫生油。

② 雄县县志编纂委员会编：《雄县志》，北京：中国社会科学出版社，1992 年，第 294 页。

③ 中国民间文学集成全国编辑委员会、中国民间文学集成河北卷编辑委员会编：《中国谚语集成·河北卷》，北京：中国社会科学出版社，1992 年，第 765 页。

这时正是苣菜迅速生长的时节，这里将两种作物生产相提并论。其他地方还有“砘子响，萝卜长”之说，相近的内容，不同的比较，反映出不同地域蔬菜栽种时间的区别。“谷雨前后，种瓜点豆。”雄安的瓜类很多，菜瓜、冬瓜、南瓜、瓶子瓜①、北瓜②等，既可当蔬菜，也可当水果。前文提到，过去民间蔬菜种植规模很小，但是，我们在雄安谚语中却发现了一个宝贵的信息：“西昝的姑娘会上树，五柳的姑娘会织布，板家窝的姑娘会打辘轳。”“板家窝”是雄县的一个村镇，位于雄县城东北 18.9 千米处。“打辘轳”就是用辘轳提水浇园，即灌溉蔬菜。这条谚语是该地人民旧时普遍从事蔬菜种植的宝贵记录。

二、农民靠土地——宝贵的田地

（一）土地的养护管理

农民对土地有着深厚的感情，视土地如生命，土地是财富，更是希望。土地是农业种植业不可或缺的资源，雄安农谚有“农民靠土地，渔民靠网船”之说。

1. 重视土地的肥力

俗话说：“人不养地，地不养人。”“人不亏地皮，地不亏肚皮。”两条谚语都用回环的形式说明了人与土地的紧密关系。那么，怎么养地呢？“你有千担粮，我有豆茬地。”大豆有固氮的作用，种植过大豆的土壤地力很强。他地还有农谚：“你有豆茬地，我有紫穗槐。”紫穗槐的根部也有固氨作用，该谚语将紫穗槐与豆茬地相提并论，足以说明豆茬地的地力之强。

2. 合理开发利用洼地

白洋淀周边地势低，加之降水丰沛，形成了很多地势低洼的庄稼地，当地的耕种受自然气候影响很大。“干耕碱，湿耕沙，不干不湿耕黏洼。”此条谚语反映了雄安所辖区域的土质状况。因水患频发，当地既有盐碱地、沙土地，还有湿黏的洼地。盐碱地种高粱，沙土地播种花生、西瓜等，黏洼地在水大的时候不能种任何作物，只有等水沥干后才能耕种。

过去白洋淀地区十年九涝，在低洼的土地上种庄稼，会有很大的风险，一场大水就可能颗粒无收。但是，高风险往往伴随着高收益，正因为经常发生洪

---

① 瓶子瓜，一种甜瓜，形体像长条的玻璃瓶。

② 北瓜，一种长条状的南瓜，黑绿色。

涝，这些低洼地很是肥沃，庄稼长势往往会很好，只要作物没有被水淹没，就会获得大丰收，于是有了一条非常具有地方色彩且幽默风趣的歇后语："种洼地，贩私盐——逮住一年是一年。"在过去，食盐这种老百姓每天都不可或缺的商品是政府专卖的，贩卖私盐是犯法行为，风险性极高。但是假如私盐贩子侥幸没有被政府查住，那卖私盐获取的利润可是相当丰厚的，所以总会有人铤而走险。于是，白洋淀人就把种洼地与卖私盐这两种高风险高回报的事情放在一起，总结出了这条谚语，体现了白洋淀人敢于冒险的精神。"金龙湾、银道务、铁打的葛各庄。"龙湾、道务、葛各庄是位于雄县东南部的三个村庄，境内有东大洼，土地肥沃，古时候是当地的主要产粮区，故以"金""银""铁"来比喻这三大村庄的富裕程度。

在洼地当中，"文安洼"是最有名也是最大的一片。"收了文安洼，粮食没法拉。"与此谚相关的还有一条谚语是："收了文安洼，十年不离家。"文安洼西起白洋淀，主体位于河北廊坊地区文安县，总面积约1600平方千米，是河北八大洼淀之一。古时候这一洼地与白洋淀共同构成抵御外敌的塘泺防线。这里土质肥沃，一旦洼里的水沥尽，人们就会抓紧机会在洼里种上庄稼，只要庄稼不再泡水，就能大获丰收。所谓"粮食没法拉"，犹言粮食产量之高。现在，文安洼已经得到治理，成为河北著名的沃土区。

"台田撒熟土，一亩顶两亩。"白洋淀周边地区的土壤盐碱含量很高，为了开辟耕地，人们发明了"台田"，就是在地面上挖开宽而深的沟，高出的部分即是台田。放置一段时间后，台田土壤里的盐碱逐渐下渗，变为良田。

此外，关于土地，还有丈量的谚语："长十六（弓），短十五，不多不少整一亩。"新中国成立以前，民间通行以弓①丈量，20世纪50年代以后，才统一以亩计量土地。

（二）耕地、耪地

"惊蛰地气通。""二月二龙抬头，大家小户使耕牛。"雄安地处北方，一般农历二月初开始春耕。秋收之后，要进行秋耕，讲究"秋后犁一寸，顶上一茬粪"。

耪地，也叫锄地，即用锄翻松土地。多年的农耕经验告诉雄安人，耪地对

① 弓，一种用于丈量土地的器具，用木制成，形状似弓，两端距离是五尺，也叫步弓。

作物生长和收获非常重要，其作用有三：一是去除杂草，庄稼“边锄边长，不锄不长”；二是疏松土壤，土壤疏松了水分蒸发便随之减少，有利于保墒，俗话说“锄头底下三分水，天旱锄勤苗不萎”；三是间苗，雄安民间有“间苗一寸，强如上粪”和“苗耪寸，顶茬粪”之说，看似夸张，其实是经验之谈。

一般的农作物都要耪，耪地直接关乎收成：“秋粮出在锄头上，多锄勤锄多打粮。”“弯腰勤，地不贫。”弯腰就包括耪地。大田作物，如小麦、玉米、高粱、谷子、大豆等，一般要耪三遍，如农谚“小麦锄三遍，隔着麸皮看见面”。耪地是有讲究的，农谚说得好：“头遍苗，二遍草，三遍顺着垄沟跑。”“头遍浅，二遍深，三遍把土壅到根。”① 农田耪的遍数越多，农作物的籽粒就越饱满。耪地分为旱耪和涝耪，“旱耪地，涝浇园”，旱耪利于保墒，涝耪可以排涝除湿，增加土壤的温度，促进禾苗的生长。不同的作物，耪地次数要求不同，雄安谚语总结为“三遍高粱四遍谷”“七遍谷子，八遍花”。

三、宁扔一簸箕灰，不扔一泡尿——积肥施肥

（一）肥的作用

“庄稼一枝花，全靠肥当家。”这句在大江南北广为流传的谚语在雄安也是家喻户晓。农业生产离不开“肥”，没有肥，土地就没有生产力，庄稼就没有好收成。在雄安熟语中，有关给庄稼施用粪肥的还有不少，比如“种地不上粪，等于瞎胡混”“粪大水勤，不用问人”“菜要油炒，地要粪保”“春天粪满缸，秋天谷满仓”等。

（二）肥的来源

在化肥还没有广泛使用的年代，雄安农民种地都是使用农家肥。农家肥的来源主要有三个：人类粪便、牲口粪便、草木灰。

在有机肥料当中，用量最大、肥力最强的当属人肥，即人类粪便。“宁扔一簸箕灰，不扔一泡尿（suī）。”灰，就是草木灰，植物（草本和木本植物）燃烧后的残余物，一般是指烧柴后留下的灰烬，属于质地疏松的速效性钾肥，含有钙、镁、硫、磷、铁元素，是传统农业生产中的重要肥源。“泡”，方言，量词，用于人或动物排尿或屎。所谓“尿”（suī），指人或牲畜的尿液，这里指人的

① 壅，把土或肥料培在植物的根上。壅土，可以有效防止作物倒伏。

尿。尿中含有尿素，肥效很快。

草木灰和尿，都是很好的农家肥，对于庄稼施肥而言，尿比草木灰更重要，所以这里用了选择复句形式。旧时，早上做饭之前，人们先从锅台下掏出前一天的草木灰，然后把夜里一家人的尿倒入灰里，兜出去扔到灰粪堆里。这些含尿的草木灰发酵一段时间，就是不错的农家肥。农村还有一句谚语叫作“肥水不流外人田”。过去人们即使出门在外，有了屎尿也尽量憋着，等回家来再上厕所。白洋淀水区由于居住院落狭窄，一般人家不设置茅厕，村里在不同方位建几处公厕，并安排专人负责“锄茅厕”。锄茅厕的人每天早晨从茅厕周围人家收集灶膛里的草木灰，将灰覆盖在茅厕的粪便上，然后连灰带粪一起清理。当然，这些都是过去的做法，如今人肥没有了用场，各村都建起了干净的环保公厕，很多有条件的人家里还用上了冲水马桶，卫生条件得到极大改善。

农家肥还有一个主要来源是牲畜粪便。获得方式一是拾粪，一是起圈。过去生产队的时候，拾粪者以老人为主，也有小孩子，他们背上背筐，拿上粪叉或者铁锹，到路上去拾人畜粪便。经验告诉人们，大牲畜的粪肥力特别足：“一条牛的粪，三亩地的肥。”民间还有一句不太雅的歇后语：“母狗尿泡——攥拾粪的。”“攥”，方言，意思是欺骗，母狗尿尿的姿势跟拉屎相近，都是将两条后腿蹲下去，害得拾粪者傻等，于是便有了这一谐谑的说法。旱区人家一般在院子的西南角建有猪圈和茅厕，茅厕多是连着猪圈，等人畜的粪便积攒到一定程度就挖出来，叫“起圈”。

肥的另一个来源是土。“扫帚响，粪堆长。”意思是提醒人们勤扫地、扫炕就能积攒肥料。老炕土、老墙土中含有丰富的有机物，是很好的有机肥。过去政府号召积肥的时候，民间家家刨老炕、拆老墙。

（三）肥的使用

粪肥分生熟，施肥也有分别，所谓“冷粪果木热粪菜，生粪上地连根坏”。刚收集起来的粪肥，是生肥，即“冷粪”；经过晾晒之后才能变成熟肥，即“热粪”，大多数庄稼都得用热粪。旧时村里都有粪场，将冷粪按 1∶1 的比例加入黄土，再倒入一些水进行搅拌，然后把粪摊成二三厘米的厚度，一般一周左右就能晒干。①

① 关城张丑八：《关城曾经的拾粪人》，微信公众号“关城生活热点”2021-03-10 06:13。

（四）肥业经济

“农民看粪堆，商人看货堆。”粪堆虽然气味不佳，但在过去那可是丰收的希望，甚至与财富相连。白洋淀地区只有不多的庄稼地，所以用不完的粪肥就装船运到旱区出售。淀中村曾出现过拾粪专业户，一家人既拾粪又卖粪，靠出售粪肥生活。有意思的是，过去民间还有人当“粪霸”，这在当下是难以想象的。

四、麦好在种，稻好在秧——选种育苗

选种的传统方法是手选，俗称粒选，捡出小、瘪、坏及虫口破粒；还有风选、筛选，以除去尘沙草屑等杂物；再是水选，用盐水或泥浆水进行漂选，除去空秕粒。[①] 选种对农业收获至关重要，“选种忙几天，增产一年甜”。播前晒种是古老习俗。有经验的老农都知道，晒过的种子激活了种子的生长胞体，发芽快、芽势好。“选好种，晒得干，来年多打没黑疸。”“黑疸”即乌米，粮食作物的种子感染后，长不成应有的果实，农学叫黑穗病。病穗的中部膨大，内部组织由白变黑后开裂，乌米从苞叶内外伸，表面被覆的白膜也破裂开来，露出黑色丝状物及黑粉。高粱的乌米可以吃，过去孩子们经常到高粱地里找黑疸吃，由此还创造了一条谜语：“鼓肚弯腰，猜不着是草包。”

“庄稼管理连环套，丰收先看捉全苗。”“麦好在种，稻好在秧。”育秧对水稻种植特别重要。水稻育秧讲究时节，有所谓“苗不见暑”之说。具体说来，清明打畦，谷雨撒出芽稻籽，便不怕野鸭等禽类刨食，即所谓“清明打，谷雨撒，不怕鸭子，不怕爪（zhuǎ）”。

五、稙谷晚麦，不收别怪——播种（插秧）

不同的作物播种时间各不相同，只有把握好时间，才能保证收成。我们在雄安农谚中发现很多关于作物播种的经验，如：“清明高粱立夏谷。”“清明麻，谷雨花，立夏栽稻点芝麻。”“谷雨前后，种瓜点豆。”“谷雨棉花，立夏谷。”“立秋三天种白菜。”“枣芽发种棉花，小满花不回家。”

---

① 河北省地方志编纂委员会编：《河北省志·民俗志》，石家庄：河北人民出版社 2013 年，第 19 页。

“稙（当地人读 zhí）谷晚麦，不收别怪。”“稙”，早，稙谷即早种的谷子，这种谷子灌浆的时候正逢阴雨天气，容易发生倒青，籽粒难以饱满。晚麦，种得晚的麦子，北方的小麦要过冬，晚麦苗弱，不分蘖，影响生长速度。“头伏萝卜，二伏芥，三伏种白菜。”“头伏萝卜，二伏菜，三伏点荞麦。”这两条谚语提醒农民要把握好耕种的节奏。白菜适宜于冷凉气候条件栽培，雄安地区到了三伏后期，天气转凉，适合白菜生长。播种过早，天热干旱，长不好；播种过迟，生长期短，长不大。为什么三伏才种荞麦呢？荞麦是一种低产作物，好的田地一般不种，除非遇到旱涝灾害其他作物颗粒无收的时候，把它作为避灾填闲的作物，补种一些来挽回一点损失。荞麦具有很多优点：生长期非常短，60 天就可成熟；适应性最强，耐干旱耐贫瘠；播种期最晚，在三伏种荞麦并不算晚，于是就有了“三伏种荞麦”之说。麻子播种早，播种在惊蛰时节，清明前就要播种，“要想麻子收，铲冰把种丢”。当时背阴之处的冰还没有融化，所以要先“铲冰”再播种。小麦的播种很讲究时间：“白露早，寒露迟，秋分种麦正当时。”

插秧是水稻种植的关键环节，有一谚语对此比喻得非常形象：“收麦如拾宝，插秧赛赶考。”一般从小满就要完成插秧，如农谚“小满插齐秧，三分粮入仓”。

六、棉花立了秋，高矮一齐揪——定苗整枝

作物幼苗长出来以后，还要除掉多余的苗，留下有希望收获的苗，这叫定苗。一般的作物，除了小麦和水稻，都是偏稀忌密。① 农谚有“不稀不密，一季顶两季”“谷宜稀，麦宜稠，高粱地里卧下牛”“豆打稀，麦打齐”。

“立了秋，一齐揪。”“棉花立了秋，高矮一齐揪。”这是关于秋后棉花整枝的农谚。立秋后是棉花保伏桃、抓秋桃的重要时期，要打顶、整枝、去老叶、抹赘芽等，所以说“一齐揪”。这样做的目的是把养料都留给已经长出来的棉桃，促进棉花正常成熟吐絮。

---

① 河北省地方志编纂委员会编：《河北省志·民俗志》，石家庄：河北人民出版社 2013 年，第 29 页。

七、人靠血养，苗靠水活——灌溉

农田离不开水，任何作物都需要灌溉，特别是在夏秋季节，气温高，蒸发快。“七月八月地罗筛。”秋高气爽，地里水渗得快，蒸发也快，地皮干得也快，大地表面就好像一张硕大的罗，把水分都筛掉了。

“人靠血养，苗靠水活。”把水与人类的血液相比，充分表达了灌溉对于农业种植的重要意义。小麦需要不断地浇水。在小麦的种植过程中，每个环节都离不开水，在过去“靠天收”的年代，小麦产量很低，跟水的供应不足有着直接关系，于是有农谚“寸麦吃大水”。小麦灌溉，需要底墒水、分蘖水、越冬水、返青水、拔节水、抽穗水、灌浆水等。大麦喜湿但又怕涝，所以在大麦的生长期，灌溉的时机要把握好，旱时及时浇水，如果遇到田里积水则要及时排水，所以有谚语“大麦浇头水儿，人们打个盹儿”。

八、喔鸪叫，麦收到——收割

农业作物的收割和收藏都各有规律，这在雄安熟语中有很多反映。有些与节气相关，如“霜降不刨葱，葱心自来空”；有些是通过细心观察一年四季阳光、降水等的变化，结合农业生产的客观规律总结出来的，如“门里吃米，门外吃面”。

一般来讲，作物籽粒成熟才能收割，但是不同作物的生长期各不相同，有的需要早收，有的则要晚收，有的要夹生割，有的要等熟透了才能下镰。农民们在年复一年的生产劳动中掌握了收获规律，并将其用谚语的形式贮存起来。

（一）收割与作物的生熟

“谷子老了吃米，高粱老了吃糠。”这条谚语用了对比手法，意思是谷子要适当晚一些收割，而高粱要适当早一些收割。谷子如果收割过早，籽粒不饱满，秕粒较多；晚收割则籽粒饱满，产量也高。高粱则正相反。高粱成熟的过程分为籽粒形成期、乳熟期、蜡熟期、完熟期四个阶段，蜡熟期是高粱收获的最佳时期，晚收会出现籽粒养分倒流，粒重下降，影响产量。此外，到了完熟期，高粱粒实容易落粒，只剩下糠皮，所以说“高粱老了吃糠”。此外，“生砍高粱熟割谷”的农谚，可以看作两种作物收割经验表述的缩略版。

就小麦而言，宜早不宜迟。麦收时节的天气变化无常，此时正好进入初夏，狂风、暴雨、冰雹等强对流天气经常发生，小麦成熟期短，天气的变化直接影响到小麦最终产量，一旦抢收不及时，就可能让一年的辛苦白费。麦收是“龙口夺粮”（传说龙掌管雨水），必须“抢秋夺麦”或“争秋夺麦”。麦收是农民一年中最关键的时节，收割小麦是各种庄稼收获中时间要求最紧、劳动强度也最大的农家劳动。过去没有收割机，到了这个时候，乡村的中小学都放假，多么娇贵的人也要干点力所能及的活儿，多么富裕的人家也要拼死拼活地收麦、打麦，就是城里上班的工人也得请几天假回家收麦。“八成熟，十成收；十成熟，两成丢。”这是及时将小麦收打入仓的经验之谈①，将早收与晚收进行量化对比，非常有说服力。此外，强调尽早收麦的农谚还有“麦要夹生收，豆要摇铃割”。但是，这个“早”也是有限度的，过早也会影响收成。“麦子伤镰秕子多，谷子伤镰一把糠。”“伤镰”，即收割得过早，无论小麦还是谷子，都应该把握准收割的时机。

“麦熟一晌，瓜熟一时。”此条谚语强调了收割的紧迫性，提醒人们小麦和瓜要及时收割，否则一场大风刮来，或是一场雨下来，眼看到手的果实就可能毁于一旦。小麦和瓜这两种作物成熟起来很快，前晌看着还青的麦穗或瓜，暴晒半天就黄了、熟了，所以必须抓住时机，迅速抢收。外地还有一条谚语与之近似：“麦熟一晌，蚕老一时。”

（二）收割与节气

节气对作物生长的影响很大，春天“二月清明花开罢，三月清明花不开”，秋天则是“立秋十八日，寸草都结籽”。因此，有关收获的谚语总是离不开二十四节气的参与。

“喔鸪叫，麦收到。”雄安人称布谷鸟为“喔鸪”，喔鸪叫的时候正是芒种前后。“芒种三天见麦茬。”这是一条小麦收割的农谚，“三天”为虚指，意思是过不了多久。芒种节过后几天就有收割小麦的了，小麦收割后，人们自然就见到麦地里剩下的麦茬了。先割的麦子一般不是高产麦，这种麦子长在肥力不强且没有得到很好浇灌的土地上，往往是被太阳晒死的，属于“死熟”；而那些产量高的麦子，生长在肥力强、灌溉好的土地上，一般要等过了芒种节以后才会

① 河北省地方志编纂委员会编：《河北省志·民俗志》，石家庄：河北人民出版社，2013 年，第 32 页。

成熟。

“六月六看谷秀。”“谷秀”就是指庄稼抽穗开花，庄稼抽穗结穗的过程都统称之为“秀穗”。这里的“谷”不单纯是指谷子，还包括水稻、黍子、玉米、豆类等。农历六月初，气温上升，空气湿度加大，农作物进入迅速生长期，民间有到田间看庄稼长势的习俗。

“去暑斫黍，白露割谷。”去暑，即处暑[①]，在公历8月23日左右，此时暑气消退，天气转凉，黍子也成熟了。“斫”，斩断。到了白露节气，就要收割谷子了，俗话说“谷到白露死”。

“七月十五，杀高粱割谷。”农历七月十五，大秋作物进入收割期，此时正是收割高粱和谷子的时候。收高粱，用镰削，留下禾（当地人读 há）茬，方言叫“杀”。[②]“杀”与“割”意思相近，但是低秆作物（如小麦、谷子、大豆等）一般用“割”字，只有收割高大的作物才用“杀”字，一般用于高粱和芝麻。“白露高粱到了家，秋分谷子离了洼”则道出了高粱和谷子的具体收获时间。

作物的收割时间一定要把握准，否则就会令人失望，正像一句农谚所言：“立冬不起菜，冻了你莫怪。”“起菜”，指收割大白菜，大白菜紧贴着地面长，所以用“起”。雄安一带，白菜收获一般在立冬时节，这个时候天气转冷，而且天气变化很快，容易来寒潮，今天还很暖和，明天可能就气温骤降，如果白菜没有及时收到家里，就会冻在地里而白白糟蹋了。这怪谁呢，怪就怪你自己没有把握好节气。

（三）收割与天气条件

天气对农耕劳动的影响太大，而过去又没有科学手段进行天气预测，人们只能靠观察风水云霓雨雪雷电，总结它们与丰歉的联系，寻找规律，然后以语言的形式贮存起来，流传给子孙后代。

冷与热对作物的收获影响很大。“春冷不收麦。”雄安春季有时会出现“倒春寒”，春寒会妨碍过了冬的小麦的正常生长，甚至将其冻死，严重影响收成。“冬雪是宝，春雪是草。”冬雪被称为瑞雪，所谓“瑞雪兆丰年”，而春天下雪意味着有春寒，小麦等越冬作物刚刚返青，遇上一场春雪，很多就会被冻死，而

① 容城县地方志编纂委员会编：《容城县志》，北京：方志出版社，1999年，第514页。

② 容城县地方志编纂委员会编：《容城县志》，北京：方志出版社，1999年，第514页。

荒草趁机生长起来。再如“冷收麦，热收秋，不冷不热收绿豆。”“立秋捂（指阴天），收晚谷。”“头伏热，打一捏；头伏凉，打一场。”“一捏”犹言极少，“一场”形容很多。

干旱和雨涝对收获的影响也很大。“老天爷，别下雨，收了麦子先给你。你吃瓤，我吃皮儿，剩下麸子喂小驴。”此谣谚内涵丰富，感情真挚动人，表层意思是害怕因雨水太多引发水涝灾害，深层含义则揭示了天地人和谐统一，相依相伴的关系，反映了劳动人民与天地万物共生的美好愿望。不同的庄稼对旱涝的要求不同，如“旱看高粱，雨看豆”。

昼夜之雨与收获的关系。“晚上下雨，白天晴，打的粮食没地方盛。”“没地方盛”用了夸张手法，极言收获之丰。

季节之雨与收获的关系。“春雨贵如油。”春天，各种植物都要出土了，冬小麦开始返青生长，这时非常需要雨水的滋润。而且，春雨不像夏雨或秋雨，不会造成洪涝。但是，春天的雨水又往往不是很多，所以有“春雨贵如油”的说法。“有钱难买五月旱，六月连雨吃饱饭。”阴历五月是小麦等粮食作物成熟收割的季节，这时候如果下雨会严重影响粮食成熟、收割、晾晒，所以人们盼望这个季节别下雨。但事与愿违，这个时节常常是狂风暴雨，甚至是冰雹突袭，把快要收割的小麦吹倒砸倒在田里，造成严重减产，所以人们说“有钱难买五月旱”。阴历六月时，秋季作物已经播种出苗，需要雨水灌溉，特别是玉米等喜欢高温高湿的粮食作物，所以人们就盼望这个时节多下雨，保证秋季大丰收，因此说“六月连雨吃饱饭”。“六月初一龙掉泪，新粮倒比陈粮贵。”农历六月初夏粮还未完全入库，如果下雨会影响收成，导致粮食价格上涨。

有的谚语总结了风与收成的关系，如“四月十八，风吹佛爷面，有粮也不见；风吹佛爷背，无粮也不贵”。“有粮不见”，指的是年景不好，粮食有种无收；“无粮不贵”，指的是好年景，粮价不高，百姓不愁粮吃。“清明刮了坟头土，庄稼老儿白受苦。”清明是上坟的日子，所以要说“坟头”，如果这几天风大，一年的收成都会受到影响。

九、庄稼忙，先打场——收藏

收割回来的粮食，在收藏之前需要“打场”。打场，即对带壳的粮食（小麦、稻谷、高粱等）脱粒的过程。“庄稼忙，先打场；买卖忙，先记账。”此条谚语用买卖作比充分说明了打场在农业生产中的重要地位。打场的场地要选在向阳、通风、开阔的地方，先把粮食摊开，使其水分蒸发，粮食干燥后对其碾压，使之脱去外壳。麦子上场后，要经过起垛、摊场、翻场、轧场、起场、扬场几道程序。①

“穷豆秸，富谷穰，再打几遍还有粮。”豆秸、谷穰分别是大豆、谷子脱粒以后的剩余物。过去在农村，没有现在的联合收割机，人们把收割的大豆、谷子、小麦等集中到麦场里统一脱粒，剩下的豆秸、谷穰、麦秸等还要再次敲打，为的是将其中残存的粒实抖搂出来，做到“颗粒归仓”。豆子颗粒大些，打豆时遗留在豆秸中的豆子就相对少一些，这时再次敲打豆秸也不会有多少收获，谷穰和麦秸则相反，因此就有了“穷豆秸、富谷穰”的说法。当然，我们也可以说此处用了互文手法，即无论豆秸还是谷穰，里边都有粒实，所以还要多打几遍。由这条谚语可以想见过去生产力水平很低时的农村劳动方式，以及劳动人民勤俭度日的艰难生活状况。

打场对各种作物的干湿要求也不尽相同：“干打高粱湿打谷，下着小雨碾稷黍。”高粱打场时，穗必须干透，否则脱粒的同时也会将壳打下来，造成粒中带壳；打谷时，最好潲水湿打，这样谷粒脱得干净利索，否则谷穗上的小枝杈也随着打下来，混到谷粒中很难清理干净。

第三节　雄安熟语中的苇事、采掘、林木种植和养殖民俗

一、织席编篓——苇事民俗

（一）芦苇在雄安的特殊价值

芦苇是白洋淀的一大特产，品种多达十几个，面积近 12 万亩，年产量近十万吨。白洋淀芦苇种植的历史悠久，早在北宋《太平寰宇记》中就有记载：“淀中有蒲柳多葭苇。”“一淀水，一淀银，一寸芦苇一寸金。”这条谚语用比喻和夸张的手法对白洋淀芦苇价值做出了高度而又客观的评价。芦苇用途广，经济价

① 河北省地方志编纂委员会编：《河北省志・民俗志》，石家庄：河北人民出版社 2013 年，第 32—33 页。

值高，淀区人用芦苇织席、打箔、编篓，后来也用于制作芦苇工艺品、造纸和饲料等。芦苇是白洋淀地区的主要经济作物，它不但保障了人们的基本生活，还让很多人富裕起来，因此有“铁杆儿庄稼”之美誉。庄稼是旱区农民经济来源，冠以“铁杆儿”三字是指稳赚不赔的庄稼，以此来说明芦苇的特殊价值。白洋淀地区耕地极少，农民的经济收入主要来源于渔猎和苇编，相比之下苇编的贡献比渔猎更大。水大的年头渔猎收益可观，而水小或干淀的年头，渔猎收获就十分有限了。而芦苇的生命力极其顽强，不用耕种，旱涝保收，苇席编织是水区群众增收致富的传统产业，作为原料的芦苇被淀区人民誉为“铁杆儿庄稼”也就不难理解了。

说到芦苇，不得不提一下“采蒲台”，这是一个淀中村，位于白洋淀东南，有谚语云：“安州的席，采蒲台的苇，圈头的鱼虾端村的嘴，赵北口的鱼汤喝了不后悔。”采蒲台因出产高品质的芦苇而闻名淀区，其苇高大挺拔，像小玉米一样粗壮，要不是亲眼所见，我们真不敢相信这竟然也是芦苇。孙犁先生在抗战时期曾到过采蒲台，创作了《采蒲台》和《采蒲台的苇》两篇作品。

（二）芦苇的管护和收割

芦苇在经济生活中的特殊地位使白洋淀人对芦苇的生长规律特别关注。“苇芽二月紫绒绒，三月四月绿莹莹，九月十月黄了叶，十一月里来飞芦缨。”这条谣谚描述的是芦苇生长的几个重要节点。二月末，芦苇的嫩芽刚刚钻出来，白洋淀人叫它“苇锥锥”“苇贝贝”“贝贝芽”，这些芦苇的嫩芽大多呈紫红色，很小很矮，还不如前一年秋冬收割芦苇剩下的苇茬高。这个时候要抓紧给新苇腾地，上一年收割后搁置在苇地里的老芦苇要搬走，冬季结冰前从水里拉到苇地存放的船只也要推到水里去，以免影响芦苇生长。到了三四月，芦苇长高长壮了不少，颜色变得绿莹莹的。十月以后，芦苇渐渐成熟，叶子逐渐变黄。到了十一月，芦苇完全成熟。“芦缨”即芦花，白洋淀人把这时候的芦花叫“芦花缨子”，芦花随风飞舞，这时就到了收割芦苇的季节。

“清明的苇子压船鳅。”这是一条记录白洋淀地区芦苇生长规律的谚语。船鳅，就是木船两侧狭长的甲板，可供人站立、行走。到了清明前后，新生芦苇就有一尺多高了。有趣的是，白洋淀人不像旱区人那样用“到脚面”“到小腿”“到大腿”等来做比照，而是选择用“船鳅”，显示了船与苇在水乡的特殊关系。芦苇一般是长在水塘里的，而船就停靠在苇塘边上，嫩绿的新苇与沧桑的木船构成一幅优美的水乡春景图。自此以后，气温不断上升，芦苇的长势也越来越快。

芦苇是多年生草本植物，苇田的地力会逐年下降，影响芦苇产量。因此，苇田需要适时施肥，在白洋淀，给苇田施肥叫“上泥”，即把淀底的淤泥铺到苇地里，以增加土壤的肥力。民谚“土涂一寸，赛过施粪”讲的就是苇田施肥。淀里水产资源特别丰富，既有鱼虾蟹贝等水生动物，也有苇、蒲、稻、禾、荇、藻、菱、萍、莲等水生植物。水生动植物的遗体腐败以后沉至淀底，与泥土混合成富含养料的淤泥。淤泥的肥力足且耐久，“苇田上一次泥，可保三年地力不衰”①。苇田上泥的时间一般在早春、秋末冬初两季。早春选在清明前芦苇还未发芽的时候，秋末冬初要等芦苇收割完毕，这两个时段便于淤泥均匀地铺于田间，而且也不会因泥层的覆盖而影响苇芽出土。“苇子秀穗儿，给懒老婆捎信儿。”“懒老婆”，方言，用来称呼懒惰的妇女。芦苇抽穗标志着芦苇即将成熟，而芦苇成熟后逐渐风干，就要进入打苇、苇编工作了，大量的苇事活计就接续开始了，所以说苇子一秀穗就相当于给人们“捎信儿”：该为苇编做各项准备了。

“霜降三天苇秋动镰。”霜降一般在公历10月下旬，这时田里的芦苇大部分已经变黄，到了芦苇收割的时节。割苇有三种不同的方式：打苇、套苇、挫苇，所用工具也有三种：打镰（木柄，较短，镰头也较短，用于打苇），大镰（竹柄，较长，镰头也较长，用于套苇），搓刀（用于搓苇）。收割回来的芦苇，用船或拖床拉回家。

（三）芦苇编织

苇编是雄安人民的一项传统手工艺，历史久远。早在三千多年前，白洋淀地区即产苇席，1981年发掘的容城县上坡遗址（距白洋淀约15千米）中存有苇席的痕迹，唐宋时期白洋淀的苇席作为一地土特产品上贡国家。《保定郡志·食货志》记载：唐朝时土贡“席三千领”，宋朝时“席二千领”。到了明清，白洋淀苇席生产已成规模，当地妇女编席织篓，男子即以卖席为贸易。雄安苇席生产在明朝中后期已有了相当程度的发展，《安州志》还记载了关于清代“四时不断织席”，“四方与贩之客皆以此为生涯”，其贸易遍及“直隶及於关东口北”

① 安新县地方志办公室编：《白洋淀志》，北京：中国书店，1996年，第152页。

等许多资料。[①] 到了近代，织席已经非常普及，“一般农民，向以织席为副业”[②]。民国时期，苇席的种类、规格、式样都有了进一步发展，当时安州的“州席”、关城的“大花席”和边村垒头的“小边席”已闻名遐迩。[③]

芦苇编织成为当地的支柱产业，谚语“织席编篓，能养八口”说得一点也不夸张，而“涝了吃小鱼儿，旱了吃地梨儿，不旱不涝织小席儿”则是当时淀边区人生产生活的真实写照。在过去铺炕席的年月，白洋淀的席子非常受欢迎，是上了讲究的好席，当时流传着谚语“辛集儿的毛皮儿，白洋淀的苇席儿”。随着时代的进步、技术的发展，雄安人研制出了芦苇工艺画，大大提升了芦苇的利用价值，让芦苇编织上升到了艺术的层面。

1. 苇编工具——穿子

雄安熟语中有一条非常有趣的惯用语“死眼儿穿子”，令外地人很难理解。要了解它的含义，必须先要介绍“穿子”这一解苇工具。在白洋淀，人们在织席编篓之前，先把芦苇破成几股苇篾，这一工序叫解苇。穿子由硬木制成，整体呈圆柱状，直径四五厘米，长十二三厘米。圆柱一端有一个直径一两厘米的孔，里面安置一根金属针，针体上有几个小刀儿向四周伸展，与圆柱内壁相接。圆柱侧面有几个孔（最少的三个，最多的九个）从里面斜穿出来，孔与小刀片相对应。解苇时把芦苇秆从底部的孔中插进去，让里面的金属刀将其破开，破开的苇篾随即从侧面的孔中钻出来。侧面有几个孔就叫几“漏”穿子，常用的是“三漏穿子”和“四漏穿子”。侧孔越多，分解出来的苇篾数量就越多，苇篾的宽度就越窄，织出的席就越密实，席子的品质也越高。穿子因为有眼儿才能解苇，而“死眼儿穿子”是什么也干不了的，白洋淀人管那些死脑筋、头脑不灵透的人叫“死眼儿穿子”。

2. 苇编技法——抄二、压三、连抬四

水乡织席工序复杂，主要过程分轧苇、编织、整饰三步，每一步还有很多工序。轧苇包括闷苇、分绺、碾轧；编织包括投苇、登角子、打条、编席心、

---

① 孙文举：《安新苇席生产史略》，《河北学刊》，1984 年第 3 期，第 70—73 页。

② 《芦苇制纸》，《大公报》（天津版），1934 年 2 月 21 日第 13 版。

③ 孙文举：《安新苇席生产史略》，《河北学刊》，1984 年第 3 期，第 70—73 页。

摆边、缲席；整饰包括碾轧、磨边、闷水。①

织席的每道工序都很严格，人们在织席中总结出一套口诀，一代一代口耳相传。普遍传播的有织的技法：“抄二、压三、连抬四。”“俩三根，俩四根，抄一根，压一根。”“压三挑四郎当二。”等。还有收边的技法：“挑两双压两双。”以“抄二、压三、连抬四”为例，织席前，先要将芦苇破成几股长长的苇篾，苇篾浸水后用碌碡碾压得柔韧而光滑；织席时，先将几组苇篾交叉摆放在地上，织席人蹲在上面，从身旁抽出一根苇篾，夹在拇指和食指之间，双手从脚下的苇篾中抄起两根，压下三根，再抄起四根，这样就把席的经线分为了两个层次，然后把手中的那根苇篾插进去，一组动作就完成了。

俗成语“摆边递抄”记录了编席的工序和工种。“抄”，此处念 chào。“摆边”是编席的一道工序，席子的主要部分编好后，再将四边编织并将苇篾收进去，类似于做衣服的缲边。“递抄”是编席过程中的一个工种，辅助主将一起编席，类似于割麦时的帮小镰儿。苇席大多在五尺上下，一个人忙不过来的时候，另一个人帮他编织边角，一般是弟弟或妹妹给姐姐递抄，孩子给大人递抄。过去，很多人家的收入都靠织席，织席是全家的“中心工作”，小孩子放学回到家，先要帮大人忙活织席，很少有自由玩耍的时间。

3. 苇编产品——苇席、苇箔、苇篓、盖垫等

雄安地区的芦苇编织产品主要是苇席和苇箔，这两样产量很高，且大量外销。此外，用于当地生产生活之用的还有篮、篓（详见渔猎一节）、盖垫等小型制品。

（1）苇席

白洋淀苇席以皮白质佳而享誉全国，产量很大，销路很广，20 世纪 80 年代年产量达六百万领以上，国家年收购量为四百万领左右。行销黑龙江、吉林、辽宁、内蒙古、山西、陕西、河南、青海、甘肃、北京、天津等十余个省市及河北省内地。1974 年开始，每年有五六万领远销日本、新加坡和加拿大等国家。②

“安州的席，采蒲台的苇，圈头的鱼虾端村的嘴，赵北口的鱼汤喝了不后

① 安新县地方志办公室编：《白洋淀志》，北京：中国书店，1996 年，第 157—159 页。

② 孙文举：《安新苇席生产史略》，《河北学刊》，1984 年第 3 期，第 70—73 页。

悔。”安州在安新县，此地是白洋淀地区最早发展苇席生产的地方。雄安织席始于安新，安新织席始于安州，《安州志》十九卷载：百姓“能赖以养命者，唯织席耳”，“故家家以织席为生”。“白洋淀安州人编席久负盛名，叠席角成一绝。”① 明清至民国是安新苇席生产的发展时期，苇席生产仍以安州为中心，至新中国成立以前，织席村庄只局限于以安州为中心自西北而东南一带的六十余个村庄。安州还是苇席集散中心，席苇集市以安州北关为最大。“安州城关四乡皆以织席为生活，苇席随河而来者，随到随卖，卖席买苇左右咸宜。”② 新中国成立以后，为了迅速恢复苇席生产，1947 年初国营“隆昌商店”在安州专设了经营苇席的分店“宏利商店”。③

（2）苇箔

关于苇箔的熟语并不多见，我们仅找到三例：“风钩、雨卡、晒死人的小箔。”“勤罾、懒网、自在箔。”“船头上闸箔——圈头。”这三例中的箔，说的是同一种箔，即“渔箔”，所用渔法都是闸箔，就是用苇箔把水面围起来进行捕鱼（详见渔猎一节）。苇箔即苇帘子，在白洋淀简称为“箔”。相比于苇席，苇箔的制作工序较为简单，苇秆一般不必去皮，只去掉尖部，裁齐，整齐地排放在箔架子（打箔工具）上，用经线编织即成。在白洋淀，苇箔的种类主要有以下几种：用于捕鱼的渔箔；用于建筑的泥水箔；用于苫盖砖坯的苫盖箔；专门出口的出口箔。不同用途的箔，制作方法也稍有不同。

（3）苇篓

“打鱼摸虾能养一家，织席编篓能养八口。”编篓，雄安水区以芦苇为原料的另一种生产活动。“篓”在白洋淀既是一种日常生活用具，也是一种常用的渔具。捕鱼的苇篓种类繁多，有小篓、别篓、戳篓、独立篓等。苇篓由苇篾编成，编织从底部开始，有大有小，形状各异。“穷筐饿篓”，指的是窝篓，一种用于盛放东西的大篓子，容量很大，“一般篓口直径与篓高尺寸相当，有的甚至大于

---

① 安新县地方志办公室编：《白洋淀志》，北京：中国书店，1996 年，第 159 页。

② 肖红松、王永源：《白洋淀区域的村庄、集市与社会变迁（1840—1937 年）》，《河北大学学报》（哲社版），2018 年第 6 期，第 69—77 页。

③ 孙文举：《安新苇席生产史略》，《河北学刊》，1984 年第 3 期，第 70—73 页。

篓高，伸缩性较大”①。这里用了拟人手法，说窝篓像饥饿的胃口，非常能盛东西。

雄安有谚语说：“编筐窝篓，重在收口。”编织筐子或篓子，收口工序都非常重要，收不紧密，就可能前功尽弃。编到篓口处并不立即收边，而是再继续向下编一两圈，这一织法叫“缘”，名词当动词用。缘了口的篓子光滑好看、结实耐用。从歇后语“卖鱼的篓子——缘（冤）到底儿了”也可以看出“缘”这一技法的应用。卖鱼的篓子形体巨大，而且要用来装鱼，鱼是很重的，所以这种篓更需要坚固结实，于是编织的时候要“缘”到底部，也就是把篓壁编成双层，这样不但能承重，而且内壁光滑，不会划伤鱼鳞，因为鱼掉了鳞片就算再新鲜也因破了品相而变得不值钱了。“缘”谐音“冤”，“卖鱼的篓子——缘（冤）到底儿了”意思是说“特别冤枉”。篓还是一种渔具，淀中村大田庄是编鱼篓和虾篓的专业村，那里几乎家家户户都会下篓，用篓做陷阱来捉鱼虾。

（4）盖垫

雄安有一条歇后语“盖垫嘴儿——两面里儿（理儿）”。什么是“盖垫嘴儿”呢？先介绍一下“盖垫”。这是一种用苇篾编成用来盖锅的器具，呈八边形。盖垫比锅沿和盖锅板略大，置于盖锅板和锅中间，其作用是保温，不让锅内的蒸汽跑掉，过去几乎家家都要用到。跟织席一样，编盖垫的材料也是苇篾，所不同的是：苇篾一面光滑一面粗糙，织席时所有苇篾都将光滑的一面朝上，粗糙的一面朝下；而编盖垫的时候，苇篾正反交错编入，整个盖垫不分正反，所以说“两面里儿”或“反正里儿”。“里儿”谐音“理儿”，这句歇后语的意思是说某人讲话常有理。因为“盖垫”这个词的发音与“干爹”相近，当人们连续而快速地说出多个“盖垫”时，最后的几个很容易说成“干爹”，所以当地流传一种开玩笑的技法，好要坏使嘎的人用激将法诱导孩子们说：“好汉子说不了十个‘盖垫’，不信你试试！”孩子们不服气就开始说，等发出“干爹”的音时，那要坏使嘎的人就连连答应“哎哎哎”。

（四）工作时间

“勤上山，懒赶集，阴天下雨编大席。”这条谚语反映的是淀边村的生产活

① 夏石矿、田汉卿编：《白洋淀渔猎文化》（上），石家庄：河北出版传媒集团河北美术出版社，2021年，第323页。

动安排。淀边既有苇田也有旱田，人们平时一般以农耕为主，只有在农闲的时候才编点席子，下雨天不能下地侍弄庄稼蔬菜，于是就用来编席了。

（五）苇事分工

“男耕女织”是中国传统劳动生产中的分工原则，但这主要适用于旱区，在雄安水乡则是“男人打鱼，女人织席”。20 世纪 30 年代时人考察大清河时发现：“府河下注白洋淀，淀中芦苇丛生，渔业甚盛，居民男多以渔业或漕运为业，女多以编席为业。”① 织席是一项细致的活计，而且劳作空间往往是在屋子里或院子里，一般的男性是做不了的，所以一般家庭都是由女人来织席编篓，男人负责割苇、闯苇、轧苇等体力活儿。水乡的女孩们很小就开始织席了，或蹲坐在地上，或坐在一种特别矮的小木凳上，日复一日年复一年，再加上过去物质生活差、营养不良，很容易把双腿织成一副“罱子腿”。“罱子腿”是非常具有雄安水乡特色一种腿型。首先说一下“罱子”。这是白洋淀水乡特有的生产工具，用于从水底取泥或捕鱼等，其外形特点是两根罱杆呈管钳形。所谓罱子腿，即罗圈腿、O 型腿，医学上称为“膝内翻”。水乡人根据身边的劳动工具“罱子”的形状，给这种腿型取了一个很形象名字——“罱子腿”。“罱子腿”的形成跟水乡生产中的编席有着密不可分的关系，这是常年织席带来的后遗症。现在，苇席的用途小了，白洋淀地区织席的人越来越少，人们的生活条件也普遍提高，罱子腿很少见到了。

二、南淀菱角北淀藕，七菱八落菱角秋——采掘民俗

水生植物是白洋淀的赐予，芦苇、莲荷、苲草、菱角、鸡头、地梨儿等随处可见，明朝孙敬宗的《绝似江南好风景》描写了白洋淀水产的丰盛：“白洋大湖浪拍天，苍茫万顷无高田。鼋鼍隐见蛟龙走，菡萏参差菱荇连。”“菡萏”即荷花，“菱荇”主要指的是菱角。农谚也有“南淀菱角北淀藕，七菱八落菱角秋”“苇是摇钱树，淀是聚宝盆”。该谚用比喻的手法说明了白洋淀物产之丰，人们“每天都可从淀中有所收获，故又有‘四季皆秋’之誉”②。靠山吃山，靠水吃水，水生植物成为水乡人生活物资的组成部分。“采摘水生植物的果、根、

① 郭敬辉：《大清河流域之地理考察》，《禹贡半月刊》，1936 年第 12 期，第 14 页。

② 武占坤编：《中华风土谚志》，北京：中国经济出版社，1997 年，第 512 页。

茎、叶在淀区捕捞生产中占有一定比例，它不仅促进淀区对外经济贸易，充当养殖饲料，还是淀区人民在大灾之年不可多得的充饥食品。”① 当地的老人常说，“白洋淀饿不死勤快人！”雄安物产谚中很多都涉及水生植物，如“白洋淀三宗宝：鸡头、莲藕和菱角”。

（一）掰苇叶

“掰苇叶，伤苇根；揪荷叶，伤莲心。”这是一条劝诫性谚语，提醒人们要保护好芦苇和莲荷，引申为伤害一事物会牵连到相关的事物。先说“掰苇叶”，这是白洋淀地区特有的时令性农事活动，如何掰呢？一条雄安特有的歇后语讲得非常清楚：“武大郎掰苇叶——上抓下挠。”这是以掰苇叶为喻体，来描绘上抓下挠的动作。端午节吃粽子是我国的传统食俗，北方没有竹子，鲜嫩的苇叶就成为包粽子的材料。端午节前，苇叶已经长到两三寸宽，正是采苇叶的时候。天刚放亮，人们（大多是女人）就钻到苇田里去掰苇叶。芦苇密集生长，一棵挨着一棵，密密匝匝，苇叶的边缘长有毛刺，一不小心就会划伤皮肤。为了防止剐脸，人们要将全身都捂得严严实实的。太阳升起来，苇田中的气温迅速提升，人们就收工回家。掰下来的苇叶扎成小捆，由批发商收购再卖到城里。苇叶长在苇秆上，有高有低，所以要“上抓下挠”。掰苇叶会影响芦苇的生长速度和植株的粗度，因此在过去芦苇值钱的年代，人们都不舍得采摘自家的芦苇。后来，席箔没有了市场，很少有人再织席打箔，对于普通人而言芦苇的唯一价值就剩下苇叶了。每到端午节前，掰苇叶的“大军”钻入苇塘，不久青翠的苇叶就出现在了超市和集贸市场。在华北平原，白洋淀是芦苇的主要产地，也是雄安及其周边地区（包括京津保）苇叶的主要来源地。

（二）采摘莲荷

白洋淀内的莲荷，过去一般都是野生的，后来才有人工种植。人们发现干透了的莲子常年不腐，于是有谚语“千年茼，万年莲”和“千年的鱼子，万年的莲子”。白洋淀中的纯水村王家寨，过去莲荷很多，后来有识之士在村边建起一座荷花大观园，集中种植了一百多种名荷，每年夏季，荷花满园，游人如织。我们在雄安熟语中也看到了王家寨莲荷的身影：“关城的菱角，同口的米，王家寨的荷花，白洋淀的水，新安的艚船下了天津卫。”其中的“荷花”即莲荷。从

① 安新县地方志办公室编：《白洋淀志》，北京：中国书店，1996年，第88页。

夏初开始，荷花便陆续开放，农谚有“藕花开在夏至前”。

莲荷浑身是宝，嫩荷叶、莲子、莲藕都可食用，莲子、老荷叶、莲蕊等均可入药。因此由莲荷引申出一系列水乡采摘项目：采荷、采藕、采莲蓬、打荷叶，其中采藕和打荷叶的规模和范围最大。事理谚“采了荷花牵动藕”和“折掉一只荷，烂掉一窝藕”既说明了水上花与水下藕之间的关系，也反映了水乡的采摘习俗。

白洋淀采藕现在一般在每年 10—11 月份和来年 3—5 月份，也就是结冰之前和开河之后；而在过去则是分秋、冬、春三季来采。淀水尚温、没有结冰的时候，一般采取“踩藕”的方式，选择不到一人深的水域，人站在水中，让头保持在水面以上，用双脚顺着莲荷的根部探察，发现有藕，就用脚踩掉周围的淤泥，将藕与根部连接处踩断，让藕漂上水面，用淀水清洗一下装进准备好的盆里。冬季和初春采藕就要更复杂一些，先要破冰然后再将水底的藕挖出来，最后装上拖床运出荷塘。白洋淀的藕大多为野生，后来才有人工种植的，种藕的经验是“种藕不发愁，只要肥料足”。雄安民间种植的藕一般是白莲藕，这种藕脆甜爽口，广受欢迎。还有一种红莲藕，口感软糯，是传统白洋淀藕的味道。“姜越老越辣，藕越老越粉。”一般情况下，嫩藕是脆的，老藕则软糯，软糯当地方言用“粉”来表示，因为藕中富含淀粉。

打荷叶。“揪荷叶，伤莲心。”荷叶是莲荷的叶子，叶片硕大饱满，直径可达 60 厘米。嫩荷叶可以作为食材，老荷叶清热去火，具有药用价值，因此白洋淀人有打荷叶的生产习惯。失去荷叶，无法进行光合作用，莲荷的生长会受到很大的影响，可不仅仅是“伤莲心”。所以，人工种植的荷塘是不容许外人随便进入采摘的。采下来的荷叶，先要在太阳底下晾晒，等干透了再对折码好，交给批发商。

（三）采菱角

白洋淀里菱角、鸡头、地梨儿、芒子米等到处都是，这些植物的果实含有丰富的淀粉，丰年当零食，歉年还可以充饥。谚语总提到“关城的菱角”，关城，白洋淀地区的一个大村镇，这里的菱角产量很高。菱角有野生的，也有人工种植的。“四月初七晴一晴，条条河里好种菱。”农谚“七菱八落”提醒人们七月就应该把菱角采干净，因为“菱角 7 月份采摘，如不及时采摘，8 月份就会熟透落入水中”①。于是又有谚语“九月重阳，瞎采菱秧”。

白洋淀采菱在夏季和冬季。夏季采的是鲜菱角和刚刚成熟的老菱角。阴历六月菱角鲜嫩，可以直接生吃；到了七月，菱角熟透，剥去外皮，带壳煮熟来吃，或晒干后做成菱角米，熬粥喝。“要吃菱角莫怕扎。”菱角外皮很硬，而且有尖儿，吃时要特别小心。采菱一般是女性的活计，撑一只船进入长满菱角的水域，菱角藏在叶子底下，先把叶片翻起，然后摘下成串的菱角。掉进水里的菱角沉入水底，一般当年是不会腐烂的，等到冬季上冻以后，人们会用一种专门的工具菱耙把它们捞上来。

（四）打地梨儿

“地梨儿地梨儿一撮毛，好吃不好刨。”白洋淀周边至文安的地里长有很多地梨儿。地梨儿圆形，皮黑，肉白，球状体顶端长着一撮毛。地梨儿分为两种：猪地梨儿，小而硬，只能喂猪；人地梨儿，口感与荸荠相似，丰年当零食，灾年成为水区人的救命粮。地梨儿的生命力非常强，再大的水也淹不死，再旱的年景也干不死，只要温度和湿度适宜就会发芽。正由于这一特点，所以雄安还有一条谚语：“地梨儿地梨儿一撮毛，老爷吃了孙子刨。”一片地梨儿供养了一代又一代人，难怪被人们奉为宝物。“老爷”，方言，雄安一些地方对爷爷的称呼方式，“爷”字不读轻声。

打地梨儿是一项辛苦的劳动，分浅水作业和旱地作业。先选好作业场地，即地梨儿密集生长的地块。浅水作业，先用泥土打起一个方形池，再挖起池内的泥加上水来晃动，一会儿泥里的地梨儿就会漂起来。旱地作业，则要借助一种叫“镘子”② 的工具，在地里一层土一层土地挠，把地梨儿刨出来。

（五）打鸡头

鸡头多次出现在雄安熟语之中，如“白洋淀有三宝：鸡头、地梨儿、大菱角”。鸡头是一种形象的说法，实际上是一种水生植物的果实。鸡头为球状，表面长满了刺，上面还长着一个类似鸡喙的尖，看起来非常像鸡的头部，里边包裹着很多滚圆的籽实——鸡头米。秋天人们驾船用镰刀削下鸡头，用铁笊篱将其从水中捞起，放入船舱；将其与草木灰混合在一起，泼上水，灰的碱性能把

---

① 河北省地方志编纂委员会编：《河北省志·水产志》，天津：天津人民出版社，1996 年，第 98 页。
② 一种非常小的锄头。

外皮上的刺沤掉；然后放入竹篮在水中漂洗；最后再剥开或碾掉鸡头皮，得到鸡头米。

（六）削芒子

白洋淀有很多“三宝”之说，如“白洋淀三宝：芒子，鸡头，老菱角”或“白洋淀三宗宝：鸡头、菱角、芒子草”。这两条谚语中，除了前边提到的菱角、鸡头，还有一样白洋淀的特产“芒子”。芒子是一种草，也叫“皮条”，其果实即芒子米。在芦苇丛的边缘，经常长有一片一片的皮条草，夏季长出类似黍子一样的穗子，其籽细长、黑色，很像加长的紫米。旧时，白洋淀水村中有不少刨笤帚的专业户，他们的原料之一就是芒子草。芒子成熟以后，人们用镰刀连穗带草一起削下来，芒子米熬粥，黏糯香甜；芒子草刨笤帚，柔韧轻便。

（七）捯白花菜

雄安熟语中有一条物产谚：“郭里口、王家寨，寨南盛产白花菜。”郭里口、王家寨、寨南过去都是淀中纯水村，三个村在一条线上，“白花菜”则是一种水生植物的茎。过去白洋淀里除了大片的荷花，还有成片的白睡莲（旧时红色的很少）。从每年5月份开始白洋淀的睡莲就悄悄开放了，其叶子比荷叶要小很多，油绿油绿的，花朵比荷花小很多，为白色或淡黄色，精致小巧。在食不果腹的年月，人们看中的是其食用价值。睡莲的茎部可以吃，烫熟后用油盐蒜末凉拌，口感软滑，因此白睡莲被当地人归入“蔬菜”类，称之为“白花菜”，也叫“白葫芦菜”。白睡莲的茎又细又长，水深的地方可以长到3米左右，采摘时要揪着花朵将其从水中捯[①]出来，所以说捯白花菜。如今野生白睡莲在白洋淀几乎绝迹，人们已经多年吃不上白花菜了。

三、西昝的姑娘会上树——林木种植民俗

雄安流传着很多谚语，如“人人栽树，处处成荫”“十年栽树，百年乘凉”，反映了当地人对植树的重视和造林习俗。

雄安流传着一句谚语：“榆木头，柳木脚，啃不动的葫芦瓢。”它道出了几样硬度较高的材料，即榆木、柳木和葫芦，由此也反映出雄安林木种植的主要品种——榆树和柳树。惯用语“榆木疙瘩”用来指死脑筋、不开窍的人，就是

---

① 捯，方言，两手替换着把线或绳子拉回或绕好。

缘于榆木的密度高。此外，杨树种植在雄安也很普遍，谚语“穷榆富柳邋遢杨”总结了榆树、柳树、杨树等树种修枝的不同原则。

雄县的果木栽培历史悠久，“七月里核桃八月里梨，九月里柿子来赶集”反映了核桃、梨、柿子三种果树的收获时间；“旱枣涝梨”说明了两种果树对降水的不同要求；“桃养人，杏伤人，李子树下埋死人”反映了当地的水果品种有桃、杏和李子；“满树花，半树果；半树花，满树果”道出了开花与结果的关系，总结了人们对果木管护的丰富经验。

雄县的梨久负盛名，种植面积很大，大堤上、潴龙河畔到处是成片的梨园。“西昝的姑娘会上树，五柳的姑娘会织布，板家窝的姑娘会打辘轳。”西昝、五柳、米家务是雄县的三个村名，其中西昝村果树多。“上树”指的是给果树除虫、剪枝和采摘果实，这些活计经常需要上树，而这些活计多数情况下由姑娘们来做。

枣树耐旱耐涝，对气候条件要求不高，因此成为雄安地区最为常见的院落果木品种。枣树回报快，俗话说“桃三杏四梨五年，枣树当年就还钱”。人们喜欢种枣树，即使在院子非常窄小的白洋淀水乡，不少人家的院墙内外、村边地头，也长着很多枣树，品种有大枣、小枣、铃枣、麻叶枣等。枣树的生长规律是：“四月枣发芽，五月枣开花，六月枣树结疙瘩。”“七月十五花红枣，八月十五枣落杆。”“结疙瘩”即结果，枣的外形很像是小疙瘩；“花红枣”意思是枣的颜色不一，有全红的，也有半红的；“落杆”指的是打枣，枣因杆而落，人们用长杆子梆（拍打）树枝，枣子就噼里啪啦地落到地上。打下的枣还要分类，全红的晒成干枣，半红或青的当时就蒸熟现吃，有的人家还挑选一些品相好的做醉枣。中秋节前后正是收获枣子的时节，由此人们创造了一条歇后语：“八月十五蒸糕——趁枣（早）儿。”人们还发现，枣树开花的时候正好是小麦收获的季节，于是有谚语“枣花香，喝面汤”。

四、喂上鸡兔羊，好比家里开银行——养殖民俗

雄安旱区的家禽家畜与北方其他地方没有什么不同。据刘崇本《雄县乡土志》，当时家畜有马、牛、驴、骡、犬、羊、猪、猫等，家禽有鸡、鸭、鹅

等[①]，后来又增加了兔子。旱区人家普遍都养鸡和猪，如农谚“养鸡莫养鸭，栽树莫栽花”“猪是家中宝，粪是地里金”，也有人家养兔子和羊，如农谚“喂上鸡兔羊，好比家里开银行”。

由于经常养殖家畜，人们对于动物的生育非常关注，雄安人总结了各类家畜的怀胎时间：“猫三，狗四，猪五，羊六，牛七，马八，家兔一月一窝。”关于牲畜的喂养，人们发现要注意时间，也要看牲畜的状态：“牛靠夜倒，马靠夜草。”“累牛不喂草，汗马不饮水。”喂养牲畜的草料也很讲究：“寸草铡三刀，没料也上膘。”“铡”，用铡刀切开草或庄稼的秸秆。铡刀，是切草、树枝、根茎等的五金刀具，在底槽上安刀身，刀槽在上边，可以上下提压。“料”，指喂牲口的精饲料，一般是黑豆等。“上膘”，指牲畜长肉。农村养牲畜，要把草用铡刀铡过后再喂食，铡得越短越利于牲畜咀嚼，这样牲畜消化好、营养吸收好，即使不喂食精饲料也很容易长肉上膘，所以人们才夸张地说“寸草铡三刀，没料也上膘”。这条谚语提示人们在喂养牲畜时要肯下功夫，细心耐心地照料，牲口一定不负期望，长得膘肥体壮；也引申指做事情一定要认真细致，只要肯付出一定会有收获。

到了雄安水乡，养殖对象有所变化，主要是鸭、鹅、鱼三类。鱼类养殖我们放到渔猎一章，此处谈谈养鸭。白洋淀养鸭历史至少可以追溯到二百年前，淀区养鸭、养鹅与淀区水情关系密切，鸭鹅适合在浅水区放牧，洪水太大，鸭子无处放养、无处歇滩（息栖过夜），因此逢涝必衰。鸭子分为蛋鸭、肉鸭和种鸭。以前，白洋淀地区只养麻鸭，这种鸭子由野鸭驯化而来。后来，安新县圈头公社引进北京鸭、康贝尔鸭等新品种。[②] 淀区的鸭圈设置在淀边，用苇箔围起来，圈上边有棚顶，圈口开在面向淀面的方向，方便鸭子下水活动取食。鸭子以小鱼、小虾、蚂蟥、田螺等为食，蛋黄呈红色，营养丰富。远离淀边的人家也有养鸭的习惯，这些喂养的鸭子不下水，俗称“旱鸭子”。养鸭分为一家一户养殖和规模养殖。俗话说：“鸭子过三岁，赔了工料费。”养一只雏鸭，头年够本儿，次年产蛋量最高，第三年开始下滑，再往后就是赔钱货了。所以养鸭

① 刘崇本编，王旭龙点校：《雄县乡土志》，内部资料，第138—140页。

② 安新县地方志编纂委员会编：《安新县志》，北京：新华出版社，2000年，第319页。

人家每年都得购雏鸭、卖老鸭，吐故纳新。[①] “鸡，鸡二十一；鸭，鸭二十八；鹅，鹅足月（三十天）即伸脖。”这是人们孵化鸡鸭鹅的经验总结。小鸭孵化的时间比小鸡多一周，小鹅比小鸭又多两天。水乡有孵小鸭的专业户，孵化并出售小鸭。淀区鹅的养殖规模比养鸭小很多，其品种有河北白鹅、雁鹅。[②] 鸭子生长过程中，对温度的要求很高，过冷或过热都不行，正所谓“受冷长大嘴，受热长大腿”。如果场地潮湿、鸭舍通风较差，或舍饲过程中阳光照射少，运动不足，饲养密度过大，鸭子还会患上软腿病，当地称为“鸭子瘫”。这种病一般冬季或春季多发，患鸭两腿关节肿大、变形，走动无力、困难，不能站立，发育迟缓，重者死亡。水乡人由此创造了一条惯用语“鸭子瘫”，喻指正在进行的事情没有了后音，不了了之。鸭子的习性不同于鸡，对雄安水乡人来说，“赶鸭子上架”这句俗语非常容易理解：鸭子的蹼不能像鸡那样分开，因此不能像鸡一样抓住横棍站到架子上去。鸭蛋、鸭肉是当地人民蛋白质的主要来源，鸭毛用于羽绒加工，有很高的经济价值。鸭蛋的腥味较重，人们很少直接煮食或炒食，而是腌制成咸鸭蛋或松花蛋后再食用。

第四节　雄安熟语中的渔猎民俗

白洋淀位于九河下梢，水量充沛，水位不深，光照充足，适宜各种水生动物生存繁衍，鱼、虾、鳖、蟹、贝、螺、虫、鸟应有尽有，形成了一套生物链，“大鱼吃小鱼，小鱼吃虾米，虾米吃苲末”，为渔猎提供了丰富的资源。白洋淀水产多到什么程度呢？谚语告诉我们：“鱼过千层网，网网都有鱼。”“红桥长短接溪川，溪上人家不治田。半笠沧波三月雨，一堤杨柳两湖烟。孳将鹅鸭无官税，捕得鱼虾足酒钱。今日饱餐渔者乐，鸣榔春水绿浮船。”这是清朝皇帝乾隆所写的《赵北口[③]即景》，由此可以瞥见当时白洋淀渔业和养殖业的繁盛以及渔民的富足生活：水上人家不种地，生活全靠养殖鹅鸭、捕鱼捕虾。旧时，渔猎

---

① 邓志庚：《牧鸭奇人老三混》，“水润雄安文化网站”2019-05-11。

② 安新县地方志编纂委员会编：《安新县志》，北京：新华出版社，2000 年，第 319 页。

③ 雄安新区安新县赵北口为古代燕国和赵国分界处，古有“燕南赵北”之说，是白洋淀的重镇，康熙帝曾在此地修建行宫。

为人们提供了足量的蛋白质，也是水乡主要的产业。靠山吃山，靠水吃水，淀中村和淀边村的村民有一半以上从事渔业和狩猎，而且一年四季都不停歇。清代王应楔《望淀》："风微杨柳静，雨歇鹭鹚闲。酒客扬帆去，渔人收网还。"在雄安水乡，"渔"和"猎"相提并论，有谚语为证："猎人知兽性，渔民知鱼情。"

一、勤罾、懒网、自在箔，舍命的回子最难逃——渔具渔法

工欲善其事，必先利其器。白洋淀水产捕捞工具丰富多样，形成了一套独具特色的捕捞方法。彭艳芬在《白洋淀渔业与传统渔具渔法述评》（2010）中对这一地区的渔法渔具做了全面介绍：白洋淀渔具分为 9 类 82 种，主要包括刺网类、围网具、陷阱渔具、钓钩渔具、箔旋渔具（俗称迷魂阵）、掩捕渔具、抄捞渔具、投刺渔具、地拽渔具。渔法主要由渔具决定，同时也受捕捞地区的水域环境、水位、水面、水流、季节和风向等因素的影响，并与鱼类的生活习性和活动规律直接相关。淀区的很多村庄都有专门从事某一类渔具制作的能手，从而形成了一个个专业村，这在雄安谚语中是有体现的，如"光淀的篮，大田庄的篓，漾堤口打迷房儿显身手"。光淀、大田庄、漾堤口是安新县的三个淀中村。光淀又名"张庄子"，那里的人擅于下篮捕鱼；大田庄人擅长用篓捕虾；漾堤口村人擅长下密缝捕鱼。"迷房儿"应该是"密缝儿"的音变，一种陷阱类渔具，由纤细的竹丝编成。

白洋淀人将水上作业的捕鱼工具和捕捞经验融入他们的熟语之中，从雄安熟语我们就能了解到很多工具的结构、用途、使用方法以及捕鱼的技巧，进而为雄安人民勤劳、智慧、坚韧的优秀品质和团结协作的良好风尚所感动。

（一）令鱼儿迷恋的渔具——篮

"鱼迷花篮人贪色。"这条谚语提到了一种渔具"篮"。春夏秋是下篮的理想时节，这时的淀水温度上升，苲草繁盛，很多鱼类非常活跃，它们在觅食、排卵、交尾的过程中，不知不觉就钻进了鱼篮。

"篮"属于陷阱类[①]渔具，在白洋淀使用率很高，可用来捕鱼虾鳖蟹。这里

---

① 陷阱类渔法是一种分类法，还可以归入"张捕类渔法"，具体见《白洋淀渔猎文化》（上）第 131 页。

的“篮”用的不是该词的基本义“篮子”，实际为“篓”状，又可细分为吊篮、漫篮、套篮、葫芦头篮、鼋鱼篮、黄鳝篮等多个小类。[①] 篮由苇篾编成，整体由两段组成，中间用苇篾连接在一起，只连上一半，另一半方便开合，打开后能将篮里的鱼虾倒出来。篮的底部留一个圆形的开口，在圆口插入用苇篾编成的“须”，须呈外大内小的圆锥形，鱼虾能从这里进去但进去以后却出不来。均匀的六角孔洞布满篮的全身，看起来玲珑剔透，好像精致的手工艺品，因此也叫“花篮”。用篮捕鱼，叫“下篮”。渔人将篮安置于苲草丛生的水域，在苲草的掩映下，鱼儿很容易就钻进篮去。实际上，鱼并非“迷恋”篮，不过是想找一个觅食或排卵之处罢了。[②]

（二）勤快人的渔具——罾

“勤罾、懒网、自在箔。”这条谚语讲的是白洋淀地区三种常用的捕鱼工具及其劳作风格，“勤”“懒”“自在”三个词道出了渔人的劳动感受。本条和以下两条分别介绍了三种渔具的特点。

“罾”，读为“zēng”，形声字，是一种抄捞渔具，有大有小，由一张网和一副支架组成。小罾为圆形，用一个圆形铁圈，中间张上一片网布，人站在水里，手提小罾，将其置于水中，一会儿再提出水面，鱼虾就在网布上了。大罾为正方形，四面穿上网纲，中间是网布，用四根柔韧的木棍或竹竿做成可以提起的支架，木棍或竹竿的一头绑在罾网的四角上，另一头交叉在一起固定在罾杠上，罾杠再固定在岸边或罾船上，一头插入一个中间有孔洞的圆石中，人站在岸上或船上，利用杠杆原理将罾网扳起来。扳罾都在鱼群出没的水边，一般一个人就可完成，大罾可以两人合作。先把罾网沉入水底，过一段时间将其提起，鱼虾就会被罾网托出水面，再用回子（像笊篱似的抄捞渔具）捞到鱼篓里。由于水中鱼群出没时间不定，所以用罾捕鱼要不断地把罾从水中扳起再放下，频率相当高，所以叫“勤罾”。

（三）轻松的渔具——网

“懒网”里的“网”指的是操作简单的渔网捕鱼法。网，学名“刺网”，白

---

① 夏石矿、田汉卿编：《白洋淀渔猎文化》（上），石家庄：河北出版传媒集团河北美术出版社，2021年，第137—145页。

② 邓志庚：《鱼迷花篮》，微信公众号“白洋淀便民网”2016-11-29 15:59。

洋淀地区又称之为“丝网”，是一种历史悠久、用途广泛的捕鱼工具。网片为长条形，上面系若干网漂使其浮于水面而不下沉，下面系若干网脚让其沉入水下而不缠绕。网眼有大有小，渔民根据捕捞对象体形的大小来选择网眼，只要鱼头钻进网眼，鱼鳍就会卡在网线上，鱼就无法逃脱，因此当地又称之为“粘网”。白洋淀人以网为主要工具的捕鱼法有多种，如屎包网、转网、麻网等。与扳罾捕鱼相比，以网捕鱼就轻松多了，只要把网片放置在适当的水域，捕鱼者最多也就是在船头敲打敲打铁片，把鱼向网片的方向赶一赶（俗称“赶网”），过上半天或一天再来捯网就能有鱼获了，所以叫“懒网”。看起来轻松的网，实际上在准备工作中也是很辛苦的，这还要从“三天打鱼，两天晒网”说起。水区人对这条俗语有着深刻的理解，它道出了“晒网”这一特殊的劳动项目。在淀中或淀边村的街道两旁，经常会有沿街晾晒的渔网，你会看到辛勤的渔夫和他们的妻女展开网片搭在架子上，捡拾上边的苲草，穿针引线缝补破洞。晒网的原因有三个。首先是防网烂。过去渔网都是用植物或动物纤维织成的，长期泡在水里容易沤烂，需要经常晾晒。其次是为了“糊网”。渔网自身的味道让鱼儿心生戒备，于是渔民用猪血和鳔胶等熬成糊糊，涂在网上，这样既保护了网线，又掩盖了网布原有的味道，以迷惑鱼儿。最后是为了补网。捕鱼之后，渔网可能会被鱼撞出大大小小的窟窿，还会挂上水中的苲草，所以需要及时织网和择网。

“鱼过千层网，网网都有鱼（鱼过千层网，网后还有鱼）。”这条谚语来自捕鱼人的劳动经验，由此反映出白洋淀水产资源之丰富，每次布网都会有收获。成语“漏网之鱼”则告诉人们，就算网再结实、再密实，仍有跑掉的鱼，不可能一网打尽，用于比喻侥幸逃脱的人。雄安水乡还有一条独具特色的谚语：“跑了的鱼儿是大的。”此条还曾被袁静、孔厥作为小说《新儿女英雄传》的章节标题。白洋淀人虽然精通渔法，但是“漏网之鱼”还是经常有的，跑掉的鱼可能是大鱼也可能是小鱼，渔人往往自嘲地说这句话，用来比喻得不到的东西是好的。

（四）“自在”的渔具——箔旋

“自在箔”中的“箔”指箔旋捕鱼，白洋淀人也叫“迷魂阵”——是以箔为主要工具的渔法，属于陷阱类渔法。“箔”字指明了该渔法的工具。箔在白洋淀指苇箔，是把芦苇秆编在一起的帘子，此处的箔指的是专门用于捕鱼的“渔箔”，编织的时候需要窝茎，跟一般的箔相比，更硬、更稀疏。用苇箔捕鱼是白洋淀人的创举。白洋淀产苇箔，水中鱼虾又多，于是就地取材，发明了渔法“箔旋”。“旋”字说明了该渔法的特点。箔旋的布设是一项技术含量很高的活儿。首先要选址。风向和水流情况决定着鱼游方向，由此确定箔旋的坐落位置，还要根据不同的季节采取不同的箔旋形式，看好水溜方向和风向，使鱼多进箔旋。接下来把箔展开，将一端扎进淀底提前挖好的沟里，一片连着一片，在水中立起一道整齐的篱笆。箔的一头接岸地，另一头向水中呈一条直线延展，等到够用的长度后，扎一道圆形大箔圈把箔头围起来，只在箔头和箔圈的衔接处留两个缝隙，给鱼留出进口。大箔圈中再扎小箔圈，小箔圈留个门口。这样大箔圈套小箔圈，一般有三到四层，在最内层的箔圈上开个口安放上“大密缝”①。箔旋扎好后，在大箔圈外侧布上一圈“跳网”，将网片抻平架起来，大约高出水面二尺左右。② 至此，一个迷魂阵才算完工。鱼们一路游逛而来被行箔挡住去路，便顺箔而行，不知不觉就被引进了一层套一层的箔圈，最后钻进大密缝。大密缝的入口很窄，只有小鱼儿才可游进去，体形大的鱼无路可走，急得乱撞，跳过箔旋，便落在跳网上。

箔旋布置好以后，一般由有经验的老年人负责管护，这项工作相对轻松，但比较占时间，其主要任务有：及时倒出密缝里的鱼虾并交给鱼贩；检查渔箔衔接是否紧密，打捞旋内和旋口的杂物，使鱼顺利进入；刷掉渔箔上的青苔，使水顺畅。③ “自在箔”一说，是与罾、网相比较而言的，而实际上箔旋捕鱼的“自在”是要经过大量的准备工作后才能享受到的。

（五）适合风天的渔具——钩

“风钩、雨卡、晒死人的小箔。”这句谚语总结了不同的渔法所适合的天气。意思是刮风天气适合下钩捕鱼，下雨天气适合下卡（qiǎ）捕鱼，晒天④适合闸箔捕鱼。“钩”“卡”“箔”，是三种捕鱼的工具。

先说“风钩”。钩，这里指大钩，捕捞的对象主要为水底鱼，如鲤鱼、鲇

---

① 大密缝，一种捕鱼工具，详见下文“下密缝捕鱼”。

② 邓志庚：《巧布迷魂阵》，微信公众号“白洋淀便民网”2017-05-14 16:49。

③ 安新县地方志编纂委员会编：《安新县志》，北京：新华出版社，2000 年，第 348 页。

④ 晒天，方言，指大晴天。

鱼、甲甲（嘎鱼）、花鲫、甲鱼。使用大钩捕鱼时，先将干线的两头拴在粗大的竹竿上，竹竿牢牢地插入水中，干线在水中拉直，横在水流中。干线上拴着一溜钩线，钩线下边拴着钩。钩尖儿十分锐利，而且布有倒刺，鱼只要一碰上就被挂住了，所以当地也叫“粘钩”。刮风的时候，水面被风吹得动荡起来，水体也被搅动起来，水中的浮游生物密集，吸引了更多的鱼，大钩挂到鱼的可能性就更大，因此有“风钩”之说。

（六）适合雨天的渔具——卡

“卡”，这里读“qiǎ”，一种小巧的捕鱼工具，“无铁制钓钩，专利用竹片捕鱼，极尽人工之巧妙，除本省白洋淀三角淀使用者外，他处尚不多见”①。下卡捕鱼方法简单，投资小，收益大，因此在白洋淀很普遍，有人以此为业，整日住在“卡船”上，也有人以此为副业，挣点零花钱。“雨卡”，意思是下雨天适合下卡。

下卡捕鱼的工具是“卡头”，一支竹片两头削尖，把两个尖儿捏在一起，套上一个草箍，草箍里嵌上鱼饵，鱼一吃，咬断了草箍，竹签弹开，正好把鱼嘴绷住，鱼就跑不了了。渔民把一个个卡拴在一条长绳上，下到鱼儿较多的水域，第二天再把卡捯上来，收获一舱活鱼。

（七）见鱼才出手的渔具——罩

“看着鱼儿下罩——瞧着办。”罩，读为“zhào”，形声字，古老的掩捕类渔具，有花罩、二大罩、大罩等多个小类。《小雅·南有嘉鱼》：“南有嘉鱼，烝然罩罩。君子有酒，嘉宾式燕以乐。”用罩捕鱼叫“扣罩”，一般都要看准鱼迹才下罩，所以用“看”与“瞧”，二字同义，只是变换一下字眼儿而已。春季气温转暖后，芦苇苗将出水面，恰好与冬季割剩下的苇茬高度一致，苇茬与苇苗间水温较高，微生物也较多，许多鱼类在此觅食。渔民一人划船，一人手持罩立在船头，用擂炮击水弄出声响，鱼受惊逃窜，触及数根苇苗或苇茬晃动；渔人看准目标，迅速下罩将鱼扣住。②

---

① （民国）张元第著，天津人民出版社 1995 年点校：《河北省渔业志》，选自河北省地方志编纂委员会《河北省志·水产志》，天津：天津人民出版社，1996 年，第 245 页。

② 夏石矿、田汉卿编：《白洋淀渔猎文化》（上），石家庄：河北出版传媒集团河北美术出版社，2021 年，第 231 页。

（八）鱼儿难过一根绳——拉縆

“鱼过千层网，难过一根绳。”这是评价渔法“拉縆”捕鱼效果的一条谚语，意思是鱼可能躲过很多层网，但很难逃过縆绳。縆，读为“gēng”，形声字，指粗大的绳索。大縆绳横贯整条河道，能把水底的大鱼一网打尽。“千”与“一”对比，虽显夸张，但足以说明此绳的厉害。“縆”缘何有如此大的威力呢？“縆”属于地拽类渔具，一般要配合其他渔具如大罩等使用。“渔者以巨绠浮水中，两人拽之，上植苗，苗动施罩，每得大鱼。相传鱼视绠如城墙，不敢越，辄下伏，伏则苗动。”① 这种渔具渔法多用于春季和秋季捕捉鲤鱼，如今已很少使用。根据縆绳的不同，这一渔法又细分为三种：拉大縆，拉小縆，拉滚縆。② 无论哪一种，其主要作业工具都是“縆”。我们以拉大縆为例，来看一看縆的制作及其使用方法。

拉大縆需要一整套专用设施，包括縆绳、縆杆、縆苗、管船、罩船等。先制作“縆绳”。绳子很粗，最细的也要“径五六分，长八丈”③，粗的跟胳膊差不多。再绑“縆杆”。一丈二尺长的小竹竿每隔二尺一根，把根端绑在縆绳上，保证大縆下水沉在水底之后，竹竿要直立在水中。在每根竹竿的顶端插上鸡翎或拴上五颜六色的布条，叫作“縆苗”。作业时，选择水面开阔、水底平坦、水草少的淀泊，大縆下水时，在水中围成半圆形。把大縆两头用曳绳拴牢，曳绳分别系在两只管船④的轮轴上，两只管船用铁锚在水中固定起来，人蹬动管，管上的轮轴旋转，不断收紧曳绳，拉着縆绳紧贴水底匀速前进。水底的大鱼被縆绳惊扰，想从绳下钻过去，就会拱动縆绳，结果暴露了行迹。縆绳后面紧跟着两三只船，每只船上有两个渔民，一人驾船，一人站在船头，身边立着一只大罩⑤，手持“爆头”⑥ 撑着船。罩手根据縆杆和縆苗的动静来判断拱动縆绳的鱼所在的位置：苗杆有一根抖动，鱼必定在抖动的苗杆之下；苗

---

① 刘炳、王应鲸：《任邱县志》，乾隆二十八年（1763年）刻本。引文中的“绠”即“縆”。

② 夏石矿、田汉卿编：《白洋淀渔猎文化》（上），石家庄：河北出版传媒集团河北美术出版社，2021年，第241页。

③ （民国）张元第著，天津人民出版社1995年点校：《河北省渔业志》，选自河北省地方志编纂委员会《河北省志·水产志》，天津：天津人民出版社，1996年，第241页。

④ 管船，装有“管”的船。管，很像打水用的辘轳，辘轳是用手拧的，而管则是用脚蹬着转。

⑤ 大罩呈圆锥形，下口直径3米，高约4米。

⑥ 一种既可以撑船也可以轰鱼用的工具。

杆有两根在动，鱼肯定在两杆之间；苗杆三根齐抖，鱼就在中间一根缅杆下面；有好几根苗杆一齐抖动，鱼在抖动最厉害的地方。① 有时，苗杆抖动只显示出鱼的大概位置，还要仔细观察鱼从水中吹起的泡沫，来确定其确切位置，然后下罩扣鱼。

（九）小鱼的牢笼——密缝

“下密缝的抽烟——等鲥鯸（时候）。”密缝，一种陷阱类渔具，主体用细长的竹丝编成，底部用芦苇编成，缝隙非常细密，因此而得名“密缝”。密缝的外形看起来很像一个望远镜：先用竹篾编成小竹帘子，然后从竹帘的两头分别向中间卷，卷成两个大小均等的圆筒儿，上头微细，下头微粗。每个圆筒儿的边上都留一条窄缝，鱼只要进去就出不来。渔民下好密缝之后，一般要等两三个小时才有收获，所以捕鱼者往往是边等边抽上几支烟。平时所用密缝捕的多是鲥鯸之类的小型鱼，所以下密缝的抽烟叫“等鲥鯸”，谐音“等时候”。白洋淀的密缝有大有小。小的主体只有 30 余厘米，大的可高达 210 厘米。小密缝的捕捞对象是小鱼和虾，大密缝的主要捕对象是鲤鱼、鲂鱼、鲫鱼、花鲫、甲鱼等大鱼，主要用于配合箔旋捕鱼法使用，位置在迷魂阵的底口。歇后语中的密缝肯定是“小”密缝，因为鲥鯸鱼体形较小，体长 10—12 厘米。②

（十）要命的渔具——罱子与回子

“拼命的罱子，舍命的回子。”这是对两种捕鱼工具劳动强度的描写与总结。还有一条谚语与此相似：“勤罾、懒网、自在箔，舍命的回子最难逃。”“舍命”与“拼命”同义，极言劳动强度之大。

罱，形声字，上形下声，普通话读为“lǎn”，当地人读“nǎn”。罱子属掩捕类渔具，用于捕鱼、螺蚌，也可捞水草、河泥。白洋淀流传着一首歌谣，可以让我们对其结构特点及使用方法有一个初步的了解：“燕子衔泥来筑巢，驾起小船河面摇。竹篙罱子下水里，铆足力气往上捞。要问里面有什么？网布打开全是宝。”③ 罱子的设计原理与钳子类似，两根罱杆交叉，由一根粗绳绑在一

---

① 草白等：《渔猎：消逝的渔歌》，桂林：广西师范大学出版社，2018 年，第 147 页。

② 夏石矿、田汉卿编：《白洋淀渔猎文化》（上），石家庄：河北出版传媒集团河北美术出版社，2021 年，第 51 页。

③ 幽之、马伊凡：《老保定方言拾趣》，北京：新华出版社，2018 年，第 96 页。

起；两根罾杆底端各绑着一片三角形的网布，两片网布共同构成一个罾兜。夹罾时双手各执一根罾杆的上方，令其交叉运动，两个罾梢带动罾兜像大嘴似的一合一开，将物体夹起来、放下。罾子有小罾、窝罾、二罾（帐罾）、二大罾、大罾之分。罾的形制巨大，从小罾到大罾的尺寸为：罾杆长 4—6 米，罾梢长 1.8—6 米，罾兜高 1.1—3.3 米。[①] 由于夹罾子的时候，要不停地运动罾杆，还要将鱼虾蚌等连带泥草提出水面，相当耗费体力，所以要“拼命”。

回子，属于抄捞渔具，包括架回、端把子回、端黄鳝回、端黑鱼团子[②]回、端青虾回、抢虾回等。大多数回子的形状似一把长柄的大笊篱，不过要将笊篱的硬制网换成软质网兜。回子的一头儿是套着网兜的铁圈，一头儿是长长的木柄。回子的网眼有大有小，大眼小眼各有各的用途。“稠网捞虾，稀网捞鱼。”这条谚语中的“网”指的就是回子的网兜。网眼小，整个回子上的网眼就多，即“稠”，适合捞小虾；网眼大，整个回子上的网眼就少，即“稀”，适合捞鱼。回子在多种渔法中都有用武之地，如大型的扳罾、罩鱼等。用回子捞取鱼虾，全靠渔人的体力，特别是大型的回子，如端黑鱼团子的回子，回圈的直径达 200 厘米，回兜高 100—133 厘米[③]，有时一次就能捞上 100 多斤的小黑鱼，收获是快乐的，但辛苦也是免不了的。

（十一）抓螃蟹的方法——蟹楼

谚语“七下八上搭蟹楼”记录了白洋淀捕捉螃蟹的一种方法。蟹楼，即螃蟹楼，这里用的是比喻造词法，将捕蟹的装置比喻为“楼”，说明了此装置的外形。蟹楼学名叫“蟹簖”，这一名称侧重说明了具体做法。簖者，“插在河水里的竹栅栏，用来阻挡鱼、虾、螃蟹，以便捕捉”[④]。其实，栅栏不止可以插在“河”里，淀里也是可以的；栅栏也不只是“竹”的，白洋淀的“渔箔”“渔网”有同样的功能。农历七月下旬至八月上旬，白洋淀的螃蟹要洄游到海河去产卵，这时的螃蟹膏满黄肥，正是抓捕的好时节。渔民在内河道里拉起一道拦河网或

---

① 夏石矿、田汉卿编：《白洋淀渔猎文化》（上），石家庄：河北出版传媒集团河北美术出版社，2021 年，第 193—198 页。

② 黑鱼团子，刚孵化出来的小黑鱼。

③ 安新县地方志办公室编：《白洋淀志》，北京：中国书店，1996 年，第 132 页。

④ 中国社会科学院语言研究所词典编辑室编：《现代汉语词典》（第 7 版），商务印书馆，2016 年，第 328 页。

苇箔，在中间地带靠上游的地方，用苇箔扎出一个掩体，掩体为边长为一米多长的方形箔间，这就是所谓的“楼”，“楼两侧与横箔衔接处各留一个缝口”①。渔民将汽灯悬挂在“楼”的上方，螃蟹被拦河网或箔挡住去路，受灯光吸引，顺着缝口爬上“楼”，这时渔民伸出准备好的抄回（一种捕鱼工具）将螃蟹捕获。

（十二）观赏性渔法——鱼鹰捕鱼

“鹰叫一声，鱼惊千里。”这条谚语反映了白洋淀的放鹰捕鱼法。鱼鹰在水上一叫唤，水中的鱼儿便警觉起来，当然，这是夸张的说法。“鹰”指鱼鹰，羽毛多为黑色或褐色，嘴扁而长，暗黑色，上嘴的尖端有锋利的钩儿，能游泳，善捕鱼。鱼鹰的视觉和听觉非常灵敏，翅膀可以划水，脑袋扎入水里追踪鱼类，喙部尖利。放鹰需要驾驶一种专用船，叫“鹰排子”，船体窄长，船舱深，速度快，转弯灵活，可以在浪尖上穿行，俗话说“鹰排子浪里钻”。

雄安熟语中记录的渔具渔法不止以上这些，其他再如“庙里打埝子——淘（逃）神”，反映的是围埝捕鱼法。

二、鲇鱼抠腮，鲤鱼拿头——捕鱼技法

不同的鱼类有着不同的习性，也有不同的生长环境，捕捉的最佳时节也有所不同，渔民通过观察鱼性，创造或选择适宜的渔法，总结出捕猎各种水产生物的方法要领，正所谓“鱼教人会”。部分渔猎经验以熟语的形式呈现出来，于是这些熟语就成为渔猎智慧的沉淀。

（一）鱼类习性

雄安熟语总结了多种鱼类的习性，极其细微精准，为捕捞打好了基础。

1. 鱼类的普遍习性

第一，鱼儿离不开水。白洋淀渔民非常关注鱼跟水的关系，由此来判断鱼情。

雄安有一条谚语“有水就有鱼”，如果在其他地方，这一说法肯定是经不起推敲的，因为如果没有鱼卵无论有多少水也不可能孵出小鱼。然而，“有水就有

① 李金壮：《白洋淀传统捕鱼技巧——陷阱类捕鱼（3）》，微信公众号“雄安新生活”2019-12-21 18:03。

鱼”在白洋淀地区却是符合实际的。因为在白洋淀，无论是淀里还是水洼中都有鱼儿生长。有人分析过白洋淀鱼多的原因：一是雨水大的时候，附近的鱼塘被水浸没，里面的鱼或鱼卵被冲了出来，并在洼地上孵化成鱼苗；二是一些鸟类或其他动物到淀里或池塘里捕鱼，顺便把鱼卵带了出来，鱼卵又碰巧落到有水的洼地里，鱼卵孵化为小鱼并在此生长起来。过去人们不知道淀区鱼多的原因，就想当然地创造出“草籽变鱼”的说法。①

鱼与水相关的雄安熟语多为谚语形式，数量很多，如“鱼不甩子，必定等水”，告诉我们鱼类排卵需要特定的水域环境。“鸟占高枝，鱼抢上水”，说明鱼类喜欢在上游生活，因为那里的食物更多。“鱼走戗水，船行顺水”，说明水中的微生物随着水流动，逆流而上，容易遇到更加丰富的食料，所以鱼一般都逆着水流游动。“水不紧，鱼不跳”“水动鱼动”，水量不足的时候，因水中氧气不足，鱼儿会跳出水面。“涝鱼旱虾”，洪涝水大的年景有利于鱼的繁殖，鱼会很多；水小的时候对鱼的生长和繁殖影响较大，所以鱼就少。虾相对鱼而言个头小，在较为干旱水少的年头，它们的生长繁殖受到的影响相对也较小，所以，干旱的年景人们看到和捕到的虾并不是很少。正因为鱼跟水的亲密关系，才有了谚语“鱼知万里江洪”。

第二，鱼卵的生命力。“千年的鱼子，万年的莲子”，这条谚语用夸张的手法说明了鱼子的存活期之长。据说白洋淀干淀很久以后，水一来，鱼也随之而来。其原因应该是此处本来就有鱼，这些鱼在干淀之前就产了卵，并将卵埋在淤泥里，鱼会因干旱而死去，但鱼卵能活很长一段时间，等水来临之时，小鱼就会孵化出来。

第三，水中食物链。“大鱼吃小鱼，小鱼吃虾米，虾米吃青泥。”（大鱼吃小鱼，小鱼吃小虾，小虾吃苲末。）“苲末”即苲草粉末。这条谚语揭示了水中生物的食物链构成。在很多地区，类似的谚语到第二句即截止，而雄安谚语却又延展至“虾米吃青泥”或“小虾吃苲末”，这一延展当然是源于淀区特有的生产生活经验。试想：如果没有对淀里微生物的深入了解，如何能创作出这样的谚语来呢？再如“鱼大吃虾，虾大吃鱼”，旱区人都知道虾是鱼的食物，有谁知道鱼也可能成为虾的盘中餐呢？渔人告诉我们，有些大虾真的是吃鱼的。

---

① 草白等：《渔猎：消逝的渔歌》，桂林：广西师范大学出版社，2018年，第155页。

2. 各种鱼类（含蟹）的独特习性

首先，迁徙规律。鱼类一般喜欢温暖的环境，往往随着水温迁徙，“春过三天鱼北上，秋过三天鱼南下”。螃蟹则有自己的洄游规律：“白洋淀的螃蟹——七上八下。”这条谚语讲的是白洋淀螃蟹的生活习性，“七月从海河游到白洋淀，脱皮两次，长成大蟹八月开始洄游”[①]。螃蟹属洄游性甲壳类水生动物，它们在海洋中繁殖，到淡水的江、河、湖中生长。螃蟹农历三四月孵化，蟹苗跟随漕运船，长途跋涉，农历七月来到白洋淀。农历八月过后，白洋淀螃蟹开始洄游。赵北口、枣林庄一带“是河蟹‘七上八下’的必经之路”[②]，所以这一带的螃蟹非常有名。“王港的螃蟹顶盖儿肥。”王港就位于赵北口西南，“港”当地人读jiǎ[③]，白洋淀最好的螃蟹就产于这里。所谓顶盖肥，是指母蟹体内的黄充盈，把盖子都顶起很高。[④] 后来，由于白洋淀所属的海河流域水量连年减少，再加上白洋淀下游修建了大坝截断了螃蟹的洄游路径，几乎看不到螃蟹“七上八下”的情景了。我们现在见到的白洋淀河蟹大多是人工繁殖的，先培育出蟹苗，然后撒到大淀里直接生长。白洋淀的螃蟹个大肉厚，味道鲜美，有八月中秋持蟹赏月的说法。

其次，动态或活动规律。渔民们在长期的捕捞生产实践中，经过细心观察，发现不同的鱼在水中的动态是不一样的，特别是当鱼受到威胁的时候，于是总结出了各种鱼类的特点：“黑鱼前窜，鲤鱼后煞”是讲黑鱼会往前窜以逃离险境，而鲤鱼则转身往后逃脱；“鲫鱼颤，鲤鱼弓，鲇鱼身子扭，鳜鱼常动”讲述的是鲫鱼、鲤鱼、鲇鱼、鳜鱼等鱼种各具特点的水中动态；“黄花鱼溜边儿，泥鳅沉底儿”总结了黄花鱼和泥鳅在水中常出现的位置。

最后，不同鱼种的特长。“鲤鱼会跳，鲇鱼认道。”鲤鱼有时会跳出水面，所以有“鲤鱼跳龙门”之说；鲇鱼的视力不大好，长着四条触须，靠触须感知

---

① 安新县地方志办公室编：《白洋淀志》，北京：中国书店，1996年，第435页。

② 河北省地方志编纂委员会编：《河北省志·水产志》，天津：天津人民出版社，1996年，第92页。

③ 刘贺军：《我的白洋淀》，长春：吉林人民出版社，2020年，第90页。

④ 母蟹成熟以后，从尾部便可以明显地看出：之前盖子是紧紧扣在主体上的，盖缘线与主体上的横向纹路相距不远，而蟹成熟后这个距离便被拉大了；蒸熟或煮熟以后，效果更明显，从蟹臀部可以看到腹内厚厚的红色膏体。

环境，习惯以阴暗隐蔽的浑水区为窝，白天游出来觅食，晚上还游回去休息，所以说“鲇鱼认道”。“鲢子不怕羞，离离拉拉到大秋。”鲢子，即鲢鱼，也叫白鲢或胖头鱼。① 一般鱼类的产卵期都是有限的，而鲢子的产卵期却比较长，从农历的五月一直到八月②，而农历的八月正好是大秋时节，所以说“离离拉拉到大秋”。“鲂鱼一堆，鲇鱼一块。”“一堆”和“一块”“分别指鲂鱼和鲇鱼鱼卵群体的形状”③。俗语“一个螃蟹窝掏的”道出了渔民捕蟹的实践经验。螃蟹喜穴居，螃蟹洞一般在岸边低于水面的位置（遇到水小的年份也会露出水面），有经验的人能够识别哪些洞里有螃蟹，伸进手去就能将其掏出来。“水蝎子——不怎么蜇（着）。”水蝎子，蜻蜓的幼虫，生活在水里，因为外形很像蝎子而得名，因蛋白质含量高，营养丰富，现在人们常常捕来油炸吃，但过去水乡人是不吃这种东西的。这种昆虫虽然叫“水蝎子”，但不蜇人，“蜇”与“着”谐音，就有了此条歇后语。比如甲问乙：“这事你打算怎么着？”乙可以俏皮幽默地回答“水蝎子——不怎么蜇（着）!”甲鱼俗称“王八”，当水底温度低于15℃时就要钻入淤泥进行冬眠，此时一般在立冬前后。渔民们将这一规律与鱼类并提，创造了谚语“鱼儿七上和八上，王八立冬来盘窝”。

（二）渔猎环境、渔猎时间

1. 环境、位置

“水至清则无鱼”，意思是说水太过清澈，就缺少可以作为鱼儿饵料的微生物，那鱼就自然不可能在这里存活。养鱼需要良好的水质，但是不能太过清澈，否则水中生物太少，鱼就没有了食物来源。水深有利于鱼儿的生长，因此有“深水藏大鱼”“深水藏肥鱼”等谚语。深水里氧气和养料都比较充足，鱼儿的生长环境好，容易很快长大长肥。“水底泛青苔，必有大鱼来。”水底有青苔，说明这里的水生生物较多，能够给鱼类提供充足的食物，所以容易吸引大鱼到这里安家。

“壕沟嘴巴，鲤鱼说话。”这一条谚语讲的是水域位置跟捕鱼的关系。“壕沟

---

① 李明德编：《天津鱼类志》，天津：天津科学技术出版社，2011年，第78页。

② 安新县地方志办公室编：《白洋淀志》，北京：中国书店，1996年，第436页。

③ 中国民间文学集成全国编辑委员会、中国民间文学集成河北卷编辑委员会编：《中国谚语集成·河北卷》，北京：中国社会科学出版社，1992年，第843页。

嘴巴”，即壕沟的出入口。白洋淀内有很多条壕沟，壕沟口通大河，有水流且流速较快，水域含氧量较高，随水流冲来的食物也多，所以有不少的大鲤鱼会齐集于此。鲤鱼捕食时会浮到水面，把嘴露出来，还会发出“吧嗒吧嗒”的声响，就像在说话一样。吧嗒嘴的声音暴露了鱼的踪迹，给渔人提供了叉鱼的好时机。在白洋淀，人们形象地称这种渔法为“叉吧嗒嘴儿”。

谚语云：“什么树落什么鸟，什么鱼偎什么草。”这个“草”即水草，一个“偎”字充分揭示了鱼跟水草的特殊关系。有趣的是，不同的鱼种对水草的“感情”也是不同的。水中生有很多水草，白洋淀人称之为“苲菜”或“苲草”。水草都生长在浅水区，借助光合作用可产生大量的氧气，于是周围的水域水生物也很多，鱼儿便经常在这些地方觅食，排卵期的雌鱼与雄鱼也特别喜欢在苲草间互相追逐。鲤鱼喜欢“荇菜或金鱼藻”，鲌鱼喜欢“篦齿眼子菜或穗花狐尾藻”，草鱼喜欢“荇菜和苇草”。[①] 渔人了解了鱼性，就有针对性地去不同的水草区捕捞。“白儿里苲，苲里白儿。”“苲”，指苲菜，就是水草，“白儿”指没有水草的地方。这条谚语讲的是叉鱼要选择水草疏密有度的水域。产卵后的鱼（多是黑鱼、鲤鱼、草鱼、鲂鱼、鳜鱼等大个头鱼类）守护在卵旁，行动迟缓且有规律，而且它们往往选在水草与水面相间的地方，因为这里既利于游动，也利于藏身。渔民摸清了大鱼的这一规律，专门选在“白儿里苲，苲里白儿”的地方叉捕。

“顺沟拿鲇鱼——没跑儿。”鲇鱼一般喜欢生活在阴暗的沟子里，所以渔人总结经验说要“顺沟”捕捞。

2. 渔猎时间

首先，从熟语中可以发现白洋淀人在一天中的捕鱼时间。“宁捕早晚一刻，不捕中午半天。”中午淀上气温高，尤其是夏季，水汽蒸腾，不适合捕鱼，渔人一般选在早晨或晚上工作，这时的鱼获也比较多。

另外，雄安熟语也记录了不同季节捕鱼的规律。初春是捕鱼的黄金期，“开河如大秋”。所谓“开河”，即冰面化解，“是时，春冰既泮，蘩、荇、藻、菰可采，贫者采以易薪米；渔人著皮衩，发鱼以网、以叉、以笱、以箔、以钓、以

---

① 夏石矿、田汉卿编：《白洋淀渔猎文化》（上），石家庄：河北出版传媒集团河北美术出版社，2021年，第67页。

罨，竞取而多获焉”①。开河时很多鱼类仍处于蛰伏状态，反应迟钝，游动缓慢，捕鱼轻松而容易。立夏后，水中氧气增加，鱼摄食增加，游速加快，不太容易捕捞，即所谓“日暖鱼滑”。到了盛夏，很多鱼种为避暑热沉入底层，进食减少，活动减少，对捕捞非常不利，于是很多捕捞活动暂停，“下篓歇伏”。“柳毛子掉，下篮的笑，卖鱼的满街叫。”这一谚语告诉我们，春末是捕鱼的丰收季节。每年春末柳树毛子掉下来（即柳絮飞）的时候，正是下篮捕鱼的好季节，也是卖鱼游商的旺季。此时淀里的冰已经彻底化掉，正是鱼儿迅速生长的时候，它们在水中忙碌觅食，渔人在篮中放置的鱼饵很容易吸引到小鱼。“杨柳青，断鱼腥。”一般四月份以后，杨柳枝干由干枯的褐色变成绿色的时候，气温逐渐上升，捕鱼旺季随之就过去了。鱼带腥味，所以说“断鱼腥”，这里用的是借代的手法，用“鱼腥”指代鱼获。“春鲂、夏刀、迎霜厚，开河的屎包儿（鲫瓜）赛猪肉。”“马莲开花吃甲甲，高粱开花捕螃蟹。”这两条谚语有双重功能，一方面告诉人们各种鱼最好吃的季节，一方面总结了不同鱼类的最佳捕捞季节。“鲂”即鲂鱼，头尾都小，身体又宽又薄，这种鱼春天好吃。鲂鱼喜吃水草，春天水草嫩而肥，鲂鱼吃得饱自然就肥。刀，即刀鱼，《天津鱼类志》指出刀鱼为“刀鲚”的地方名称，属于洄游鱼类，“天津海区 7 月于河口形成鱼汛，大量刀鱼上溯到蓟运河、潮白河上游产卵……8 月中旬采到回头刀鱼”②。而蓟运河、潮白河都与大清河相通，白洋淀就在大清河水系，所以每年夏季，产卵的刀鱼有很多也进入白洋淀。刀鱼头长而狭薄，腹背像刀刃，故名刀鱼。李渔曾说过：“食鲥报鲟鳇有厌时，鲚（魛鱼）则愈甘，至果腹而不释手。”刀鱼与鲥鱼、河豚并称为“长江三鲜”。南方吃刀鱼的最佳时节在清明前，北方气温回升较晚，故而食刀鱼的最佳季节是夏季。关于刀鱼的吃法，白洋淀当地没有介绍，《南京渔业志》中提到当地渔民的三种吃法：油炸；汆汤；风干。③“厚”即厚鱼，是当地人对草鱼的称呼，与鲤鱼、鲢鱼、鲫鱼等相比，草鱼的头部和身体明显要厚实很多，因此白洋淀人以其形命名，称之“厚鱼”。草鱼，“草食性，摄食芦苇、

---

① 丁世良、赵放编：《中国地方志民俗汇编》（华北卷）之《雄县新志》（二十一篇·民国十八年铅印本），北京：北京图书馆出版社，1989 年，第 336 页。

② 李明德编：《天津鱼类志》，天津：天津科学技术出版社，2011 年，第 28—29 页。

③ 张敦宪、钱敬炜编：《南京渔业志》，合肥：黄山书社，2000 年，第 39 页。

蒲草"[①]等，为储备过冬的能量，秋天入冬前大量进食，于是下霜前的厚鱼最好吃。"屎包儿"，方言，白洋淀地区对黑臀刺鳑鲏的俗称，这是一种小型鱼类，"鱼形似鲫鱼，而比鲫鱼小"[②]，嘴巴尖小，肉少而肠多，故而被戏称为"屎包儿"。南方有俚语曰："鳑鲏儿屎多，尖嘴婆话多。"春季到来，淀面上的冰凌消融，这时正是很多鱼儿最肥美的时候，特别是鲫瓜和屎包儿。"鲫瓜"即鲫鱼，开河后气温升高时跑测（产卵），这时逮上来的鲫瓜满肚都是鱼子，炖着吃起来当然分外香。屎包儿储存了一冬的脂肪，吃起来比猪肉还香。刘贺军介绍了屎包儿的吃法：白洋淀人一般在二月二吃这种鱼。头一天先把鱼腌制一晚，第二天早起用油煎，再将鱼裹进"荷叶饼"[③]来吃。马莲花开在五六月份，高粱开花在八九月份，"马莲开花吃甲甲，高粱开花捕螃蟹"的意思是说初夏甲甲（也叫嘎鱼，学名黄颡）成熟好吃，初秋是捕螃蟹的好时节。

不同季节捕鱼的时辰也会有变化，有谚语云："春天黄昏，冬打五更。"

此外，渔法对天气也有要求，如前文提到的"风钩、雨卡，晒死人的小箔"。对淀中捕捞而言，风是有利因素，风搅动水体，让鱼的食料多了起来，于是谚语有"打鱼的不怕风浪"和"抬头看风住，打鱼不开船"。钓鱼谚语也告诉我们风的特殊作用，如"风吹浪起鱼咬钩，无风鱼儿难开口"。雨后对于捕鱼者来说是非常友好的天气，因为雨后水里氧气含量增加，鱼虾到处觅食，很容易捕到。"雨前下淀白费功，雨后下淀舱不空。"雨后非常适合下罱子、扣罩。"雷阵雨后，抢食没够；雨后放光，钓鱼辰光。"这是钓鱼人的心得。看来，张志和"青箬笠，绿蓑衣，斜风细雨不须归"是有客观依据的。

（三）捕鱼技巧

1. 捕捞速度

"紧撒网，慢拉绳。"一"紧"一"慢"非常清晰地讲明了撒网的操作要领。"紧抢鱼，慢抢虾，不紧不慢抢蛤蜊。"这是以抢回为工具捕捞水产的谚语。"抢"，指的是用抢回捕鱼虾。"抢回"，白洋淀渔民用的一种回子，其特点是回

---

① 李明德编：《天津鱼类志》，天津：天津科学技术出版社，2011年，第35页。

② 刘贺军：《我的白洋淀》，长春：吉林人民出版社，2020年，第9页。

③ 刘贺军：《我的白洋淀》，长春：吉林人民出版社，2020年，第9页。荷叶饼，就是烙饼时把饼对折起来烙，形状像折起来的荷叶。

舌头是一块直板。抢回捕鱼一般在冬季，作业的时候回舌头紧贴水底向前推，将鱼虾收入网兜。用抢回捕鱼时速度要快，逮虾时速度要慢，抓蛤蜊（当地人读 gěle）则要不急不慢。鱼的体表因为有鳞片和黏液，非常光滑，加之鱼的游速较快，必须迅速地抓捕。虾的体形小而轻盈，如果速度太快，不容易将虾收进抢回，因此抓捕虾不能着急。蛤蜊当地又叫“钵螺”，细分为张钵螺（即河蚌）、圆钵螺（即田螺）、小钵螺（即螺蛳）。捉蛤蜊的方法有多种，主要为摸、抄和夹。摸，就是用手在水底摸找；抄，就是用小回子从水中抄捞；夹，用罱子从水中夹出来。“抄”的对象一般是形体较大的河蚌和田螺，它们在水中静静地张开、缓慢地游动，渔人要找准时机，伸出长柄小回子（直径 10 厘米左右）将其从水中捞出，因此说“不紧不慢”。

2. 擒拿部位

“鲇鱼抠腮，鲤鱼拿头，泥鳅一抓一出溜。”这条谚语总结了白洋淀人用手捉鱼的经验，鲇鱼身体表面没有鳞片，却长满黏液，一抓一出溜，只有抠住鱼鳃才能抓住；鲤鱼的头部较大，捉住头就可以拎起来；泥鳅体形细长，皮下有小鳞片，表皮滑腻，而且头部很小，无法像鲇鱼那样抠鳃，也不能像鲤鱼那样拿头，而是“一抓一出溜”。泥鳅是白洋淀地区的一种水产，过去多是烘干后食用，为白洋淀特产“锅炮（bāo）鱼”的主要原料。泥鳅还可入药，被称为“水中之参”。类似的熟语再如“拿鱼先拿头”，简洁明了，说明在一般情况下，抓住鱼的头部就可以了。

3. 作业场地

用罱子夹鱼讲究看苲草的稀疏程度，谚语“稀夹密，密夹稀”就是这方面经验的总结。初春，气温虽已转暖但水温尚凉，鱼喜欢偎在苲草间取暖，所以选在苲草较多的地方下罱[①]，捕鱼机会较多。但随着气温的上升，苲草迅速生长，有的地方苲草过密，氧气含量少，不适合鱼类生存，而且下罱也不容易夹到太多的鱼，这时候就应该转到苲草稀疏之处，所以有“稀夹密，密夹稀”之说[②]，意思是不要局限于一处作业，经常调换场地方才能有更多的鱼获。

---

① 此处指的是夹二罱。

② 夏石矿、田汉卿编：《白洋淀渔猎文化》（上），石家庄：河北出版传媒集团河北美术出版社，2021 年，第 200 页。书中用的是“挟”字，但笔者认为应用“夹”字。

4. 声驱捕鱼

“替人赶网”是白洋淀地区特有的一条惯用语，它来自白洋淀人们“赶网”的实践。将渔网下入水中以后，为了让鱼尽快撞到网上，渔人把船划离下网的地方，拿一块铁片在船头敲打，一边敲一边向布网的地方前进。鱼儿被敲打声驱赶着向网的方向逃跑，最终撞到网上而被捕获。如果替别人赶网，虽费了力气，但收获的是别人，自己白忙一场却一无所获。“替人赶网”，意思与“替他人做嫁衣裳”很相近。

5. 巧妙伪装

“没有红心苲，乱不住傻鲫瓜。”红心苲，一种苲草；鲫瓜，即鲫鱼。鲫鱼喜欢在红心苲中觅食。白洋淀人捕鲫鱼一般用粘网或鱼篮，如果下篮捕鱼便用红心苲做伪装；如果用粘网捕鱼，就将网下在红心苲丰盛的水域。前文提到的“鱼迷花篮人贪色”之鱼篮，也是安置在苲草中的。

此外，钓鱼的讲究也很多。钓鱼跟一般的捕捞不同：“打蛇打头，钓鱼钓口。”钓鱼人要有耐性，着急是钓不到鱼的：“钓鱼要忍，拿鱼要狠。”钓鱼的季节与位置紧密相关：“春钓滩，夏钓潭，秋钓阴，冬钓阳。”还有一条钓鱼谚非常有趣：“混子围攻，鱼篓必空。”“混子”为方言，指小鱼。钓鱼的时候，会碰上一群小鱼吞食鱼饵却不咬钩的现象，这时鱼漂频频点动，时沉时浮。鱼饵都被小鱼窃取了，钓鱼人的篓子自然不会有收获，所以说“必空”。

三、打鱼摸虾能养一家——渔猎经济

一方水土养一方人，靠山吃山靠水吃水。白洋淀水域环境优良，适合养殖和捕捞，在水区渔业是支柱产业。

（一）渔业捕捞

白洋淀拥有丰富多样的水产资源，旧时很多人家从事渔业捕捞，很多渔谚都是他们实践经验的总结。

“渔网，在渔家心里如同生活的金钥匙”①，于是有谚语“头一网金，二一网银，三一网捞个聚宝盆”。渔业是水乡家庭的主要经济来源，这条谚语充分反映了白洋淀人民以渔业为主的生产方式。淀边村的生产兼具水区和旱区的特点，

① 王英年：《水乡琐忆》，保定：河北大学出版社，2016年，第36页。

生产方式灵活多样，有“涝了吃小鱼儿，旱了吃地梨儿，不涝不旱织小席儿”之说。“涝了吃小鱼儿”意思就是说水大的年头，渔业可以维持生活，作为家庭的主要经济来源。水区人认为“种地不如打鱼，打鱼不如织席”。过去，农村人很少有到城里打工的，种地能解决口粮但却难以增加收入，打鱼则可以通过出售水产而增加“活钱”。淀区有很多人家以捕捞为业，因而有谚“打鱼摸虾能养一家”。

渔业对于水区经济的贡献有多大呢？渔谚告诉我们，“开河如大秋”。意思是开河的那段时间，渔民的收获之多就像旱区过大秋那样，只不过渔民的丰收发生在春天。初春，春风拂过冰面，大淀冰消雪融，在冰下憋了一冬的鱼儿开始游动觅食，并为繁殖做准备；搁置了一冬的渔船再次下水，白洋淀随即进入开河期，捕鱼旺季到来了。像旱区人们“过大秋”一样，开河是白洋淀人忙碌而收获的季节。开河之前，他们就开始收拾渔船、渔具，做好下水捕鱼的一切准备。

过去鱼鹰在白洋淀渔业中有特殊贡献。“三只鱼鹰养一家。”这条谚语的意思是说，鱼鹰擅长捕鱼，养上几只就能解决一家人的温饱问题。“三只”和“一家”两组数量短语，将鱼鹰的价值鲜明地凸显出来。在白洋淀水村中，有些人家世代放鹰。鱼鹰，由鸬鹚驯化而来。把鸬鹚驯化成鱼鹰，要从幼鸟开始，需经过孵化、饲养、驯化的复杂过程。驯好的鱼鹰是捕鱼能手，如同旱区人家的牛马驴骡，能给渔民带来可观的经济效益。20 世纪 30 年代，一只好的公鹰价值超过一头耕牛，其市场价非常高，“巧者每只三四十元，普通二三元至十数元不等”①。放鹰人家都备有专用的船只“鹰排子”，船上设有鹰架，鱼鹰站在上面，一只鹰排子需配备六只以上的鱼鹰，众鹰合作，保证足够的鱼获。

（二）渔业养殖

白洋淀有渔业养殖的习俗，在养殖生产中，人们总结了很多渔谚。

养鱼离不开水和鱼苗，这两者对渔业养殖而言异常重要。“水是田畴，鱼是籽粒”“水是青苗，鱼为籽粒”，这两条近义谚语把水面比喻成田地或秧苗，把鱼苗比喻成农作物的籽种，在田地里洒下籽种就能收获庄稼；在水里撒入鱼苗

---

① （民国）张元第著，天津人民出版社 1995 年点校：《河北省渔业志》，选自河北省地方志编纂委员会《河北省志·水产志》，天津：天津人民出版社，1996 年，第 244 页。

它们就会不断地生长、繁殖。白洋淀地区有个说法："鱼是草籽儿变的，那散在河里的草籽儿，一见新水就都变成鱼了。花儿秸籽变鲫瓜，芒子籽变鲂鱼……"①"水要鱼养，鱼要水养。"这条谚语揭示了水和鱼之间互相依赖、互相成就的密切关系。鱼塘养水是关键，水中含有多样性的微生物，才能维持食物链和生态链的平衡。水中的生态状况经常会在"水色"上体现出来，于是有谚语"水色早晚变，鲢鱼长得肥"。水域的大小对鱼儿的生长有一定限制，"韭菜畦儿，养小鱼儿。"种韭菜的田畦非常狭窄，在如此窄的空间里养出的鱼自然也不会大。这句谚语的言外之意是要想养大鱼，就需要宽阔的水域。

养鱼需要喂饲料，所以说"人靠饭饱，鱼靠饵料"。饵料对于鱼的重要性，如同饭对人一样，要想让鱼迅速生长，就得保证有足量的饵料。这句谚语提醒人们要及时、足量地喂鱼。

鱼在生长的过程中有一段迅速生长期，人们总结为谚语"鸡吃四月，鱼吃五月"和"鱼长三伏猪长秋"，以鸡和猪作比，告诉我们鱼类在夏季生长最快。所以要抓住三伏这一时节，多多投喂，促使鱼儿生长，"过一伏，促一促，过三伏，促三促"。

鱼塘需要科学管理，"三分放种，七分管理"。除了水源、鱼苗等以外，还要对鱼塘进行清整和消毒，检测水质，保持环境良好。渔谚"虾子爬岸边，浮头在眼前"总结了鱼塘养鱼的经验，即根据虾的表现来判断鱼类是否也缺氧。"虾子"即虾，其耐低氧能力比鱼类要差，所以当水质不好的时候会最先做出反应，成群地游到池塘边上；"浮头"指鱼类因水中缺氧浮到水面，将空气和水一起吞入口内。关于鱼塘缺氧的谚语，再如"咳嗽鱼下沉，浮头不要紧；击掌鱼不动，浮头很严重"。轻度的浮头只限于鲢鱼、鳊鱼、鲂鱼等，浮头的鱼集中在池塘中心区域，当它们听到人的咳嗽声时，会受到惊吓而潜入水面以下；严重的浮头，就不只是上述三种鱼了，不容易浮头的鱼也会依次浮头，这时候浮头的鱼群从池心逐渐分散到池塘的周围，即使用力击掌的声音，也不会令鱼感到惊吓而下沉，这说明鱼缺氧非常严重，很快就要死掉。这些渔谚对于池塘养鱼

---

① 草白等：《渔猎：消逝的渔歌》，桂林：广西师范大学出版社，2018 年，第 155 页。

非常有帮助，根据它们可以观察和判断鱼类是否会缺氧。①

四、丰年兔子歉年鱼——狩猎民俗

除了捕鱼，雄安人过去还有狩猎的习俗，狩猎对象有水鸟、大雁、野兔等。不同季节打不同水禽。“春骨顶，秋鸭子”说的是白洋淀地区春秋两季哪种野禽最好吃。“骨顶”，一种水禽，体形似肥鸡，一身黑色的羽毛，只有嘴巴和额头的中间为白色，额头的白色很像是突出的头骨，所以被称为“骨顶”。“鸭子”，指野鸭。水区人食鸭是有传统的，过去人们贴秋膘就吃“鸭子炰藕”，这是一道“润秋燥的白洋淀名菜”②。雄性的野鸭又叫“大绿头”“大红腿”，脖子上有白圈儿；雌鸭体型相对较小，像白洋淀人工饲养的麻鸭，全身羽毛深褐色，点缀着暗黑色的斑点，胸腹部有黑色条纹。还有一个珍稀品种“龙凤鸭”，“公鸭长大后头部酷似凤头，故得名”③。春天骨顶肉鲜，秋天鸭子最肥，所以说春天打骨顶，秋天打野鸭。水鸟习惯群居，白洋淀人猎捕它们有两种方法。一是用一种特殊的火枪——大抬杆儿④围猎。多杆火枪同时放第一枪，把水鸟惊起，待其飞到半空，紧接着再发第二枪，水鸟纷纷被击中。另一种的方式是“划鸭子网”。做法是在水面以下水底以上铺上网片，让水禽不知不觉地钻进网眼，将其捕获。白洋淀地区水草丰美，南来北往的大雁经常在这里歇脚，旧时也有人捕猎大雁来熬炖食用的。

过去，兔子是旱区人的野味，于是有谚语“丰年兔子歉年鱼”。旧时，民间有吃野兔的食俗，安新县老河头的“兔子锅”曾经很有名气。歇后语“搂草打兔子——捎带脚儿”在雄安也很普及，意思是说做一件事的同时顺便捎带做另一件更有收获的事。据说曾经有一个农夫，在他割草的时候草丛中蹿出一只野兔，农夫顺手将其捕获。其中的民俗是“打兔子”，即用猎枪、弹弓等捕猎野兔。在平原这是一种很普遍的狩猎活动，原因是野兔生存环境不受限制。除去

---

① 有关鱼类缺氧表现的介绍参考《根据渔谚观察和判断鱼类浮头情况》，https://baijiahao.baidu.com/s?id=1642549742081206737 摄影随拍 2019-08-22 15:05。

② 刘贺军：《我的白洋淀》，长春：吉林人民出版社，2020年，第51页。

③ 冬子李：《白洋淀美食笔记》，中国香港：中国文化出版社，2016年，第25页。

④ 抗日战争时期，白洋淀地区有名的抗日武装“雁翎队”就是用这种武器打击日本侵略者。大抬杆儿放在专门安放这种枪的小船“枪排子”上，这种船底部是平的，没有舵，前宽后窄。

水区以外，雄安地区都是平原，野兔很多，与华北平原的其他地方没有什么不同。

过去人们狩猎经常要借助“老鹰”，俗语有“放鹰的让鹰鸽了眼”或“玩了一辈子鹰，让鹰鸽了眼”。一直靠放鹰捕猎的人却被鹰鸽了眼睛，比喻在自己最熟悉的领域里，被熟悉的人算计了。鹰，指老鹰。鸽，读 qiān，指禽类用尖嘴啄食。其中的民俗是“放鹰捕猎”——这是一种不受地域限制的狩猎方式，用驯化过的老鹰捕猎兔子、老鼠等小型哺乳动物。

以上介绍的捕猎活动发生在遥远的过去，如今雄安人的动物保护意识增强，他们保护环境，爱护动物，白洋淀地区已经成为鸟类的天堂，再也没有捕猎禽鸟和野生动物的现象发生。

第五节　雄安熟语中的舟船制造及手工业民俗

一、背上三块板儿，走到天边有饭碗儿——造船民俗

位于雄安新区腹地的白洋淀，水域宽广，水面上舟船如织。淀中散落着众多小岛，岛与岛之间没有旱路，岛上的人们世世代代临水而居，打鱼、出行等都离不开船。白洋淀位于平、津、保三角地带之腹地，自古水陆畅通，“东靠天津，船可直达”“西近保定，船可沿府河直抵市郊码头”[①]。无论是民间日常打鱼、出行，还是上府下卫的水上航运，都需要舟船。

白洋淀大规模的造船历史可以追溯到宋代，起初是出于军事的需要，后来逐渐转向了民用。北宋沈括曾任河北西路察访使，经雄州出使辽，他在《梦溪笔谈》中记载了何承矩白洋淀泛舟往事。[②]《宋史·列传·卷六十七》记载，淳化三年（992 年）李继宣知保州，“造船一百艘，入鸡距泉以运粮，人咸便之”。据说当时的造船匠人均来自白洋淀的雄州、安州一带。《宋史·列传·卷三十二》记载，咸平二年（999 年），何承矩给皇帝的密奏中提道：太宗以来“置砦一十六，铺百二十五，廷臣十一人，戍卒三千余，部舟百艘，往来巡警，以屏

---

① 安新县志安新县地方志编纂委员会编：《安新县志》，北京：新华出版社，2000 年，第 553 页。
② 梁勇：《水乡船技——白洋淀的船文化》，河北新闻网 2017-07-14 17:46:19。

奸诈”①。可见，“舟船百艘”已成为宋辽边境必备的防御，建构如此庞大的水师，定然需要相当数量的造船工匠。

白洋淀悠久的造船历史也造就了一系列与船相关的民俗语汇。从白洋淀有船时起，关于造船行舟的熟语便经一代代造船师傅、一位位普通的船工口口相传，直到今天。造船用什么工具，造船的主要劳作方式是什么，造船工匠的经济收入如何，等等，我们在雄安熟语中都可以找到答案。

（一）造船之乡——马家寨

“关城的菱角，同口的米，王家寨的荷花，白洋淀的水，新安的艚船下了天津卫。”新安，即现在的安新县城；艚船，专门用来运输大宗货物的木制大船。旧时，从新安到天津有一条水上通道，大宗货物多由艚船运输，成本比陆路要低。雄安的船出自新安，而新安的造船业集中在马家寨，马家寨是有名的造船之乡，其造船、修船的技艺不仅在白洋淀首屈一指，而且享誉全国各地。

“马家寨师傅甩线——一手准。”过去白洋淀的船都出自马家寨造船师傅之手，关于造船的熟语则大多出自马家寨造船师傅之口或与这些工匠的劳动密切相关。该村位于雄安新区安新县端村镇，村里“从七八十岁的老人，到十来岁的娃娃，人人都会造船”②。马家寨人之所以都会造船，是一种历史传承，这可以从其村名的发展史中看出来。马家寨原名“马村”，据说为马氏建村。宋代曾有驻军屯驻在这一带并形成寨垒，后来辽军兵败退去，一马姓偏将留守此寨，改称“马村寨”。至明朝永乐年间，村名改名为“马家寨”并沿用至今。北宋初年，朝廷曾在宋辽边境的白洋淀地区大搞“塘泺防线”，工程浩大，当时军中所用船只数量很多，于是军中就必须配备造船、修船的技术人才，马家寨借助地域优势成为造船和修船的专业村落。后来，边关无战事，很多战士转为农民，军中所造船只由军用转为民用，原来的军工人员也转身成造船修船的师傅。造船业为马家寨村民解决了生活问题，也为雄安水乡培养了众多能工巧匠。“清代马家寨工匠曾为光绪皇帝造过龙舟和吊船。北京北海、颐和园里的画舫均出自马家寨工匠之手。”③ 民国年间，马家寨有“东兴”“永顺”“同兴”“四合顺”

---

① 梁勇：《水乡船技——白洋淀的船文化》，河北新闻网 2017-07-14 17:46:19。

② 草白等：《渔猎：消逝的渔歌》，桂林：广西师范大学出版社，2018 年，第 27 页。

③ 方言：《白洋淀上的传统造船技艺》，《共产党员》（河北），2018 年第 16 期，第 64 页。

“盛兴”“两益公”等“造船八大家”[1]，所造船只供不应求。抗日战争时期，他们还为抗日武装“三小队”和“雁翎队”造船，支援当地的抗日斗争。新中国成立以后，安新造船厂的工人中有90％以上都是马家寨人。建国初期，天津一些造船厂的部分员工也来自马家寨，其中很多工友就留在了天津市。[2] 此外，马家寨的造船技艺也成就了一道道景观，除了北海和颐和园画舫，再如明代安州八景之一“石臼停舟”，明朝人邵炯对此有诗云：“石臼茫茫接远天，渔人唱晚兴悠然。归来倚棹泊何处，只在晴沙白石边。”[3]

马家寨造船样式多，分运输船和生产生活用船，《白洋淀志》将其分为十种，我们又将其归并划分为十一种。[4] 第一类，艚船，属大型船，因船体由两只一头平齐的船对接而成，故淀区人俗称“对艚”。第二类，艘船，淀区人称“分艘”，属大型船只，船身为一整体，备用工具齐全，可借助风力行驶。第三类，艕船，属大型船只，淀区人称“艕子”，艘的一种，以客运为主，船上建有木棚，内分上下铺，并以梁扇间隔，不怕风吹雨淋，俨如客厅和卧室。第四类，舱船类，分三、四、五、六舱，除五舱用于运输外，其他均为农业、渔业之用。第五类，排类，其中鸭排是放鸭的专用船，鹰排是放鹰捕鱼的专用船，枪排是水上猎禽专用船。第六类，罾船，扳罾治鱼的专用船，船体比四舱、六舱宽，浮力和稳定性也更大，能够承受因扳罾而造成的压力。第七类，渡船，摆渡专用船。第八类，拖轮，是拖带客、货的动力船，以内燃机为动力，速度快，运量大。第九类，画舫，专供水上娱乐和游览之用。第十类，旅游船，是白洋淀开展旅游后的新产物，式样很多，一般为铁制，配有机械动力。第十一类，拖床船，既能当拖床（即冰床）在冰面上滑行，又可当船在水上行驶，主要在孱河期用于救生。

（二）为船选料

过去受材料的限制，白洋淀造船只能用木材。白洋淀木船的原料有两种：

---

① 马景文、杨亚蒙：《雄安水木匠：白洋淀边造船人》，天津：天津人民出版社，2020年，第61页。

② 马景文、杨亚蒙：《雄安水木匠：白洋淀边造船人》，天津：天津人民出版社，2020年，第126—130页。

③ 梁勇：《水乡船技——白洋淀的船文化》，河北新闻网2017-07-14 17:46:19。

④ 安新县地方志办公室编：《白洋淀志》，北京：中国书店，1996年，第185—188页。

大船主要用红松和白松，日常生产生活中用的小木船则用槐木（这里指的是小叶槐），所以这些小船也被叫作“槐木头”①。这种树价格较为低廉，但木质却很坚硬，是造船的上好材料，其优势有三：一是不怕水沤；二是水中行船时滑畅，阻力小；三是不怕苇茬剐蹭。造船师傅不仅要会造船，还要亲自去选购木材，而买木材就要懂得如何测算树的尺寸，如何透过树的表皮了解木材的品质，由此他们总结出了很多选料的熟语。

“歪脖子树排船——随弯就弯。”这是一条以造船选料为喻体的歇后语。“排船”就是造船，歇后语的表层意思是，树木很少有笔直的，遇到弯曲的树木，因形取材即可；其深层含义是劝人随机应变、因地制宜。做家具的木匠喜欢笔直的木料，而马家寨捻匠②并不排斥有弯度的木材，因为船体除了船底、船舱盖板以外，很多部位是曲面的。在造船实践中，马家寨的捻匠逐渐摸索出来一套科学取料和用料方法，他们充分利用树木的弯度，随弯就弯，使木材得到充分且有效的利用。他们因形取材，根据不同部位所需拉锯破板儿。破开的板材或顺曲度使用，或用船钉校正，以达到需要的弯度。

“上有焦梢，下有底拔。”这是一条造船师傅买树选料时观察树貌的谚语。造船师傅有时直接买长在地上的树，这就需要具备一双“透视眼”，能够根据树的外观来判断木质的好坏，有无腐空、树洞等，很多熟语就是他们宝贵的实践经验。树上有干枝的叫“焦梢”，树的根部三尺以内腐朽中空的叫“底拔”。如果刨去“焦梢”和“底拔”后，树干剩下的部分仍够出一条船的料，就可以买。③ 造船师傅提前看出毛病，衡量了材料，掌握了底码，然后再去和树主商量价钱。

“外边有龙，里边有风。”这一谚语总结了造船师傅买树选料时观察树皮的经验。“龙”，指树龙，即顺着树身凸起的条痕；“风”，谐音“缝”，缝隙。如果树皮表面有树龙，里面肯定有大的缝隙，也就是说树是中空的，这样的树属于废材，千万不能要。

“五手丈八，算到老家。”这是一条造船师傅买树选料时丈量维度和高度的

---

① 安新县地方志办公室编：《白洋淀志》，北京：中国书店，1996 年，第 188 页。

② 捻匠，方言，指造船师傅和修船师傅。

③ 邓志庚：《马家寨捻匠的绝活儿》，微信公众号“白洋淀便民网”2017-06-05 15:43。

一条谚语。白洋淀造船师傅买树有一手绝活儿，他们看看地上长着的树，就知道能出多少木料。具体方法是：用手量树，迈步测影。迈步测影，即用步子测量树的影子，辰时测量树影，影子是树高的二倍；巳时测量树影，树影和树的实际高度一样。用手量树围时，双手举起高与肩平，张开双手掐着树身，一巴掌长再加上中指的一节叫作“一手”，加上中指的一节，就刨去了树皮的损耗。要排一条六舱船的树，至少需要五手粗、一丈八尺高；在此基础之上，树围每增加一手，就能多造一条六舱。①

（三）造船师傅的工作和生活

“先搓油，后抹灰，放上麻，向里塞（当地人读 sēi）。”② 这是马家寨捻船时的口诀，讲的是造船的第二道工序。新造出的木船，除各舱盖板、左右船瞰、船底为平面以外，其余部位几乎都是曲面，且板与板间的接合部位多为曲线，而船是要下水的，因此黏合接缝就显得异常重要。排船③之后，就要捻船了。所谓捻船，就是在船体的缝隙上填上黏合材料，将其堵严，使之不再进水。无论是新造船还是旧船，船体上都有缝隙，都需要捻船。在白洋淀地区，造船修船的师傅不叫木匠，而是有一个特殊的称呼“捻匠”。捻船前先要调好油团，其做法与盖房用的麦秸泥相似，下料比例为：1 斤桐油∶3 斤灰∶2 两水，用水将石灰化开后再与桐油均匀地和在一起即可。④ 对于新造的木船，先给船体搓油，然后在船板相接的缝隙里抹上灰，再下麻絮，并用工具将麻絮紧紧地塞入缝隙之中，最后再抹上一层灰；对于旧船，则先要劈缝，即将船板缝隙中的杂物清理干净，然后再按照上述顺序操作。经过如此处理并晾干后，船便可滴水不漏了。

“背上三块板儿，走到天边有饭碗儿。”这条熟语提到了造船师傅的工具。“三块板儿”就是指他们的工具箱，当地叫“家伙斗子”。造船工匠背着工具箱行走在白洋淀的各个村落，甚至到全国各地去造船修船。过去白洋淀的船都是木制的，每年春季开河之前都要修补一番，这是捻匠生意最好的时候。船主人

---

① 邓志庚：《马家寨捻匠的绝活儿》，微信公众号“白洋淀便民网”2017-06-05 15:43。

② 安新县地方志办公室编：《白洋淀志》，北京：中国书店，1996 年，第 194 页。

③ 排船，将船板组装起来。

④ 安新县地方志办公室编：《白洋淀志》，北京：中国书店，1996 年，第 194 页。

除了要付一定的工钱以外，还要为捻匠提供饭食，而且是相对较好的饭食。“叮咣叮咣，烙饼擀汤。”这条熟语是对造船工匠生活水平的写照。“烙饼擀汤”指的是白面饼、白面条，在过去是好饭食，一般人家平时吃不上。谚语的意思是说造船修船这个职业在白洋淀地区很有市场，学会这门手艺就会吃得好喝得好。“叮咣叮咣”，描摹了捻匠造船和修船时凿船的声音——捻匠们用斧头击打着捻凿，用捻凿把油灰麻塞到船缝里面去，双手配合协调，击打出富有音乐节奏、传递愉悦心情的响声来。①

“四门寨的捻匠——早晚宿家。”这一条讲的是捻匠师傅的一个工作习惯。“四门寨”是马家寨的别名，宋辽对峙时期，北宋官军在此修筑寨垒，共修了四个门，其中两个在水上，两个在陆上，因此该村又名“四门寨”。无论工作量有多大、时间有多晚，捻匠师傅都不在主家过夜，而是要赶回家去，这是每位师傅都坚守的原则。

（四）船只的结构和种类

“大船上的烟囱——瞰（赶）上了。”“大船”，在白洋淀地区指艚船，这是一种用来运送苇捆、苇箔、苇席、粮食、煤炭、水泥等大宗散货的大型漕运木船。过去白洋淀水量充沛，水道宽阔，可直接通到保定、天津，正如谣谚所言“新安的艚船下了天津卫”。艚船船体很大，当时没有机械动力，船的行进全靠人力，几个船夫用竹篙或木棍沿着船两侧宽宽的甲板撑着走，行进速度很慢。这种载货大船经常行进在保定、白洋淀、天津一线的水路上，行程一般在数日，所以船上设计了食宿设施。船尾的船舱里用木板搭成一间小房，房顶是平的，可以坐人，也可以放东西，还可以让舵手站在上面掌舵。小木屋既是卧室，又是厨房，船工在里面睡觉休息、烧火做饭。屋内空间很小，锅灶排放油烟就得借助烟囱，为了节省空间，又不影响撑船，烟囱的出口被巧妙地设置在一侧甲板的后部。“瞰”，指船瞰，就是船两侧的狭长的甲板，在这里谐音双关动词“赶”。“大船上的烟囱——瞰（赶）上了”这句带有浓郁的水乡特色的歇后语，幽默风趣地表达了“凑巧、赶上”的意思。

“大船上吃饭——不让人。”大船，即大型船只，包括“艚”“艘”“艕”等。旧时津保航运线上，大船运货往往需要数日，船工食宿都在船上。为了尽量缩

① 邓志庚：《造船状元村——马家寨》，微信公众号“白洋淀便民网”2016-11-27 16:36。

短运输时间、提高运输效率、节约运输成本，除了沿途装卸货物以外，船一般是不停的，始终保持着行进状态。大船的船工一般十人左右，他们分工明确：掌舵的，撑船的，拉纤的，摇橹的。掌舵的由行船经验丰富的年长船工担任，他站在船尾小木屋的顶上掌舵，同时指挥撑船的年轻船工，告诉他们或左边多用力，或右边多用力，以保持航行的正确方向。撑船的人均匀地分布在大船两侧宽宽的甲板上，每人手持一条长而粗的竹篙或木篙，在甲板上每人都有自己的活动范围，在此活动范围内，他们沿着船舷，按照由前向后的顺序走动并撑船，到达最后部时，就提起篙来再回到前边的起点，继续从前向后撑篙，如此反复不停。逆流上行的时候，只用竹篙撑船是不够的，必须有拉纤的。从天津经白洋淀到保定就是逆水行进，这条航线以拉纤为主。纤夫一般由撑篙的人担任，船上也要留下部分船工用竹篙矫正航向。如果赶上顺风，就架起风帆，撑篙者可以省些力气；如遇逆水或逆风，除了撑船、拉纤以外，还要摇橹，“分艘的橹安在船尾，称‘摧梢橹’。对艚的橹分左右两个，位于船身中间偏前。每边两人相对而立，同时推拉一根橹柄”①。不同工种的船工分为若干班次，“一个萝卜一个坑儿”，轮流值班和休息，吃饭也必须是换着吃。什么时间轮到自己吃饭了，大家心里都有数，彼此也用不着谦让，于是就有了“大船上吃饭——不让人”这句歇后语。

“卡船上打孩子——没跑儿。”这是一条以卡船为活动背景的歇后语。“卡船”，以“下卡”捕鱼为业的人家使用的特殊形制的渔船。过去，下卡的一般是一家人，他们劳动在船上，生活也在船上，船常年在水上漂，很少靠岸，茂密的苇荡是他们的港湾。卡船上的空间是有限的，而且大部分空间都被“木楼子”② 占去了，木楼子顶上是个平台，人可以坐在上面干活儿；船上还要留一个“活舱”③，一般设置在“桅舱”④；船尾设有小“锅腔儿”，用于安放做饭的锅，后舱用来放置米面油盐炊具等。可以说，卡船上的空间都被充分利用了，可供自由活动的空间极少，如果家长要打孩子，那孩子真就是无处可逃。

---

① 安新县地方志办公室编：《白洋淀志》，北京：中国书店，1996 年，第 185 页。

② 木楼子，用木板搭起来的非常低矮的小木屋，楼子里面就是船舱，是一个小型居室。

③ 在舱的一侧船帮的底部切开一个钜形的洞，用铁箅子封上，使舱里的水与淀水相通，下卡捕上来的鱼放在活舱里养着，可几天不死。

④ 桅舱，指插桅杆的那个舱。

雄安熟语中有一条地方色彩鲜明的惯用语“二棹牙子”。“棹”是白洋淀人对桨的叫法，“棹牙子”是小型船的一个部件，用来将棹与船体相连接。制作棹牙子的原料是一根圆柱或立柱形的木棍，中间抠掉一小部分（用来拴绳），呈一个或两个凹形，很像错落的牙齿，因此而得名。棹牙子外形弯曲不直，于是被白洋淀人拿来喻指身材不直溜的人。船的两侧各置一个棹牙子，用的时候插入甲板上的小洞里，不用了就拔出来带回家，以免被人偷走。淀区人丢棹牙子是很常见的事情，很像旱区人家的自行车被偷去铃铛。铃铛丢了车子还能用，而棹牙子丢了，船就没办法划动了。

“白云老祖造船鹰造舵。”这是一条关于造船传说的谚语，相传“白云老祖”发明并创造了船，而船舵是人们根据鱼鹰在水中捕鱼时尾巴的动作而发明创造的。①

（五）船只的养护和管理

“放着河水不洗船。”“河水”，在白洋淀也指“淀水”。这条俗语的字面意思是河水是现成的，却不用它来洗船，比喻不会利用现成的资源，或不能抓住有利的条件机会，不费力气或顺便给别人提供好处，即不会送顺水人情。一般用作否定形式，如“一家人都在外边打工，家里的地没人种，不如让给乡邻种，干吗放着河水不洗船呢?”这条俗语反映出一个生活习俗，那就是“洗船”。船用于出行、捕鱼、载货，船舱很容易脏污，这时候就得清洗，水乡人洗船是这样的：人站在船上，先将墩布在淀里涮干净，然后用它擦洗船体。外地与之相近的熟语还有“放着河水不洗马，倒去买水淋马头”。雄安马匹养殖较少，而且养殖业也不在淀区，所以俗语用的是“船”而非“马”。

“人老毛腰，船老直腰。”这条谚语以人作比，总结了一条木船维修的规律。船体的很多部位都为曲面，而且很多曲面并非天然形成，造船的时候，除了船底板以外，其他部位的板材都要通过糅、校等方法使之达到一定弧度的弯曲。船用久了，经过多年的水沤、风吹、日晒，原来呈弧形的很多船板就会逐渐恢复原状，即由曲面变成直面。由此我们可以发现白洋淀木船的维修规律，即用过一段时间以后就要重新处理、加固、黏合了。

“山里丢不了羊，河里丢不了船。”羊总是在山里游走，船总是在河上行进，

① 安新县地方志办公室编：《白洋淀志》，北京：中国书店，1996年，第188页。

所以只要是在山中，羊就丢不了，只要是在河上，船就丢不了。淀区家家都备有船只，各家都在船上做了记号以示区分，因此一般不会搞错。人们划船回来，甚至不必系船，正如司空曙《江村即事》所写的那样："钓罢归来不系船，江村月落正堪眠。纵然一夜风吹去，只在芦花浅水边。"但是，偶尔也有这村的船被外村偷走的事件发生，船被改头换面，也就无法识别了。

二、五柳的姑娘会织布，米家务的姑娘红眼儿铁屁股——手工业民俗

（一）熬硝

在雄安熟语中我们发现了一条独特的谚语："立丝到顶干白净，亮帮透底是好硝。"它讲的是硝的顶级品质标准。由此我们追索到雄安当地的一项特殊生产项目——熬硝。

硝，学名亚硝酸钠，"有二种。一火硝……一皮硝"①，"火硝"之名缘于可以制火药，"皮硝"之名缘于可以用来鞣皮使皮面柔软光滑。雄安拥有熬硝所需的天然生产原料，白洋淀周边地区特别是雄县，土壤常年被水浸泡，含盐碱很多，地面上经常有一层白色的粉末，当地叫"返碱"。雄安歇后语"碱地里拔罐子——生嘬嘬卤"意思是生编硬造，引子中的"碱地"反映了当地的土壤状况；注释语中的"卤"是熬硝的副产品。"种洼地，贩私盐——逮住一年是一年。"私盐在雄安有着特别的意义，熬硝的过程中就会产生硝盐，俗名小盐。在过去衣食不保的年月，当地一些人会偷偷贩卖小盐。冬春两季，人们利用农闲到各处扫硝土，收集地表含硝的灰土，用水过滤后，再熬煮，提炼出硝盐，再反复熬煮进一步提炼出硝。过去，雄县硝的产量很可观，曾解决过世代人吃饭穿衣问题，所以硝被人们视为宝贝："雄县城内三种宝：砖头、火硝、益母草。"熬硝带动了当地的烟火和鞭炮业的发展，过去雄县"东南乡张家村及东北乡河各庄"② 有很多人家擀炮、做烟花，逢年过节、红白喜事上，当地就会大量燃放鞭炮烟花，俗语"又是焰火又是戏"就是雄县鞭炮业的一个反映。

（二）搓麻绳

雄县三宗宝（老三宝）还有一个版本："皮硝、钱串儿、益母草。"古代的

---

① 刘崇本编，王旭龙点校：《雄县乡土志》，内部资料，第 164 页。

② 刘崇本编，王旭龙点校：《雄县乡土志》，内部资料，第 165 页。

铜钱要用细麻绳儿穿起来，一千枚为一吊，穿钱的细麻绳就叫“钱串儿”，后来“钱串儿”就成了细麻绳的代称。雄县所种之麻有两个品种：青麻（又名苘麻）和红麻。前者的茎皮纤维长，柔韧色白，不皱不缩，拉力强，富弹性，耐水湿，绝缘性强，是优良的纺织原料，被当地人称作“好麻”。麻的表皮需要经过水沤之后才制成绳索。雄县很多村镇在白洋淀边，挨河靠淀，坑塘很多，便于沤制。麻绳在当时的生产生活中用量很大，冬闲时搓麻绳曾经是雄县人的一项增收性劳动。“东南乡妇女多于农隙取苘麻搓之，除供本境之用外，兼能销行外境。”①雄县所产的麻绳一是销给雄安打箔的人家用来当“经子”②，一是销往北京、天津卫、保定等城市。雄县处在京津保三大城市之间，销售钱串儿非常方便。关于麻绳还有一条歇后语：“落水的麻绳——先松后紧。”其将麻绳与水联系在一起，正是当地生产活动与生活环境的融合反映。

（三）编草鞋

“衣长袖子短，脚瘦草鞋宽。”此条俗语用于形容困窘的状态，有衣服穿却不合体，有草鞋穿却不合脚。旧时白洋淀水乡的百姓穿不起布鞋，就地取材，用蒲草编成草鞋。相传刘备曾在冀中一带“织席贩履”，贩卖的就是这种草鞋。蒲草是一种水生植物，多长在苇地边，白洋淀里到处都是。蒲草的叶宽约一指，呈扁平状。先把蒲草劈成细条，再编成双层的鞋子。淀区霜雪多，过去生活条件差，即使有棉鞋穿也舍不得去踩雪，人们就在棉鞋或布鞋外边套上草鞋，既保暖又防滑，非常实用。不过，白洋淀草鞋有个缺点，就是不太合脚，得趿拉着走，所以也叫“草趿拉”③，这也是“脚瘦草鞋宽”的客观原因。

（四）织布、做纸花

“西昝的姑娘会上树，五柳的姑娘会织布，米家务的姑娘红眼儿铁屁股。”五柳村是雄县一个村庄，旧时那里的姑娘们多以织土布为业。“米家务”也是雄县的一个村名，该村是久负盛名的纸花之乡，“早在清代，人们就开始做各种纸花，用于节日庆贺、婚礼、祭祀供品。那时米家务的纸花曾远销高丽国（今日

---

① 刘崇本编，王旭龙点校：《雄县乡土志》，内部资料，第165页。

② 经子，将一根根芦苇绑住连接在一起的细绳。

③ 宋忠臣编著：《白洋淀的故事（一）》，中国香港：天马出版有限公司，2010年，第140页。

朝鲜）”[①]。能长时间坐着不活动的人在民间被喻为“铁屁股”，“红眼儿”是长久且集中用眼的结果。女孩子心灵手巧，她们是纸花加工的主力，为做纸花姑娘们经常要久坐且熬到深夜，于是有了这样的说法。

此外，雄安熟语中还有一些反映其他手工业的条目，如“长木匠短铁匠”。指木匠和铁匠在材料取舍上的不同做法：木匠选用木料时，长一些没有关系，因为可以锯断；铁匠选用铁料时，忌长而不忌短，因为通过加热、打凿，铁料是可以拉长的。

（五）腌制松花蛋

雄安水乡的松花蛋非常有名，有谚云：“白洋淀，松花蛋。”相传早在清代，白洋淀地区就有人开设松花蛋加工作坊，产品畅销京津保三地。[②] 取纯碱、食盐、生石灰、草木灰、中药密陀僧等混合配制成料汤，将鸭蛋泡入汤中二十天捞起，再用细沙土加卤水和泥，用泥把鸭蛋包起来，表面再滚上谷糠入缸封存四十五天即成。[③]

---

① 周振城：《情溢古雄州》，河北省出版局冀保出准字［97］第00072号，1997年，第280页。

② 武占坤编：《中华风土谚志》，北京：中国经济出版社，1997年，第374页。

③ 邓志庚：《牧鸭奇人“老三混”》，水润雄安网站2019-05-11。

第五章　雄安熟语中的生活民俗

第一节　雄安熟语中的生存环境

生存环境是民俗形成的物质基础，“民俗在其形成、发展、演变和传播的过程中，自然地理环境都对其产生着重要的影响。特别是地理环境的区域地理分异，对于民俗事象的区域特征、地域分异等方面更产生重要的作用”①。雄安熟语中关于天气、环境的语条非常多，它们缘于人们对生存环境的关注，而自然环境对人类的生产生活确实有着重要影响。雄安虽然大部分区域为平原，但是因白洋淀水域的存在，在水旱、气候、季节等方面呈现出与华北平原其他地区不同的特点。

一、九河下梢——丰沛的水资源

水是人类生存的必需条件，饮用、洗漱、农业种植、渔业生产，方方面面都离不开它。白洋淀的主体位于安新县境内，于是有谚语“先有白洋淀，后有安新县”。白洋淀有大小之分，谚语中指的是“小白洋淀”，位于安新县中部偏南。现在一般所说的“白洋淀”为“大白洋淀”，它由“143 个淀泊和 3700 多条壕沟”组成②，因“小白洋淀”的“面积最大，约为 2 万亩，故以此名统称白洋淀”③。白洋淀历史悠久，形成于“大约从一万年前开始的全新世”，“经历

---

① 秦树辉、韩秀珍：《初探自然地理环境对民俗事象的影响》，《内蒙古师大学报》（哲社科版），1998 年第 5 期，第 112—116 页。

② 安新县水利志编纂委员会编：《安新县水利志》，北京：方志出版社，1994 年，第 27 页。

③ 河北省地方志编纂委员会编：《河北省志·水产志》，天津：天津人民出版社，1996 年，第 92 页。

了一个兴起、扩张与收缩的演变过程”①。早在新石器早期就有人类在淀中和淀边居住生产，而到了1914年“安新县”才成立，由当时的安县（即安州）与新安县合并而来②，白洋淀85.6%的水域面积都在安新县内③。“大王淀里放炮——响（想）开了。”“大王淀”就是白洋淀中的一个淀泊，实际面积并不是很大，但是水面对声音有传导作用，所以在淀里放炮比陆地上更响。

白洋淀水域辽阔，如此大的水面给周边地区带来了丰沛的降水，如果与雄安比邻的保定下小雨，雄安就可能下大雨。雄安人爱水，但又怕水，大水给生产带来了不便，甚至威胁到生命安全，旧时每遇多雨年份，必然沥涝成灾。据历史记载，“光绪在位30余年间，几乎年年闹水”④，而且白洋淀周边河流受“白洋逆流”之影响，“两岸堤埝水满必溢”⑤。对于“水”，雄安人怀有复杂的感情。雄安熟语中关于“水”和“雨”的条目特别多，关于“旱”的则较少。而且，从雨水熟语当中，我们能体会到明显的“恐惧”和“戒备”，这都是该地特殊的自然地理条件所造成的。

（一）灾难之水

过度的降雨引发洪涝，给人民生活带来了巨大威胁，于是在雄安流传着一句俗语“在家怕鬼，出门怕水”，将“水”与“鬼”相提并论，可见水带给人们的伤害有多大。特别是在淀区，人们对“水火无情”这一成语的理解是异常深刻的。“东虹云，西虹雨，南虹出来卖儿女。”此中的“虹”读jiàng。虹的发生是由于阳光射进浮在空中的水滴造成的，它的出现一般跟降水密切相关。虹见于东，说明暴雨正下于东方；虹见于西，说明暴雨正下于西方。根据科学分析，不可能出现南虹。以不可能出现的天象作为大涝之年的征兆，反映出当地人对于洪涝的恐惧心理。

白洋淀位于“九河下梢”，上游有大小九条河流注入大淀，保证了水源供给，也给此地带来了危险。“不怕南水猛，就怕北水顶。”这是产生于白洋淀地

---

① 王会昌：《一万年来白洋淀的扩张与收缩》，《地理研究》，1983年第3期，第8—18页。

② 安新县地方志编纂委员会编：《安新县志》，北京：新华出版社，2000年，第80页。

③ 安新县地方志办公室编：《白洋淀志》，北京：中国书店，1996年，第58页。

④ 安新县地方志办公室编：《白洋淀志》，北京：中国书店，1996年，第72页。

⑤ 李大本等修，李晓泠等纂：《高阳县志》（全二册），台北市：成文出版社有限公司，1968年，第72页。

区的一条谚语，是人们在长期的生产生活实践中对白洋淀水文水情变化规律的经验总结，其意思是：只是南河洪水来势凶猛并不可怕，就怕再赶上北河也发洪水与之顶在一起。经过查阅水文历史资料，我们发现白洋淀位于大清河中游，大清河水系的河流汇流于淀中，南支与北支的流域面积和流量存在巨大的差异。南支流域面积 21054 平方千米，山区多年平均年径流量 18.88 亿立方米；北支流域面积 10151 平方千米，山区多年平均年径流量 11.69 亿立方米。① 南支流域面积大，且流量大，所以容易出现“南水猛”。雄安夏秋季节暴雨的特点是区域性很强，有时同一个区域、同一个村庄，甚至只隔着一条路，这边大雨滂沱，那边还是滴雨未落。每到雨季河水暴涨，白洋淀的水位也随之上涨，虽然南水、北水的水源地都是西部的太行山区，但由于它们的流域范围分别位于南北两个方向，水流量可能存在很大差别。如果只是南水凶猛，北水相对平稳，洪水只从南河注入白洋淀，那么白洋淀水位上涨就相对较慢，淀中村和淀边村也是安全的；但是如果北支也发生凶猛的洪水，两个方向的洪水同时注入白洋淀，那么淀里水量就会成倍增长，水位就会陡然上升，洪涝灾害难以避免。为了减小“北水顶”的风险，1970 年政府组织开挖了白沟引河，沟通白洋淀与大清河北支（即拒马河），将大清河北支中小洪水引入白洋淀，并根据各河洪水情况控制南支和北支洪水错峰，减轻洪水灾害。引河位于容城县东部，起自新盖房村西北，南行经复兴庄、赵村和小先王之间，于昝村转向西南，经平王、三小王之间，至留通村东入白洋淀。河长 11.9 千米，设计流量 500 立方米/秒。② “不怕南水猛，就怕北水顶”，这一谚语形象地说明一个道理：只有一方出了问题并不可怕，可怕的是两个方面同时出问题，局面就不好收拾了。此谚语也可以理解为运用了“互文”的修辞手法，“顶”和“猛”意思相近，“顶”字的运用纯粹是为了押韵需要，为了便于好记、上口。

“雹打一条线，雪下一大片。”这条谚语反映了冰雹和雪的不同之处，下冰雹的地方一般成一条线，而降雪的地方一般是成片的。这里说的“一条线”是夸张说法，实际上是“一条带”，指宽度只有几千米、长达数十千米甚至上百千米的一个狭长地带。雄安因白洋淀的辽阔水面，下雹子的可能性比旱区要高很

① 海河志编纂委员会编：《海河志》第一卷，北京：中国水利水电出版社，1997 年，第 131 页。
② 海河志编纂委员会编：《海河志》第二卷，北京：中国水利水电出版社，1998 年，第 74 页。

多。据《白洋淀志》记载："淀区降雹路径有两条：一条自容城经大王、王家寨、赵北口而进入任丘县；一条由清苑经沈家坯、中青进入高阳县。以前者为主。降雹相对集中区为大王、王家寨、赵北口、沈家坯和中青等乡镇。"① 据《白洋淀志》记载："明万历十四年（1586 年）七月，大雨雹，雹大如瓦盂，新安以北禾稼尽毁。"② 遇到冰雹，民间有将菜刀扔到院里的习俗，据说这样做就能把"雹龙"（传说它掌管着下雹子）的尾巴斩断，让冰雹马上停止。冰雹对生长中的白洋淀芦苇非常不利，被雹子砸中的芦苇会拦腰折断，折断处钻出小芦苇叉子，远远看去苇田就像一片杂草地，不但给收割增加了难度，而且会让苇民蒙受重大经济损失。芦苇产品附加值最高的是苇席，可是被冰雹砸过的芦苇一般是织不了席的，其用途为：一是打箔，先把枝枝杈杈掰掉，然后把两到三根短苇顺着芦苇管儿插在一起，凑够一定的长度后再打箔，但是这种苇箔只能低价出售；二是勒苫（捏苫），苫对芦苇的品质要求不高，有枝杈和苇叶都没关系，但是与苇席、苇箔相比，苫的价格就低多了。

"大暑小暑，灌死老鼠。"进入七月份，是雄安地区雨水最多的时节，雨水不断，大水横流，难怪要"灌死老鼠"！在过去，普通百姓住的房子都是土坯加上很少的砖头垒起来的，最怕连阴雨，遇到雨天，大人孩子一起祈祷："老天爷别下雨，蒸了包子扔给你！"

洪水带来蝗灾。"先涝后旱，蚂蚱连片。"积水退去以后，农田的生态环境非常有利于蝗虫集中产卵。白洋淀是华北地区最大的淡水湖，新中国成立以前，白洋淀十年九决口，是历史上的老蝗区。新中国成立后，蝗灾曾一度得到控制，但时有发生。

（二）防汛

因为水大，防汛成为淀区人民的一项重要工作，他们在多年的抗洪中，总结出很多切实有效的经验。"小水护岸，大水护堤。"其中提到了"岸"和"堤"。我们平时所说的"堤岸"，在淀区有着明显的分别。岸，"江、河、湖、海等水

---

① 安新县地方志办公室编：《白洋淀志》，北京：中国书店，1996 年，第 72 页。

② 安新县地方志办公室编：《白洋淀志》，北京：中国书店，1996 年，第 81 页。

边的陆地”[①]；堤，“沿河、沿湖或沿海的防水构筑物，多用土石等筑成”[②]。这样看来，岸是自然形成的，而堤是人工构筑的，堤比岸高，所以通常被称为“大堤”。白洋淀中筑有很多大堤，东有千里堤，西有四门堤，南有淀南新堤，北有安新北堤。白洋淀有一个村名叫“漾堤口”，就是因该村位于两堤之间，四处环水，有荡漾之状而得名。白洋淀十年九涝，夏秋防汛是中心工作，遇到较小的洪涝，重点是加强“岸”的防水能力，以免因风浪侵蚀、雨水冲刷造成泥土流失。岸的保护的措施有：在岸边垒砌砖石；在岸边种植树木；通过打桩、捆扎、缠绑等方式，将树枝、芦苇、柴草等固定在岸边。遇到较大的洪涝，在护岸的同时要把重点放到“堤”的加强和巩固上，因为一旦大堤决口，洪水就会迅速吞没万亩良田，淹没房屋建筑，造成严重灾害。遇到这种情况，水乡的人们都会自觉放下自家的事情，登上大堤抗洪抢险，因为大家知道，只有保住大堤，才能保住收成和家园。村里会派人 24 小时值守查险，发现险情立即用大喇叭通知全村，男女老少手里拿着各种工具跑出家门奔上堤坝抢险，挖泥掘土，搬运土牛[③]，打桩围堰。到了关键时刻，乡亲们把自家的门板、跳板、学校的乒乓球台子都堵在管涌处，甚至把船都沉入险要地带以堵水。

“险口未险，平口决口”。这是护堤的经验总结。大堤上看似危险的地方，由于人们关注到了，加强防护，所以往往不会出现真正的险情；而看似安全的地方，却有可能存在着隐患，由于没有得到关注，反倒可能发生决口。这条谚语提醒人们，安全生产无小事，防微杜渐，防患于未然。

为了提前做好防汛准备，避免夏秋洪水突袭措手不及，淀区各村在农闲时候，都要派出壮劳力参加“打堤挖河”的防洪水利工程建设。为了从根本上改变海河流域洪涝频发的历史面貌，1963 年毛泽东主席发出“一定要根治海河”的伟大号召。此后的十几年间，雄安等地百万群众挥锹上阵，打响根治海河的大战役，先后在海河流域开挖了子牙新河、永定新河、海河和独流减河等通海河道，并加宽改造各支流河道的配套工程，兴建水库拦洪蓄水。

---

① 中国社会科学院语言研究所词典编辑室编：《现代汉语词典》（第 7 版），北京：商务印书馆，2016 年，第 10 页。

② 中国社会科学院语言研究所词典编辑室编：《现代汉语词典》（第 7 版），北京：商务印书馆，2016 年，第 278 页。

③ 土牛，装满泥沙的袋子，袋子用稻草编织而成，用来防汛抗洪。

（三）总结规律，预测降水

持续大量的降水引起自然灾害，于是人们不得不观察并收集旱涝的预兆，总结自然规律，努力对旱涝进行预测，以做好防灾准备。人们从鱼、泥鳅、蛤蟆、蜻蜓、燕子、蛇、牛、龟、猫等动物的异常动向来捕捉雨的影子，也从水缸、树、风、云的表现来推测雨的大小。这些谚语是雄安人生产生活的结晶，在特定的自然环境下非常实用。由此也可以发现，雄安动物物种的丰富性，水里有鱼、泥鳅、乌龟、青蛙，飞的有蜻蜓、知了、水鸟、燕子、麻雀，走的有牛、猫、猪、蛇，等等。

1. 以动物预测雨水阴晴

“鱼儿勤跳，泥鳅上吊，大雨先兆。”这是以鱼和泥鳅的反应来预测降雨。雄安水域面积广，除了白洋淀，还有大大小小的河流，水中的生物在雨前做出的反应，成为人们预测降水的征兆。大雨前，由于气压低，水中氧气减少，鱼儿就会将头探出水面，鲤鱼等鱼种还会跃出水面，发出啪啪的声响，而泥鳅则将身体垂直于水中，这对于人们来说相当于雨情预报，同时也给渔民提供了插鱼的好时机。通过鱼的表现来预测降雨的再如“坑塘翻水鱼浮面，大雨即将在眼前”。

“龟背潮，阴雨兆。”乌龟壳潮湿预示着要阴天或下雨。其科学道理是：阴雨天空气湿度升高，水汽很容易在乌龟壳上凝结成一层小水珠。由“龟背潮”这种预测下雨的方法，民间还演变出男人之间的一个玩笑动作，甲摸摸乙的后背说：“看看是否要下雨。”

“早洼阴，晚洼晴，半夜里洼叫等不到明。”“洼”，“wà 一种水鸟”①。“洼”是一种什么样的鸟呢？它就是夜鹭，因鸣叫声为“哇——哇——”而得名。有的地方称之为“灰洼子”，“洼”字缘于它经常生活在水边，“灰”字缘于它的毛色。白洋淀的水域和苇塘为水禽提供了良好的生存环境，这里生活着大量的夜鹭。夜鹭成群地活动，而且一般在傍晚、夜间和清晨活动，淀区人发现这种水鸟的鸣叫跟阴晴有关：如果它们早上聚集在一起鸣叫，当日为阴天；如果晚上鸣叫，则第二天晴；如果半夜里鸣叫，天亮之前就会下雨。

“蚂螂勾水。”“蚂螂”，是雄安人对蜻蜓的称呼；“勾”，招引。蜻蜓的孵化

① 安新县地方志办公室：《白洋淀志》，北京：中国书店，1996 年，第 13 页。

和成长离不开水，所以白洋淀一带的蜻蜓很多。人们发现，水大的年头蜻蜓就更多，于是想当然地认为降水是蜻蜓带来的，蜻蜓多了水就大。其实，人们这是把因果关系搞反了，不是蚂螂勾水，而是水大之后环境更有利于蜻蜓的生长繁殖，所以蜻蜓就更多了。水区蜻蜓多，这在当地引发了一种儿童游戏：先捉住一只蜻蜓，取一根细线，一头儿绑住蜻蜓，一头儿绑在一根苇秆（长一米左右）的一端上；手握苇秆的另一端在蜻蜓飞舞的地方挥舞，以勾引异性蜻蜓与被绑住的那只交配，口中还要喊："公儿来吧，老母儿，老公儿来，老母儿来！"在公母交配时，趁机逮住另外那只蜻蜓，如此反复。

"蛤蟆乱叫，今年要涝。""蛤蟆"，雄安人用以泛指蟾蜍和青蛙。蛤蟆属于两栖类动物，近水有利于它们的生长和繁衍，由此人们就想当然地认为哪一年蛤蟆乱叫，就说明蛤蟆数量增加，就预示着要发生洪涝。其实人们是把因果关系搞反了，不是蛤蟆叫带来的洪涝，而是洪涝水大的环境利于蛤蟆生长和繁衍，蛤蟆数量增加，人们听到的蛤蟆叫声自然就会很大。雄安新区特别是白洋淀水区，生长着很多种蛙类，青蛙喜欢潮湿的环境，雨季湿度增加，青蛙的皮肤得到充分湿润。下雨之前昆虫大量繁殖，给青蛙提供了丰富的食料。这些都让青蛙活跃起来。每到下雨前后，青蛙就会叫得特别响，此起彼落。繁殖期间，许多雄蛙常聚到一个共同的区域，高声鸣叫，连续不断，这就是成语"蛤蟆吵坑"的现实来源。科学工作者指出：在蛙类的"合唱"中，有领唱、合唱、齐唱、伴唱等多种形式，合唱声音洪亮，传播的距离远，有吸引雌蛙的作用。

"水缸穿裙，蛇过道，燕子低飞，雨来到。"这也是一条下雨前兆的谚语。"水缸穿裙"：大雨之前，水缸表面与缸里水相对应的部位会凝结一层水珠。雨前气压降低，空气中的水分子受压凝结在温度相对较低的水缸周围，预示着要有雨水降临。"蛇过道"：蛇能预感到大雨来临，为了防止被淹，蛇要离开水塘穿过道路爬向高处。"燕子低飞"：雨前空气湿度增大，细小的水珠粘在飞虫翅膀上，致使飞虫的飞行高度下降；燕子以飞虫为食，低飞的昆虫比平时更易捕捉，燕子于是也降低飞行高度来捕食这些小虫。这条谚语还有两个减缩版："水缸穿裙，大雨来临。""蚂蚁搬家蛇过道，大雨不久就来到。"

以动物来预测降雨的谚语，还有"老牛叫，蛇过道，水缸浸，猫吃草""下雨隔牛背，乌鸦湿半翅""久晴雀噪雨，久雨雀噪晴""猪闹圈，大雨灌；猪叼柴，阴雨来""知了鸣，天要晴；知了叫，热天到"。

2. 风云预兆阴雨

“天河打坝，不阴就下。”“天河”即银河，是指横跨星空的一条乳白色亮带，在古代又被称作银汉、星河、星汉、云汉。银河只在晴天夜晚可见，是由无数暗星（恒星）的光形成的。银河在传统文化中占有重要地位，古人把银河想象成天上的一条河，创造了著名的神话传说故事鹊桥相会。当夜间有乌云横跨在天河上时，雄安人称这种天气现象为“天河打坝”，而这一现象往往与阴雨相关，于是就有了这条谚语：“日没云彩接，明天就得歇。”“歇”是因为降雨，下雨的时候人们无法外出劳动，只能在家中歇息。

关于云与阴晴之关联的谚语，再如：“老云接驾，不阴就下。”“鱼鳞天，不下也疯癫。”“天上灰布悬，地上雨涟涟。”“早霞云彩，晚霞雨。”“黑云大雨下，红云雹子砸。”“云像磨，水成河。”“乌云在东，有雨不凶。”“朝霞不出门，晚霞行千里。”“早看东南，晚看西北。”通过观察太阳和月亮的形态，人们找到了降水的一条规律：“日长耳，月生圈，有风有雨在后天。”雄安人发现，风跟降雨也有一定的关联：“大风百日雨。”还总结出不同时节风与雨的关系：“三月南风不过三，四月南风只一天，五月南风当日雨，六月南风遍地干。”

3. 雨水跟节气、日期的关系

“涝不涝谭城庙。”谭城庙在农历六月二十四。谭城是位于定兴县东南的一个村落，该村处于兰沟洼地带。这句谚语在白洋淀和兰沟洼蓄滞洪区流传，意思是当年会不会发大水，到了阴历六月二十四这一天就能见分晓。兰沟洼蓄滞洪区位于海河流域大清河水系北支下游地区，东有白沟河，南有南拒马河，为两河大堤围绕，形成封闭洼地，地势西北高，东南低，担负滞洪、滞沥双重任务，承担白沟河、南拒马河超标准洪水，并接纳永定河向小清河分洪下泄入白沟河超量洪水。7月初至8月初一个月的时间为冀中一带的主汛期，谭城庙这天（农历六月二十四），正好是主汛期截止的关节点，过了庙会，降水减少，也就不可能再涝了，因此涝与不涝就看这两天。“龙不抬头，天不下雨。”民间认为二月二是龙抬头的日子，龙主降水，从这天以后一年的雨水才开始，而此前是没有雨水的。

此外，关于节气的，如：“小暑一滴，洪水横流。”“雨水有雨，四时有雨。”“小暑东风摇，必定水里捞。”“重阳到十三，不下一冬干。”“重阳无雨，一冬晴。”据说，一个月中的哪一天下雨对近期天气的影响也有所不同，如“不怕初一下，就怕初二阴”。意思是说初一下雨没有关系，初二下雨或阴天，那前半个月雨水就多。再如“七阴八下九不停，要到月初放光明”。

4. 天气冷热与雨水的关系

“伏凉，下倒墙。”意思是伏天气温低，雨水就大。“五月凉，下满场。”阴历五月凉爽，当年就可能雨水大。“天气热如蒸，不雨就是风。”“蒸”，高温且湿度大的天气给人的感觉如入蒸笼，这类天气往往是风雨的序曲。

5. 连雨天的雨量变化

人们发现，在一场降雨中，“亮一亮，下一丈”。雄安地区每年七八月份进入雨季，狂风暴雨来袭时往往是黑云压顶，天昏地暗，然后暴雨如注，一阵暴雨过后，云层变薄，天渐渐明亮起来，但这一般不是雨过天晴的征兆，而是更大暴雨的前奏。“先下牛毛无大雨，后下牛毛无晴天。”如果刚开始下雨的时候为牛毛雨，一般这雨是下不大的；而如果是大雨过后接着下牛毛细雨，那以后很长一段时间将会是阴雨连绵，很难晴天。

（四）预测干旱

洪涝的反面是干旱，同样对生产生活不利，于是人们对旱情征兆也做了总结。“八月初一下一阵，旱到来年五月尽。”“大旱不过五月十三。”农历五月十三正处于夏至或小暑节气的前后，受地域特点及地理条件的影响，雄安新区一带容易形成降雨过程，所以即使旱情再严重到这时也会缓解。“旱刮东风，不下雨；涝刮东风，不晴天。”这句谚语的意思是，如果干旱久了却又吹着东风，那便不会下雨；如果雨一直下着又吹来东风，那便不会放晴。这句谚语流行在雄安新区甚至更广大的区域，虽然是劳动人民经验的总结，却是可以用科学来解释的。雄安新区一带地处中纬度地带，属暖温带季风性大陆性气候，全年偏北风多。这一地区降雨的形成一般是来自西北方的冷空气和来自东南方的暖湿气流交汇，暖湿气流被冷空气抬升而形成锋面雨。大旱之年如果总是刮东风，说明西部的冷空气势力较弱，不能有效抬升东风带来的暖湿气流，不容易形成降水；相反，大涝之年冷暖空气频繁交汇，经常有很强的冷空气来临，如果还总是吹东风，就会有源源不断的暖湿气流涌来，进而形成锋面雨。近年来，全球气候逐渐变暖，影响了大气环流，给雄安地区带来冷空气的西伯利亚寒流势力变小、次数变少，这样就失去了锋面雨形成的重要条件，雄安降雨降雪也随之减少。预测旱情的谚语，再如：“‘九’里南风‘伏’里旱。”“交九不冻，来年旱。”“立夏不下，干断河坝。夏至不下，犁头高挂。”

二、冷在三九，热在三伏——寒冬酷暑

雄安新区地处冀中平原，这里四季分明，春秋气温适宜，但酷暑严冬却令人不堪其苦，所谓“冷在三九，热在三伏”。于是，我们在雄安熟语中很少看到关于春秋的描写，而关于冬夏的记录却非常多，而且描写得细致入微，从中可以看到雄安人对于季节的感受和记忆。

（一）冬天的记忆——冷

“四九冰全，五九冰消。”这条谚语非常具有白洋淀的区域特色，一位当地的作家说：“这恐怕是白洋淀的专属谚语。”① 白洋淀中有 39 个纯水村，到了冬季，只有当淀面冻牢固了，村民们才能出行，所以人们非常关注冰面的结实程度，将结冰的规律总结为谚语。这既是一条气象谚语，同时也是一条生产谚语。白洋淀地区有一个特殊的行业——冰窖。提前在岸边挖出一个大窖，然后把淀里的冰用锯割成块，运到窖内储存。到了春夏秋三季，人们靠出售冰块获利。冰的用途很广，水产销售、织布厂、冷饮业等都需要。

“小雪孱背河。”“孱河”是白洋淀的一种冰面现象，冬季水面结冰初期和春季冰面融化初期，冰层很薄，而且经常是冰块与水混合在一起，这时的淀里既不能行船，也不能承载人或冰床，淀区谓之“孱河”。“背河”有两种解释：一是背阴处的水面，谚语的意思是小雪节令一到，背阴的地方由于不见阳光、温度低，水面提前进入“孱河”状态；一是背静的河面，即平时人和船很少去的地方，水体很少动荡，因此更容易上冻。受气温影响，孱河期有时会很长，当地人管这叫“邋遢孱”。

“冰冻三尺非一日之寒。”表面意思是冰冻三尺并不是一天的寒冷所能达到的效果，比喻一种情况的形成是经过长时间的积累酝酿的。“三尺”是夸张的说法，在雄安三尺冰层是很少见的，一般也就是一尺多厚。据记载，白洋淀一般冰层厚度变幅为 0.19—0.42 米，冰期一般两三个月，但也有特殊年份，例如 1955 年仅一个月。②

---

① 王英年：《水乡琐忆》，保定：河北大学出版社，2016 年，第 94 页。

② 安新县地方志办公室编：《白洋淀志》，北京：中国书店，1996 年，第 19 页。

“小雪封地，大雪冻河。”意思是小雪（公历11月21—23日）时节大地上冻，大雪时节水面结冰。雄安地区的冬天比周边要冷一些，因为冰封的白洋淀就像一个大冷库，不断散发出寒气。一般年头，白洋淀初冰期从每年的大雪（公历12月6—8日）开始，至七九解冻。[①] 但是，也有特殊的年份。“大雪不冻，惊蛰不开。”这句谚语在雄安地区有两个解释。在旱区的解释为：如果到了大雪这个节令，土地还没有封冻的话，那么到了惊蛰（公历3月5—6日）土地也不会解冻。在淀区的解释为：如果到了大雪白洋淀的水面还没有封冻的话，那么到了惊蛰也不会全部融化。雄安人把土地解冻叫“开地气”，把春季淀面之冰全部消融叫“开河”。我们认为这句谚语所说的情况带有一定的偶然性，“大雪不冻”并不一定导致“惊蛰不开”。一般情况下，“大雪不冻”之年往往是暖冬，与之相应的该是“惊蛰早开”才对。查阅《白洋淀志》，大部分年头都是“大雪已冻，惊蛰未开”。例如，1957年初冰期是1月1日，终冰期是3月13日，而当年的大雪是1月20日，惊蛰为次年3月6日；1970年初冰期是12月2日，终冰期是3月9日，当年大雪是12月7日，惊蛰是次年3月6日。[②] 或许，我们应该将二者理解为并列关系。

雄安三县冬季寒冷而漫长，到了这里，中原流传的谚语“七九河开，八九雁来”就变成了“七九河开河不开，八九雁来雁不来”。

“腊七腊八，冻死一家儿。”在雄安新区，每年的腊月初七初八前后气温非常低，此时已经进入三九，天寒地冻，谚语虽然有点夸张，但生动地说明了当地寒冷的程度。雄安民间有过腊八节的风俗，这一天早上要喝“腊八粥”或吃“腊八饭”，原料除去米、豆类、大枣以外，还有当地特产鸡头米、菱角米、莲子等。腊八节的来历有不少传说，最可信的还是它的实用意义，这一天处于一年中最寒冷的时段，热腾腾的腊八粥或腊八饭，有助于人们驱寒生热。

人们还关注到了天象与寒冷的关系。“星落地，冻天冻地”，指天空中的星星低垂的时节，往往是最冷的时候。“天河出岔，穿小单褂；天河掉角，穿小棉袄（褂子换袄）。”太阳所处的位置在银河系稍靠边的一侧，这样我们只能从里边看银河系，结果看到的就是环绕天空一圈的银河。不同的季节晚上看到的银

---

① 安新县地方志办公室编：《白洋淀志》，北京：中国书店，1996年，第19页。

② 安新县地方志办公室编：《白洋淀志》，北京：中国书店，1996年，第23页。

河方向、形态都是不同的。秋天会看到天河“分岔”，这一时节正好开始穿单衣，所以说穿单褂；深秋会看到天河“掉角”（指横向西北方向），这时候天气变冷，所以说穿小棉袄或褂子换袄。旧时，白洋淀区的穷困人家买不起棉花，便就地取材，用芦苇花的绒絮做成“棉袄”以御严寒。

（二）夏天的记忆——热，蚊虫叮咬

“火烧云，热死人；云吃火，没处躲。”夏天的傍晚，西方红云满天，预兆翌日天晴，且热得“没处躲”。人们用成语“五黄六夏”来指一年中最热的时候。“立了夏，把扇儿架；立了秋，把扇儿丢。”立夏后，天气渐渐进入酷热时节，过去没有电器降温，人们只能靠扇子降温消暑，“架”形象地描写出了人们举着扇子不停摇动的状态。立秋后，天气渐渐凉爽，扇子没有了用场，所以说“丢”。在淀区，这句谚语还有特别含义，水边蚊虫繁殖量大，夏季扇子除了降温，还有驱赶蚊虫的作用。

白洋淀地区的蚊虫特别多，所以有“八月八，蚊子开花”之说。“八月八”在夏末秋初，这时水边的蚊子最多，“开花”极言数量之多。对于蚊子的习性，雄安还有一条谣谚总结得非常生动：“七月十五钢嘴儿，八月十五咧嘴儿，喝了白露水儿，蚊子就挺腿儿。”“钢”，音 gàng，磨快，意思是拼命叮咬。

（三）春秋的记忆——忽冷忽热

除了冬夏，我们还找到了几条描写春秋冷热的谚语。

夏日的暑气难以消退，即使到了立秋，还可能余威不减。立秋早晚跟气温也有关系。“早立秋冷飕飕，晚立秋热死牛。”这一说法的前提是以农历纪年。用农历确定二十四节气的时间与用公历确定的时间是不一样的。用公历确定，每个节气在不同年份的日期最多差 1 天；而运用农历确定，每个节气时间各年相差天数可能很多。过去人们普遍使用农历，就农历来看，立秋的时间在甲年和乙年可能会相差好多天，便有了“早立秋”和“晚立秋”之分。这里所谓的“冷”和“热”也是农历纪年造成的。比如，甲年立秋时间为六月某日（农历），从月份来看还在夏季，而实际上已经到了立秋，体感凉意，人们就想：夏天怎能如此凉爽？乙年立秋时间为七月某日（农历），从月份来看已经进入秋季，而实际上刚刚立秋，气温还不算低，人们就想：秋天怎能如此热？于是有了“早立秋冷飕飕，晚立秋热死牛”的说法。其实，按照阳历，每年立秋的时间相对固定，都是那一两天，每年立秋的气温也都差不太多。

“二八月，乱穿衣。”农历二月和八月正是季节交替时节，雄安的天气乍暖还寒、乍寒还暖，特别是在淀区，受水温影响，昼夜温差很大，早晚凉飕飕，夜间还要盖棉被，可中午又暖烘烘，甚至有些热。人们穿衣服也就得随着气温的变化来，昨天半袖，今天长衫，早上夹克，中午T恤。加之个人体质和喜好不同，身体好的、年纪轻的不怕冻，依然穿得单薄；体质差的、上了年纪的，就得厚衣加身。描写秋天温度的谚语比较多，如：“八月暖，九月温，十月有个小阳春。”“一场春风一场暖，一场秋雨一场寒。”“一场秋雨一场凉，场场秋雨添衣裳。”

第二节 雄安熟语中的饮食民俗

民以食为天，饮食既是人类生存的基本需求，也是人类文化的重要组成部分。受各地自然环境、物产种类和人们生活方式的影响，各地形成了不同的饮食习俗。雄安境内既有旱地也有水乡，农耕和渔业并存，旱区小麦、玉米、水稻、高粱等作物为人们提供了主食来源，水乡的鱼虾蚌蟹等水产和鸭鹅等水禽则为人们提供了富含蛋白质的副食，这样一来，雄安区域内的居民从古至今都拥有营养丰富的膳食搭配。雄安特色饮食“半蒸半煮”“小虾炟饼”“鲇鱼疙瘩汤”等，就是玉米、小麦跟鱼虾牵手的杰作。

雄安饮食文化源远流长，其腹地的白洋淀水陆交通四通八达，旧时这里商贾云集，不少名厨来此兴办餐饮业，创造并传播了许多烹饪妙方和巧技。明末清初，风土谚“金苏桥，银胜芳，不如新安一后晌”已经广为流传，民间还有“要吃饭，围着新安端村转”的说法。苏桥和胜芳是白洋淀附近的两个大村镇，商业发达，文化繁荣，与它们相比，新安更胜一筹。“新安”即现在的安新县城，当时为外地客商集聚地，为了满足客商们的需求，白洋淀的饮食文化得到了加速发展，形成了极具地方特色的白洋淀美食圈。民俗学者冬子李指出，按地域白洋淀的饮食文化可分为三大流派：以赵北口、圈头为代表的东部派，以端村、同口为代表的南部派，以安州、北何庄为代表的西部派。[①] 冬子李对三个流派的特点和形成原因做过分析：东部派做鱼“讲究整体把握，如赵北口的

---

① 冬子李：《白洋淀美食笔记》，中国香港：中国文化出版社，2016年，第2页。

鱼汤和圈头的炖大鱼”，“这里位于白洋淀核心区，水产丰富，但交通不便”，打捞上来的鲜鱼一旦卖不出去，很容易变质，于是当地人就自己享用了；南部派讲究鱼虾的精工细作，如鱼段、鱼片、鱼条、鱼丝、鱼丁乃至鱼馅饺子，过去“端村、同口都是通商码头，商贾云集，饭馆林立，高利润推动了饮食业向高层次发展”；西部“水浅苇多，鱼虾的产量远逊于东部中心区，渔民捕到的大鱼鲜鱼要卖到安州的鱼市”，只将“鲇鱼、嘎鱼、黄鳝”等边缘鱼类留下自己吃，所以民间流传下来的都是这些杂鱼的做法。① 清朝康乾二帝“多次到白洋淀进行水上围猎活动，遍尝水乡特产，并在这里留下不少白洋淀饮食文化轶事”②，其中广为流传的是“赵北口鱼汤”“半蒸半煮”。

饮食民俗又可细分为日常食俗、节日食俗、祭祀食俗、待客食俗。③ 在我们收集的雄安熟语中，绝大部分记录的都是日常食俗，个别为待客食俗，而且也少有鱼虾蟹蚌的精致做法。呈现这一分布特点的原因也不难理解，熟语为民间常用语汇，所记录的自然是日常饮食习俗，而对于民众而言，日常吃喝当然是简单便捷的。

一、五月的青虾，秋分的螃蟹——食之材

（一）丰富的水产品

一个地方的食材在很大程度上取决于当地的气候环境。“涝了吃鱼，旱了吃面。”这条谚语反映了白洋淀周边地区自然环境与饮食的关系。雨水多的年景，水大鱼也多，人们就从水里捕鱼，所以说“涝了吃鱼”；干旱的年景，淀里没水，鱼自然也就没有了，就种小麦、高粱、玉米等，所以说“旱了吃面”。雄安民间饮食不可避免地带有冀中地区的共性特征，同时，也因水产丰富而增添了明显的水乡风味。

“白吃鱼还嫌腥。”这条俗语来源于水乡人的生产生活体验，鱼带有腥味，尤其是不够新鲜的鱼腥味更大。俗语的深层含义是说别人白给的东西就不要嫌不好了，与“白吃火烧还嫌轻”“白吃馒头嫌面黑”有异曲同工之妙，一个

---

① 冬子李：《白洋淀美食笔记》，中国香港：中国文化出版社，2016 年，第 2 页。

② 申晓飞：《舌尖上的白洋淀》，《河北日报》2017-08-04。

③ 钟敬文：《民俗学概论》（第二版），北京：高等教育出版社，2010 年，第 59 页。

"还"字表达了对贪得无厌、不知好歹、不懂感恩之人的不满。

水产品种与季节。淀边村和淀中村的人们，守着白洋淀，许多人家靠打鱼为生，所以对什么时候吃什么鱼非常在行。人们总结出吃各种水产品的最佳时节，虾什么时候美，蟹什么时候肥，都有说法。"五月的青虾，秋分的螃蟹。"白洋淀的虾类有四种：日本沼虾、中华新米虾、秀丽白虾和中华小长臂虾，其中日本沼虾也叫"青虾"①，是品质很高的一个品种，体色青蓝，间有棕绿色斑纹，白洋淀是其主要产区。农历五月，青虾子满，因此最香。白洋淀的螃蟹属于河蟹，秋分的时候母蟹体内蟹黄长得满满的，公蟹体内蟹肉也饱满了，正是吃蟹的好时候。"八月团脐九月尖。"这是一句关于白洋淀螃蟹生长规律的谚语。所谓"团""尖"，是指蟹肚上的痕迹，可用于区分公母。母蟹腹部的脐是圆形的，"团"，即圆；公蟹腹部的脐是三角形的，即尖的。农历八月母蟹最肥，农历九月公蟹最香。中秋前后正是雄安人吃蟹的时候，清蒸是河蟹的最佳烹饪方式。河蟹个头儿不大，但壳薄、肉质细腻且有香味，雌性蟹黄足，雄性蟹脂多。"春鲂、夏刀、迎霜厚，开河的屎包儿（鲫瓜）赛猪肉。""厚"即草鱼，"屎包儿"即鳑鲏，"鲫瓜"即鲫鱼，这条谚语说的是白洋淀地区不同季节哪种鱼最好吃（详见第四章"渔猎"一节）。雄安人还总结出了鱼类的四季吃法："冬吃头，夏吃尾，春秋两季吃半截儿。"你看他们吃鱼是多么的有经验啊，而且其中包含着科学道理：冬季鲜鱼不容易腐坏，头部是可以吃的；夏季气温高，鲜鱼很容易变质，特别是鱼头和鱼腹，只有鱼尾是安全的；春秋两季很多鱼进入繁殖期，腹中多子，美味而富含营养，所以吃半截。

鸭蛋。除了鱼虾蟹等水产，雄安人饮食中的蛋白质还有一个重要来源，那就是鸭蛋。过去，淀区很多人家养水鸭，旱区也有人家养旱鸭，淀区还有养鸭的专业户。鸭子在水区人家的地位，跟旱区的鸡是一样的，为人们提供蛋和肉。"鸭圈里的饭食——炒蛋。"鸭圈是鸭子栖息之处，鸭蛋就下在鸭圈里，所以由"鸭圈里的饭食"引申出"炒蛋"。"炒蛋"一语双关，既指炒鸭蛋这道菜，又指散伙、不干了。其实，由于鸭蛋本身带有腥味，如果不加工很难吃，所以在现实生活中，当地人是很少吃"炒"鸭蛋的，煮鸭蛋也很少，多是腌制成咸鸭蛋

① 夏石矿、田汉卿编：《白洋淀渔猎文化》（下），石家庄：河北出版传媒集团河北美术出版社，2021年，第228页。

或松花蛋。白洋淀内常年有水，水中生物异常丰富，小鱼小虾和水面上的昆虫为鸭子提供了营养美餐，所产鸭蛋营养价值非常高。

（二）简单的菜蔬品种

跟北方其他地方一样，雄安的当家菜也是萝卜、白菜。萝卜和白菜都在夏秋之交时栽种，又都在秋末冬初收获，整个生长期都在秋季，富含金秋之气，肺弱阴虚的人可以通过食用萝卜、白菜补养身体的不足，因此民间有“萝卜白菜保平安”的说法。葱、蒜和辣椒都是雄安人常用的辛辣味调料，它们对人体不同部位产生的刺激不完全相同，人们对此非常了解，总结了谚语“葱辣眼，蒜辣心，秦椒辣嘴唇”。大葱内的汁液含有“催泪因子”，容易让人流泪。大蒜中的蒜素平常以蒜氨酸形式藏在蒜瓣之中，没有什么味道，但是一旦吃入肚中，蒜氨酸迅速变成大蒜素，让胃里感到火烧火燎，即所谓“烧心”。秦椒是辣椒中的佳品，颜色鲜红，体形纤长，雄安人用“秦椒”指代所有的辣椒。辣椒的辛辣对皮肤刺激很大，一沾唇就让人感觉到火辣辣的。到了夏季，普通人家吃的蔬菜换成根达菜和韭菜。“臭根达，烂韭菜。”“根达”又叫牛皮菜、光菜、观达菜，是我国北方夏季常见食用叶菜，茎鲜嫩多汁，雄安人一般用其做凉菜。根达和韭菜有一个共同特点，就是割下来后如果存放不当就容易烂叶，但并不影响品质，所以用“臭”和“烂”来形容它们。

（三）多样的水生植物食材

白洋淀地区耕地很少，粮食作物的种植面积极少，加上十年九涝，新中国成立以前粮食供应严重不足。所幸水中生长着多种可食的野生植物，荇菜、芒子米、鸡头、地梨儿、莲藕、菱角等都富含淀粉，是非常好的天然充饥食材。俗话说：“好过的年，歹过的春。”每年春荒的时候，还有水涝的时候，粮食供应不足，旱区人吃树叶、榆钱、榆皮、野菜，淀区人则从水中取食，“多采集水生荇菜、蒺藜、皮条，晒干碾成面掺玉米面、高粱面充饥”①。水中食材的营养价值比较高，帮助淀区人度过了一个又一个饥饿荒年，救了很多人的命，出于感恩人们称之为“宝”。雄安三县流传着多个版本的“白洋淀三宝”，如“白洋淀有三宝：鸡头、地梨儿、大菱角”“白洋淀三宝：芒子、鸡头、老菱角”“白洋淀三宗宝：鸡头、莲藕和菱角”“安新三种宝：荇菜、芙根、野蒜苗”。鸡头、

---

① 安新县地方志编纂委员会编：《安新县志》，北京：新华出版社，2000年，第960页。

地梨儿、菱角、芒子、莲藕、荇菜等都是人们常吃的天然充饥食物。

鸡头的籽实叫鸡头米，学名芡实，有健脾养肾之功效，有“水中人参”之称，可入药也可煮粥，是很好的保健食品。鸡头米颗粒饱满圆厚，色泽白嫩盈润，滋味清糯弹牙。白洋淀的芡实与南方的略有不同，属于“北芡”。“地梨儿，地梨儿，甜死小人儿。”地梨儿生吃脆甜，也可以煮熟吃，更多的是晒干磨粉，贴饼子、蒸窝头吃。菱角，一般是晒干后做成菱角米，熬粥喝。芒子米，水生野草“皮条”结的果实。芒子米熬粥黏糯香甜，碾成面后，跟玉米面掺和在一起蒸窝头，味道清香。莲藕，也称藕，白洋淀内生长着成片的荷花，根部长有莲藕，在过去可以随便挖取，蒸煮后加盐或糖即食。藕多孔，所以人们创造了歇后语“一根筷子吃藕——挑眼儿”。吃藕的时节也是有讲究的，据说荷花凋谢后的藕才好吃，雄安民间有谚语“头刀韭，谢花藕，新娶的媳妇，黄花妞”，而“花下韭，莲下藕”就要逊色一筹了。刚挖出来的藕是非常新鲜的，生吃脆甜。有趣的是，这些水中食物的成熟时节各不相同，它们“排成了串儿供养雄安百姓”，正像谚语所说“七月菱角八月藕，九月才吃老鸡头”。菱角、莲藕和鸡头先后在七至九月陆续成熟。

“蒺藜皮儿，荇菜馅儿，聚须根当榆皮面儿。”这是白洋淀人灾荒年月做饺子的材料。“荇菜”，一种水草，白洋淀也叫“吃荇”，过去人们用荇菜的茎叶剁碎当饺子馅。“蒺藜”，荇菜上长出来的东西，因形状像兵器中的蒺藜棒而得名。“蒺藜”晒干后碾成粉末可以当面粉吃。“聚须”，即花蔺，白洋淀里的一种水生植物，因其根须聚合在一起而得名。聚须的根可碾成粉，黏度很高，将其掺入蒺藜面中以增加黏度，可以做饺子皮儿。民俗学者邓志庚老人回忆起过去的艰苦岁月，这样写道：“不管怎么说，总算吃上饺子啦！记得有一天，我刚吃完饺子，一出门碰上邻家大妈，大妈问：‘吃了吗？’我说：‘吃了。’‘吃的什么？’‘饺子。’我感觉鼻子一酸，眼泪直滚到嘴里，又咸又苦，嘛达了一下嘴，那味儿挺像刚吃过的饺子。”[①] 此外，雄安人的饮食中还有豆类，豆子吃多了腹中容易产气，于是人们创造了歇后语“吃豆子——攒屁”。

（四）不可或缺的粮食

粮食是雄安人的主食来源，尤其在过去食物普遍不足的年代，雄安有谚语

---

① 邓志庚：《母亲节话美食》，“大鱼号—九河汇”2019-5-13。

“家中有粮，心里不慌”和俗语“干柴细米不漏的房”，足以说明粮食在人们心目中的特殊地位。

二、水地里做饭一锅掀——食之法

雄安人以熟语的形式总结了多种食材的烹饪之法，最有特点的是吃鱼之法。

（一）鱼肉兼吃

除了鱼虾之外，雄安人的蛋白质来源还有牛肉、羊肉、猪肉，他们很懂吃肉，认为肥里带瘦的肉最好吃，所谓“要吃肉，肥中瘦”。在雄安人眼里，鱼和肉的美味和价值是一样的，所以人们总是将二者相提并论。“鱼是鱼味儿，肉是肉味儿。”过去，水区荤菜食材主要是鱼虾蟹等水产，而养猪牛羊的少，人们很少吃到红肉，因此对于二者的区别感受很深。鱼虾以蛋白质为主，脂肪含量较低，现在的雄安人炖鱼时，经常会加上几块猪肉，以增加动物脂肪，混入肉味的鱼，味道更香。“咸鱼寡肉”，这是一条关于饮食烹饪的谚语。做鱼时要多放盐，鱼咸一点味道更鲜美；做肉时可以不放太多的盐，肉淡一些更好吃。“寡”，白洋淀地区把食物放盐少、口味淡叫作“寡”。当地还有一句谚语“要解馋，辣和咸”，也反映了过去人们偏爱重口味的饮食习惯。“鱼吃新鲜肉吃肥”，这句谚语用对照的手法，说明了鱼跟肉（红肉）的不同，意思是吃鱼一定要吃新鲜的，吃肉一定要吃肥的。鱼的鲜美程度与其保存时间密切相关，最鲜的要数活鱼，当天死的鱼次之，冷冻鱼的味道就差远了。“白洋淀的水域广阔，水草丰美，荷花茂盛，芦苇丛生，白洋淀的鱼也就兼容了这荷之清香，水之甘醇，苇之柔韧”①，肉质特别鲜美。过去人们的饮食水平低，肥肉被认为是有营养的东西，买猪肉专挑肥的，跟现在选瘦肉正相反。其实，吃肥肉是有一定科学道理的。在没有特别喂养的前提下，膘肥体重的猪肯定是健康的，这种猪的肉自然好吃。新鲜的鱼最美味，而不太新鲜的鱼也是可以吃的，这是常吃鱼的人发现的规律，他们说“吃臭鱼不吃臭肉”。鱼死后内脏会迅速腐败，使鱼身散发出腥臭味儿，而如果时间不是很长的话，鱼肉有可能还没有变质，将内脏去除后，鱼还是可以吃的。白洋淀有专门拾臭鱼吃的，这恐怕是当地独有的习俗。冬季，水中会出现一些死鱼，它们或是在冬捕过程中因伤而死，或是因水中缺氧而死，如果

① 冬子李：《白洋淀美食笔记》，中国香港：中国文化出版社，2016年，第5页。

在其他季节这些鱼肯定是要腐坏的，而在冬季却可以于冰下的水中“保鲜”。初春，冰面解冻后，在冰下冷藏了一冬的死鱼被拍上岸来，便有人将其拾回家去，用绳子穿起来，晒成了鱼干慢慢吃。猪牛羊等动物的肉就不同了，宰杀时内脏早已去除，肉一旦有了臭味儿，说明肉本身已经变质，是绝对不能吃的。实际上，这条谚语也不尽科学，无论鱼还是肉，一旦有臭味就最好不要食用了。

（二）好吃的部位

白洋淀可食鱼类品种多样，人们常吃鱼，对鱼的品种、鱼的部位美味之处了如指掌，对做鱼也十分在行。“鲇鱼尾，鲤鱼头，鲂鱼肚皮一兜油。”这条谚语说明了鲇鱼、鲤鱼、鲂鱼各自好吃的部位。鲇鱼，这种鱼头大、嘴大，头部鱼骨大且硬，没什么吃头儿；而尾部肉质鲜嫩，且无鱼刺，是最值得吃的部位。鲤鱼，除了身上的鱼肉很好吃外，它的头部也很好吃，炖烂之后鱼唇、鱼脸、鱼脑都能吃，特别是鲤鱼的脑汁，非常鲜香且富有营养。鲂鱼，这种鱼头尾都很小，而腹部宽扁肥大，脂肪肥厚，做熟后肚皮表面有一层黄油，特别是到了春季，鲂鱼肥厚的肚皮好像裹着一兜油一样，鲜香无比。这种鱼好吃缘于肥美，过去人们饮食中缺少脂肪，因此肥鱼跟肥肉一样受到人们的普遍欢迎。“鲫鱼背，鲤鱼头，鲇鱼尾巴一兜油。”这条谚语也介绍了吃鱼讲究的部位。鲫鱼的脊背、鲤鱼的头部、鲇鱼的尾巴最好吃。鲫鱼的尾部刺多，腹部刺少但肉也很薄，鱼肉厚实且刺少的部位在脊背处。此外，还有的谚语将鸡和鱼相比，如“公鸡腿，鲤鱼腰”，都是肉多好吃的部位。

（三）如何烹饪

1. 做鱼注重新鲜，追求简便

“水地里做饭——一锅掀。”这条谚语反映了白洋淀人的做饭方法。打鱼人家经常吃住在船上，他们在船尾安放一个小“锅腔子”，放上一口小锅，饭和菜一锅熟，所以叫“一锅掀”。一锅掀这一食俗产生的生产和生活因素：船上活动空间小，不可能携带太多的炊具、食材和柴草，只能安放一口锅；水上用火不方便，所以程序尽量简化；鱼是现打上来的，非常新鲜，不必太费工序和佐料，有盐即可。水乡人的生产跟旱地不同，旱地劳作在田野上，吃饭在家中，可以截然分开，而水乡打鱼是随时随地干的活儿，这种做饭方法省时省力，节省下的时间和精力可以用于劳作增收。

“一锅掀”的饭食有多种，如“半蒸半煮”“小鱼钻沙”等。先在锅底炖上鱼，等鱼半熟时，把玉米面做成小饼状，贴在锅壁上，半截在鱼汤上面，半截浸入鱼汤中；盖锅继续烧火，饼子熟的时候鱼也熟了，掀锅戗下饼子就鱼吃，每个饼子没沾鱼汤的一半吃起来是玉米面的香脆，沾了鱼汤的一半散发出浓浓的鱼香，这种饭菜被命名为“半蒸半煮”。粗粮搭配小鱼广受雄安人喜爱，人们吃着饼子就着小鱼，嘴里说着：“玉米饽饽吃得香，还得就鱼汤。”据说“小鱼钻沙”的名字是乾隆皇帝御赐的，其做法如下：先在锅里炖小鱼，小鱼半熟时，把淘好的小米铺在小鱼上面，再盖锅继续烧火，最后小鱼和小米一起熟透，掀开锅，小米饭和炖小鱼混在了一起，就像小鱼钻进了黄灿灿的沙堆。小鱼钻沙到底有多好吃呢？雄安人用谚语告诉了我们：“能舍宴席八八，不舍小鱼钻沙。”它还有个缩减版本：“宁舍席八家，不舍鱼钻沙。”

民间吃鲜鱼的另一种常用方法是“灶台鱼”。“雄县三宗宝：温泉、黑陶、灶台鱼。”灶台鱼是一种富有农家风情的做鱼方法。选新鲜的活鱼，现吃现宰，以灶台铁锅为炊具，烧木柴大火快炖，二三十分钟即熟，这种做法很好地保存了鱼的鲜美。

一锅掀和灶台鱼都属于简单而朴素的快餐。此外，雄安人还会用鲜美的鱼做成精美的菜品，其中“赵北口鱼汤”就是一道具有传奇色彩、远近闻名的名菜。据《白洋淀志》记载，乾隆帝来白洋淀水上围猎，一次水围归来，天色已晚，因饥肠辘辘，未等到行宫，便走进赵北口一家饭馆，请店家尽快安排一点吃的。店里已没什么食材，只有两条活鲫鱼，于是店家便一边蒸了米饭，一边做了半碗鱼汤，诚惶诚恐地送上。谁知乾隆吃后，大赞鱼汤味道好，并题诗一首：“鱼汤米饭两相宜，鱼补身子米解饥。谁说渔家慢待客，半碗鱼汤胜全席。”从此，赵北口鱼汤便只盛半碗，并流传开一条熟语：“赵北口鱼汤，喝了后悔，不喝也后悔。”“喝了后悔”意思是说鱼汤只盛半小碗，喝了也不解馋，而且离开赵北口也喝不上如此味美的鱼汤，还不如不喝；“不喝也后悔”意思是说来白洋淀如果不喝赵北口鱼汤也是一件憾事。与此同时，“半碗鱼汤胜全席”成为赞誉赵北口鱼汤的一条风土谚。①

雄安人习惯将豆腐跟鱼一起炖着吃，于是有谚语“千炖豆腐，万炖鱼”（千火豆腐，万滚鱼）。豆腐炖鱼是白洋淀极具地方特色的一种炖鱼方法，锅里先放

---

① 以上参考 http://home.51.com/zhengxiaomei1/diary/wxitem/731088.html。

鱼，开锅后放入豆腐，一起炖，这样炖出的豆腐会浸入鱼的鲜味。在使用这种烹饪方法的过程中，人们发现，只要不搅动，豆腐跟鱼炖煮多久也不会烂，而且越炖越入味儿。

2. 主食的做法和吃法

雄安民间的主食包括饺子、面条和粥。饺子是我国历史悠久的民间吃食，在过去饮食种类不够丰富的年代，饺子可是上等的饭食，雄安民间有“好吃不过饺饺，舒服不如倒倒”的谚语。人们喜欢吃饺子，因此对饺子的制作要领很在意，总结出和饺子面的窍门：“软面饺子硬面汤。”这里的汤，是雄安地区对面条的别称，当地人把凉面叫作“冷汤”。饺子和面条都是面食，也是雄安人民非常爱吃的两种主要食物，但和面时的软硬程度却大不一样。“软面饺子”是指包饺子的面要软一些，这样容易擀皮和包馅，饺子煮出来会比较好吃。擀面皮是一个力气活儿，特别是包的饺子多的时候，如果面硬了，擀面皮的人可就惨了，所以集体包饺子时主动抄擀面杖的人往往是有担当的勤快人。另外，如果包饺子面硬，擀出的面皮不容易黏合，就会影响包饺子的速度，饺子下到水里也容易露馅。“硬面汤”是指擀面条的面要硬一些，这样煮出来的面条才会劲道好吃。雄安旱区有食粥的习惯，于是有了“大火熬粥，小火炖肉”这条谚语，其中包含有一定的科学道理。粥的主要材料是米，米是植物蛋白，如果长时间加热，除了营养容易流失以外，口感也会由于米吸收过多的水分而变差。大火熬粥加快了米变熟的过程，米对水的吸收也会恰到好处。肉类是动物蛋白，大火的高温会使肉类快速焦化，不够烂熟，小火慢炖不但可以保持动物蛋白不会快速流失，还可以让肉变得烂熟，口感相对更好。“大锅熬粥，小锅煮面。”这是有关炊具选择的一条谚语。用大锅熬粥，用火也旺，熬出来的粥稠而香；用小锅煮面，不容易乱汤，煮出来的面条更爽滑。

（四）如何进食

不管什么鱼都是多刺的，如何避开鱼刺而顺利吃到鱼肉呢？谚语“横拿竖咬”讲的是吃熏泥鳅的方法。泥鳅体形细长而滚圆，一根粗刺从头贯到尾，如果不会吃，很难吃到肉。雄安人总结出吃它的方法：沿着泥鳅的脊背将肉吃净，再沿着排刺吃肚皮上的肉，最后吃肚里的泥鳅子，吃完可剩下一套完整的骨刺。[①] 白洋淀人吃泥鳅讲究熏烤，赵北口、新安城里和淀南三地的熏泥鳅非常有名。[②]

以鱼为菜搭配什么主食呢？“鱼，鱼，驮面的驴。”这条谚语反映了鱼菜下饭的特点，也反映出雄安人的饮食结构，即以鱼和面食相搭配。虽然白洋淀边是种水稻的，但无论旱区还是水区，人们大多还是以面粉为主食的。白洋淀盛产各种鱼，鱼在当地人的饮食结构中占有极其重要的地位。当地有多种多样的做鱼方法，人们对鱼这种菜的体会也比其他地方要深入丰富，无论哪种鱼，烹饪之后味道都很鲜香，加之水区人做鱼盐放得多，令人胃口大开，由此而吃比较多的主食。当地的主食以烙饼、馒头等面食为主。旧时，雄安人家的畜力以毛驴为主，人们买面也经常用驴驮回家来，常吃鱼的人家面吃得也快，于是就把鱼比喻成“驮面的驴”。

水中的鱼绝大部分都是可以食用的，但是个别的鱼类，却是有毒的。经过长期的观察、尝试，雄安人用熟语提醒你：“不懂局，别吃核桃鱼。”这句话的意思是，如果不懂河豚的毒性，就不要吃河豚。“核桃鱼”，方言，即河豚，体型浑圆，有气囊，遇到危险时会膨胀成气球状，加之背部灰褐色，且有虫纹状白色花纹，与核桃外形很相似，所以白洋淀人称之为“核桃鱼”。河豚味道极其鲜美，但有剧毒。河豚的毒素在各部位有不同的分布，而且毒量因季节而变化。活鱼的毒素主要分布于卵巢和肝脏。每年 2—5 月为卵巢发育期，毒性较强；6—7 月产卵后，卵巢退化，毒性减弱。肝脏也以春季产卵期毒性最强。所以，春末夏初吃河豚要特别谨慎，一是必须选择鲜活的鱼体，二是必须严格去除内脏，以免中毒。

“饺子就酒，越吃越有。”这是劝酒的说辞。“酒”和“有”押韵，表达了人们对富足生活的向往。过去雄安民间吃饺子一般要配酒水的。在雄安每逢新春佳节，饺子是不可或缺的主食，一是因为饺子形如元宝，吃饺子取“招财进宝”之意；二是因为饺子以面皮包馅，便于人们把各种吉祥的东西包到馅里，以寄托人们对新的一年的祈望。[③] 过去生活水平较低，除了年节，一般人家是吃不

---

① 冬子李：《白洋淀美食笔记》，中国香港：中国文化出版社，2016 年，第 69 页。

② 冬子李：《白洋淀美食笔记》，中国香港：中国文化出版社，2016 年，第 69 页。

③ 张焕明：《春节吃饺子的传说》，《民间传奇故事（A 卷）》，2022 年第 2 期，第 24 页。

起饺子的，酒也是很少喝的，“饺子就酒”是富有的象征，所以有“越吃越有”之说。

（五）炊具

雄安熟语中体现的炊具不多，主要有“垫碗”“盖垫”“锅”“砂锅”。农村有句谚语“宁当菜头，不当垫碗”。“菜头”和“垫碗”指的是什么呢？旧时乡村办宴席一般为“八八席”，即八个盘菜和八个蒸碗，有条件的人家会再加上四个盘菜为“十二八席”，即十二个盘菜八个蒸碗。盘菜一般是炒菜，蒸菜一般是硬菜，多为大鱼大肉。过去人们平时吃不上鱼肉，所以当时认为碗菜更高级一些。蒸菜的时候，先将八成熟的食材改刀，放入碗里，置于屉中蒸熟。蒸熟的菜不能带碗直接上桌，而是先要将鱼肉扣到盘子里，因此蒸菜的碗被称为“垫碗”，于是便有了这条谚语。“菜头”即盘菜的第一，谚语的意思相当于“宁当鸡头，不当凤尾”。除了“垫碗”，雄安过去做饭还用“盖垫”，前面提到过歇后语“盖垫嘴儿——两面里儿（理儿）”。其中的“盖垫”就是过去的一种简易的锅盖，详见“苇事”一节。

做饭离不开锅，“背黑锅”在雄安是使用率很高的一条惯用语。过去的锅安放在锅台上，整天被柴草芦苇烧烤，“黑”是在所难免的。此外，雄安人也免不了用砂锅，这种炊具比较特别。“砂不沾木，木不沾砂。”这条谚语总结的是使用炊具砂锅的经验。砂锅和木器都是热的不良导体，用砂锅烹饪或熬药后，锅体的温度达到了极点，这时如果放到未经加热的木器上面，由于木器的温度低且不导热，砂锅散热就会受到严重阻碍，砂锅与木器的接触面就很容易发生炸裂。因此人们用回文的形式强调“砂”不要接触“木”。

三、无鲤不成席——食之礼

（一）简朴的食制

“人是铁，饭是钢，一顿不吃饿得慌。”这条谚语形象地说明了吃饭对于人类生存的意义。雄安大多地方都是一日三餐，而白洋淀的淀中村过去是一日两餐，“仨饱一个倒”到了这里就变成了“俩饱一个倒”。这一食俗有两个原因。一是白洋淀不产粮食，口粮都是国家配给，不足的还要自己买，所以粮食与旱区相比略显不足，只得减成两顿。二是水区以渔猎苇编为主，人们早上起来不吃饭就开始劳作，到九点左右就能有一定进展或收获，这时吃早饭；中午不做饭，吃块饽饽喝点水就得，然后继续劳作，直至傍晚，再吃晚饭。惯用语“香饽饽”指在某个群体中吃香、受欢迎的人，雄安民间所说的“饽饽”指由面做的主食，烙饼、饼子、馒头、窝头等。“吃饽饽”在水区有一种特指，即吃午饭，人们中午见面的时候，不是问“吃了没有”而是问“吃了饽饽了吗?”白洋淀水区还有一种“夜饭”：在打苇的时候，生产队组织壮劳力收割芦苇，这是一项体力活儿，而且天不亮就出发，一直等到天黑才能回来，所以出发前必须吃得饱饱的。过去很少有人家有表，每到这一时节，生产队就安排专人凌晨三四点钟在大喇叭里吆喝：“各家各户起来做饭喽!”安新中学每到星期天只开两顿饭，学生们饿了，便到城里的一食堂或二食堂①去垫补垫补，五分钱一个馒头，一毛钱一碗鸡蛋汤，而对普通学生而言，一毛五可是个不小的数目，于是很多人选择睡觉，以熬过饥肠辘辘的时光。

（二）待客食材

“在朝都是官，在席都是客。”雄安人对来客总是热情款待。“靠山吃山，靠水吃水”，新鲜的鱼虾是待客的最好食材。“水地人待客，不是鱼就是虾。”“水地”指水乡、水区，这里专指白洋淀地区，是白洋淀周边的旱区人对水区的称呼。水区产鱼虾，鱼和虾是当地的特色食材，因此待客少不了这两种水产。到了春节或中秋节，淀区人去看望上了年纪的长辈，总要带上两条像样的大鱼。雄安以鱼为食材的特色菜有嫩白鲜美的“熘鱼片”、汁浓味香的“特色炖杂鱼”、晶莹爽滑的“鱼鳞冻”；以虾为食材的饭食有鲜艳酥软的“小虾糊饼”、营养丰富的“卤煮大虾”等，这些都是正宗的白洋淀渔家美味。

雄安饮食中的礼俗，很多是跟“鱼”有关的。“无鱼不成席”和“无鲤不成席”这两条谚语反映了白洋淀地区的待客食俗。白洋淀盛产鱼，人们日常就有食鱼的习俗，遇到婚丧嫁娶、满月订婚、过年过节，只要摆酒宴就必得有鱼，当地人认为“没有鱼就不成席面”。“鱼”与“余”谐音，寓意富裕、长久。白洋淀猪牛羊等养殖很少，而水产丰富，蛋白质主要来自于鱼虾蟹，来了客人一般就用鱼招待，过去用来待客的鱼一般为“大鱼”，即鲤鱼。旧时，雄县有二月

① 当时的“食堂”就是国营饭馆。

二“以鲤席逆女”之俗。[1] 鲤鱼体形匀称、鳞片整齐，“相貌”端正，“雍容华贵”“从容、健美”[2]，因此被选为正式场合的食材，而黑鱼、嘎鱼、鲇鱼等外形不雅，过去只做日常家用，不能待客。

除了鱼虾，雄安人待客还讲究上松花蛋。松花蛋以刀切成四瓣或两瓣，撒上酱油、醋和姜末，当地有“没有松花不成席”之说。这里盛产鸭蛋，用鸭蛋腌制的松花蛋品质很高，一直是出口的佳品。

（三）餐桌上的讲究

“君子不吃翻身鱼。”这条谚语有关雄安人的饮食禁忌。水乡人常年驾船，最大的危险莫过于翻船，因此当地很忌讳“翻”这个词，甚至连“翻”这个动作都尽量避免。所以白洋淀人吃鱼时有一个特别的讲究：吃完鱼身的一面，再吃另一面时，不能说“翻过来”，而要说“划过来”。这句谚语还有另一种解释，指在一些郑重的场合，吃鱼不允许翻过来，讲究的做法是，吃完鱼身的一面后，并不“翻”鱼，而是把鱼的脊骨剔除，然后再继续吃。其实，“不吃翻身鱼”的讲究由来已久，《晏子春秋·内杂篇》里就有“食鱼毋反”的说法。“不吃翻身鱼”在古人心目中事关礼俗修养，乃君子行为。“鱼”谐音“余”，“不吃翻身鱼”是为主人“留下余福”之意，由此进一步引申，又表示为人处世“留有余地”之意[3]。

“头三尾七。”这是雄安地区宴席上劝酒的一个说辞。酒桌文化强调劝客人多喝酒，客人的酒喝得越多越能体现主家的热情和彼此的感情深厚，于是人们设计了各种劝酒方式，“头三尾七”就是其中之一。鱼上桌后，鱼头对着的客人应喝三杯酒，鱼尾对着的客人则要喝七杯酒。这一习俗是为了找一个劝酒的由头，活跃酒桌气氛。

“鱼到酒止（鱼上酒止）。”这是雄安地区的待客食俗。在酒席桌面上，上菜的顺序是先凉后热、先碟后碗，上到大鱼大肉时就意味着菜将上齐，客人就该住酒吃饭了。湖南有一条类似的谚语：“鸭到吃饭，鱼到滚蛋。”谚语记录了宴

---

① 丁世良、赵放编：《中国地方志民俗汇编》（华北卷）之《雄县新志》（二十一篇·民国十八年铅印本），北京：北京图书馆出版社，1989 年，第 336 页。

② 冬子李：《白洋淀美食笔记》，中国香港：中国文化出版社，2016 年，第 5 页。

③ 武占坤编：《中华风土谚志》，北京：中国经济出版社，1997 年，第 641 页。

席上的一条潜规则：鱼是宴席上的最后一道菜，鱼上桌了，意味着饭菜都上齐了，客人们应抓紧吃饭，然后酒宴散席。这一规则是有实用目的的，经常有一些人借赴宴之机拉酒场，甚至撒酒疯，“鱼到酒止”就是为了制止这种行为。所谓“没有不散的宴席”，毕竟“客不走主不安”嘛。

（四）待客礼仪

饮品的斟酌。“茶要浅，酒要满。”这是一条具有普遍性的待客食俗。给客人倒茶水时不要倒得太满，要稍微浅一些，因为茶水很烫，如果太满，茶杯烫手，客人不方便端起来，还有可能不小心把茶水洒出来，令客人尴尬。酒就不一样了，酒一般不加热，酒杯不会烫手；美酒一般是比较贵重的待客饮品，斟酒时倒满才能表达对客人的尊重之意。“酒要少吃，事要多知。”这条谚语客观理性地劝诫人们不要过度贪杯。

菜品的数量。“仨菜敬王八。”这是雄安地区的待客食俗禁忌。待客的菜讲究成双成对，四个、八个或十二个，“三”是单数，不吉利，如果给客人上三个菜，就显得不恭敬。“吃一个席，饱一个集。”这是过去流传在雄安新区一带有夸张色彩的一句谚语，由此可以看出民间宴席之丰盛。“席”，这里指宴席；“集”，指集市，这里指两个集市的间隔时间，一般是三天或五天一个集。“吃一个席，饱一个集”是说在宴席上吃一顿好饭可以几天不饿。过去人民生活简朴甚至艰苦，平时舍不得吃，等到宴席上才得以饱餐一顿。民间每遇婚丧嫁娶都要摆宴席，席分为大席和流水席。坐大席的通常是新郎、新娘以及双方亲属，普通宾客吃的是流水席。席一般为“二八席”，即八碟八碗：“凉菜主要有猪杂拌、蛋卷、炸鱼和其它藕、豆、粉丝、胡萝卜等蔬菜，热菜有肘子、条肉、鸡、鱼及用肉和蔬菜通过熘、炒、焖、炖而制成的菜等……主食主要为馒头和大米饭。”[①] 白洋淀最有名的要数“圈头大席”，多的有上百道菜，少的也有大几十道。

四、过年的饺子吃不清——节令食俗

“初一的饺子，初二的面，初三的合子对半转。”这是关于春节期间饮食风俗的谚语。在人们的心目中，饺子寓意喜庆团圆，面条寓意长远，合子寓意和

---

① 安新县地方志编纂委员会编：《安新县志》，北京：新华出版社，2000 年，第 961 页。

和美美。大年初一吃饺子是北方的普遍习俗，饺子一般要在年三十晚上十二点以前包好，雄安地区讲究过年做饭要多做，特别是三十晚上的饺子必须要包够，除了初一吃，还要留出一碗的量给初二回娘家来的出嫁女儿。不仅如此，各家还特意留下半碗馅儿和一两张面皮儿，以体现“吃不尽”之意。于是就有了一条谚语“过年的饺子吃不清”。“初二的面”，有多种解释：面条长，吃面长寿；面条顺溜，吃面顺当。“合子”，一种半圆形的馅饼，其做法为：先擀成一个圆片，然后放上馅儿，将圆片对折成半圆形，再放到饼铛上烙熟，烙的时候不但要翻个儿还要不停地转，这样烙出的合子火候均匀。“对半转”，“转”与“赚”谐音，既是这种食物做法的真实写照，同时也赋予美好的寓意：来年做生意获得高额利润，赚大钱。“冬至饺子，夏至面。”冬至吃饺子，传说是为了纪念东汉医圣张仲景，他发明了一种“祛寒娇耳汤”，救治了很多烂耳朵的百姓。后来人们称这种食物为“饺耳”“饺子”。另外，冬至吃饺子也有祛寒作用，热乎乎的饺子吃下去让人浑身暖和。夏至一到气温逐渐升高，面条（尤其是凉面）制作工序简单，方便快捷，而且清凉适口，因此而受到人们的喜爱。此时小麦已经收割归仓，古时人们以面食敬神，在这个时候吃面，一方面是庆祝丰收，另一方面也有尝新的意思，从新面粉做成的面条中汲取丰富的营养成分。“头伏的饺子，二伏的面，三伏的烙饼摊鸡蛋。”这条谚语总结了三伏天的民间保健食俗。三伏往往是一年中气温最高的一段时间，高温加上潮湿对人体造成了很不好的影响。预防疾病，饮食至关重要，饺子、面条、烙饼摊鸡蛋都是过去很好的饭食，能够为人体提供必要的营养，保障身体健康。“八月十五包粽子——趁枣（早）儿。”雄安人家包粽子一般都要放枣。包粽子是农历五月初五的食俗，而到了八月十五还能包粽子，则说明这户人家的枣很多。“趁”，方言，意思是富有；“枣”谐音“早”。

此外，还有很多节令食俗在雄安熟语中有所体现，详见第四节节令习俗部分。

五、六十六，一刀肉——饮食与亲情

民以食为天，饮食是拉紧彼此关系的特殊纽带。雄安有一个说法叫“饭紧”，意思是一起吃饭有助于拉紧彼此的关系。

孝亲。家里的老人过生日，出嫁的闺女、女婿及本家族备礼庆贺，一般不通知其他的亲戚。老人六十六岁生日，做闺女的要拉上一块猪肉，有谚语："生日六十六，要吃闺女一刀肉。"其减缩版为"六十六，一刀肉"。"一刀肉"是有分量要求的，讲究是六斤六两，买肉时须言明老人过生日用，所谓一刀肉，即只拉一刀，有多少算多少，不得去肉，也不得添秤。

迎送。"出门的饺子，进门的面。"这是一条对客人和亲友都适用的食俗。亲人出远门前要吃饺子，饺子象征着团圆，代表亲人们盼望离家之人早日回家团圆。亲人回到家或有客人来访时，第一顿饭要做面条，一般是打卤面，面条的形状象征着长久，代表亲人或主人希望亲人或客人在此待得长久。其实这句话里还包含着一定的实用道理。过去通信不很发达，亲人进家门或客人来访时往往比较突然，长途跋涉、人困马乏，甚至饥寒交迫，进门要尽快吃饭，而面条是一种方便快捷的食物，所以这时做饭一般就是煮面条了。包饺子耗时较长，亲人或客人离开的时间是早就定了的，有时间准备。饺子在过去又是上讲究的食物，离开时给亲人或亲戚朋友做上一顿好饭，留下美好的记忆。此外，饺子含热量高，耐饥饿，吃了饺子身上暖和，有利于远行的人路上御寒。

六、紧活不紧饭——饮食保健

因白洋淀水区的存在，雄安人饮食中水产所占比重很大，因此对其性质和功效有着非常深刻的了解，"虾热蟹寒"便是一条。虾性热，吃多了容易上火；螃蟹性寒，吃多了容易拉肚子，所以食蟹要加生姜、喝白酒。"吃饭先喝汤，一辈子不受伤。"这句谚语是人们对饮食养生方面经验的总结，在雄安民间，很多人家都是边喝汤边进食。饭前喝汤，有利于食物的消化和吸收。这里的"汤"包括稀饭、米粥、菜汤等。喝汤相当于给消化道加"润滑剂"，使食物顺利下咽。饭前先喝几口汤，就像体育锻炼前的热身，可调动整个消化系统活动，促进消化腺分泌消化液，带动消化器官蠕动起来。这样，充分发挥各消化器官的功能，使之协调而自然地进入工作状态，进食之后就有较为舒适的感觉。"朝早一杯茶，寒气入肾家；饭后一杯茶，饿死大医家。"茶是对人体有益的饮品，但是喝茶要讲究时间。"男不化韭，女不化藕。"意思是说男人不宜多吃韭菜，女人不宜多吃莲藕。韭菜营养十分丰富，性味辛温，种子和叶均可入药，具有健胃、提神、补肾助阳等功效，因此特别适用于男性食用。韭菜虽然对男性有很多好处，但也不是多多益善，因为韭菜吃多了容易上火且不易被人体所消化，又因男人本身就属于阳性，阳阳相遇，多了也是不宜的。生藕性味甘，凉，女子经期应戒食用，因此说“女不化藕”。其实女子吃熟藕无碍，因为熟藕性甘平。还有一种与此相反的说法“男不离韭，女不离藕”，则强调了韭菜补肾和莲藕滋阴的效果。“烂桃不烂胃。”谚语总结了桃子对人体的功效，即使吃了烂桃也不会伤害肠胃。雄安民间有“桃保人，杏伤人，李子树下埋死人”之说，也肯定了桃子的养胃功能。桃子虽然也属于水果，但是桃肉性温，味甘酸，归胃经、大肠经，多吃一些也不会伤身体。民间讲究秋冬进补：“冬至补一补，一年精气足。”进补多吃些温补助阳、强肾壮骨、养阴益气的食物，如羊肉、山药、莲子、大枣等，还有白洋淀的特产黑鱼、鲇鱼等，以为体内存续热量。

“紧活不紧饭。”此谚语劝人吃饭不要太快，否则影响消化和吸收。“少吃一口，安定一宿。”这是一条饮食保健谚语，提醒上了年纪的人晚饭要尽量少吃，否则不好消化，夜里肠胃会不舒服，进而影响睡眠。“宁可撑死个人，也不占着个盆。”这句话的意思是，宁可吃撑了也不要剩下食物占着盆碗盘碟等餐具。这是过去人们饮食观念的具体体现，现在看起来不够健康合理，是由当时的匮乏物质条件决定的。这样做的原因可能有三：一是过去食物不足，食物能吃就吃下去，绝对不能浪费，哪怕是吃撑了；二是过去没有冰箱，剩下食物很容易变质；三是普通人家的锅碗瓢盆数量有限，吃完就不会占着碗盆了。

此外，雄安民间对厨师的技术也是十分肯定的。“不经厨子手，没有五味香。”过去，每个村子都有擅长烹饪的大师傅，每遇红白喜事或家里来了贵客，人们便请师傅上门炒菜。如今乡间成立了很多“流动饭店”，提供上门服务，足迹遍布水旱村镇，收费也不高，很是经济便捷。

第三节　雄安熟语中的出行、居住和商贸民俗

一、宁走戗风，不走排风——出行民俗

雄安熟语中有一些语条反映的出行习俗及观念与他地是一致的，如“三六九，往外走；二五八，转回家”“在家千日好，出门一日难”“饱带干粮，暖带衣”“穷家富路”，更多的则是独具地方特色的“水上出行”谚语，其中大多数是关于“行船”的。

位于雄安新区腹地的白洋淀水域宽广，现有水面 366 平方千米，过去还有“东淀”和“西淀”之分，水域面积比现在大许多。于是，雄安人的出行，既有陆路，还有水路。白洋淀地区的航运史可以追溯到战国时期，到了北宋，因宋辽对峙，该地区的航运转输功能得到迅速发展并发挥了重要的防御作用。在漫长的历史进程中，“白洋淀区域航运将政府漕运与内河航运集于一身，同其他内河的航运一起，在推动我国社会进步、经济发展、城镇建设、文明传播等多方面发挥过不可或缺甚至是无可替代的突出作用”①。“淀区内水路四通八达，34 个水村和 38 个半水村均可通航，最大航道可行 100 吨船只。长途航线有保定至天津航道。短途航线有：瀑河航道、漕河、萍河。”② 白洋淀上的水道四通八达，有句谚语“王家寨通大河”，道出了这个村子的特殊位置。王家寨是一个淀中村，正好是保定府至天津卫水路的交通枢纽。成语“一叶通津”也跟这个村子有关。“叶”指小船，“津”即天津，意思是从白洋淀的王家寨乘船经大清河可以直达天津。相传，王家寨的何氏弟为往来天津的商船护航，商贾捐资在王家寨村的城子埝给何氏建了一座豪宅，并给豪宅挂了一块金匾，上镌“一叶通津”四个大字。③

俗话说“水火无情”，水上出行风险系数更高，所以淀区有俗语“在家怕鬼，出门怕水”。如果水波平缓，还比较容易，碰上水流湍急，就更危险了，这正是“浪大河难过”的由来。雄安境内有很多水域，其中有淀也有河流，“要想过河先搭桥”，于是这里的桥也很多。从材质上看，有木桥、铁桥、水泥桥；从长度上看，小的只有几米长，大的以千米计算，历史上的赵北口十二连桥非常有名。雄安民间有“十二连桥赵北口，天下大庙数鄚州”之谚，说的就是十二连桥所在地赵北口的特殊位置：赵北口镇从南往北贯穿着十二连桥，向南十里则有鄚州大庙。赵北口南北长堤七里，堤上绿柳成荫，隔一段距离就有一座造型别致的石桥或木桥，前后共十二座，构成了形态各异的群桥景观，引来文人墨客流连驻足，为十二连桥与赵北口留下了不少名诗佳作。

在水乡，船是必不可少的交通工具。白洋淀水中散落着众多小岛，岛与岛

---

① 彭艳芬：《白洋淀区域航运功能的历史考察》，《保定学院学报》，2012 年第 2 期，第 123—127 页。

② 安新县地方志编纂委员会编：《安新县志》，北京：新华出版社，2000 年，第 463 页。

③ 邓志庚：《一叶通津》，微信公众号“白洋淀便民网”2016-12-08 16:21。

之间没有旱路，岛上的人们世世代代依水而居，打鱼、出行等都离不开船，水上舟船如织。“水区不仅有各种木船，且有各种木制、铁制和玻璃钢制的旅游运输机动船和快捷如飞的水上摩托艇。”过去，“白洋淀水区，人们走亲访友，购物赶集，全靠木船，冬季则用冰床子”①。舟船不仅满足了他们出行的需要，也被赋予了精神文化内涵，形成了白洋淀地区独特的舟船民俗。“关城的菱角，同口的米，王家寨的荷花，白洋淀的水，新安的艚船下了天津卫。”白洋淀的大部分水域都在安新境内，而白洋淀通过大清河与天津河道相通，从新安这里出发就可以坐船行驶去天津。白洋淀人不仅造船的手艺高超，驾船行舟的本领也令人叫绝。千百年来流传至今的那些熟语，就是他们划船经验的总结，也是他们不畏艰辛、劈波斩浪斗争精神的生动写照。他们行船于水上，观察自然、顺应自然，揣摩使船的窍门，总结行船的规律，用熟语形式储存起来，代代相传，成为宝贵的文化记忆。

（一）行船与自然条件

水上行船，受自然条件影响很大，在雄安熟语中，保留了水、风、浪、雾、节气等与行船相关的宝贵经验。

“鱼走戗水，船行顺水。”前面已经提到，鱼为了觅食喜欢逆流而上，而行船则最好是顺水而行，因为水流方向对船的行进影响很大，顺水行舟要轻松很多。“水涨船高。”船靠水载，水面长高，船自然升高，以此比喻事物随着它所凭借基础的提高而相应提高。

“宁走戗风，不走排风。”“戗风”，即逆风；“排风”，指侧风。水上行船最怕侧风，因为逆风最多就是费些力气，走得慢些，可是侧风则很危险，很容易将船身掀翻。因为船是梭形的，两头窄中间宽，船头船尾横截面小，迎面来的风不可能将船掀翻；而船的两个侧面的面积要大很多，如果遇到侧风，风与船侧的接触面积大，特别是船上载有货物的时候，就更危险，很容易翻船。为了达到既节省力气又不至于翻船的目的，人们往往将船头与风浪保持45°角，斜顶着风浪行驶。侧面的大浪，对船身的影响近似于排风，而当船头对着波浪来的方向时，波浪的影响近似于逆风。现在白洋淀旅游还有一种木制的人力小船，当有快艇经过时，会掀起一层层很大的波浪，令游客惊慌失措。这时，船工会

① 安新县地方志编纂委员会编：《安新县志》，北京：新华出版社，2000年，第962页。

提醒游客不要乱动，然后不慌不忙地摇动船桨，把船头调整到正对或斜对波浪来的方向，两三个浪头过去后，船自然会渐渐平稳下来。船工对浪头的处理方式，来自于他们在排风和戗风中的行船经验。“破船经不起顶头风。”“顶头风”，指逆风。水上逆风行船非常艰难，既有风的阻力，又有水的阻力，如果船破再遇上逆风，行进就更艰难了。“船稳不怕风大，真理通行天下。”水面上的大风，可能将船掀翻，但是只要船稳，再大的风也不用惧怕。此谚将真理比作稳当的大船，无惧风浪，天下通行。

“破船怕浪颠，破网怕苲粘。”年久失修的破船禁不住风浪，哪怕是很小的风浪也会把它颠散颠漏；破了的渔网禁不住剐蹭，即使一点水草也会将它剐得稀巴烂。苲，即苲草，在白洋淀地区指各种水草，有的水草是带刺的，下网捕鱼时就怕遇上苲草，挂到网上容易将网片拉扯坏。此谚语一般用来形容物体破旧得禁不住磕碰，也可形容身体虚弱的人禁不住小小的折腾。

“五月里迷雾，撑船的不问路。”这条谚语反映了水上交通的一个特点。农历五月气温比较高，这时的雾气跟秋冬不同，即使再大也会很快散去；水路都是相通的，很少有死胡同，即使在雾中行驶也能到达目的地。

“小雪不耕地，大雪不行船。”这句谚语说的是，小雪节气土地要上冻了，就不能耕地了；而到了大雪节气，水面上就要结冰封河了，就不能行船了，淀中村的人们会储备下过冬用的主要物资。船是水中的车，白洋淀人出行离不开船，但是入冬以后，淀面结冰，船就没有用武之地了，只能静静地停靠在岸边，或拖到岸上，等待来年冰消雪融。安放在岸边的船，一定要用苇把垫起来，船头和船尾之下各放一把，这样船与水面保持十厘米左右的距离，以免冬季淀水结冰对船底造成破坏。安放在岸上的船，或用苇把垫起，或倒扣在地上，以保持干燥通风。扣起来的木船成为捉迷藏的去处，孩子们在船底下钻来钻去，成为白洋淀的一道趣味冬景。

（二）划船的方法

船桨。“前把后棹”是白洋淀地区的一种划船方法。“棹”，白洋淀人对船桨的称呼方式。现在很多地方把划船的工具称作“桨”，有的叫“橹”，“棹”的使用频率很低。我们在百度汉语搜索到带“棹”字的古诗词2500余条，可见古时候“棹”这个用法还是很普遍的。白洋淀有些村庄比如光淀村，还把“棹”字用作动词，把划船、摇船叫“棹船”。唐代诗人李白的诗中就有过这样的用法，

《姑孰十咏·丹阳湖》："少女棹轻舟，歌声逐流水。"船分大小，小船一个人就能划，人站在船尾，两个棹在船的左右各挂一支，在中间交叉；划船人一手一支棹，前后摇动就可以使船前进。大船就不同了，即使船上不载货，一个人划船也很吃力；如果装上货物，再遇上风浪，一个人无论如何也划不动。因此，船体较大的船一般由两个人合作划船，这两个人在船上的站立位置有两种方式：一个在船头，一个在船尾；两人同时站在船尾。无论哪种站法，都要分出前后，也就是说即使都站在船尾，也要一个站得略微靠前，一个站得略微靠后，一个在前面划一个在后面划。划前棹的人如果站在左侧船舷，划后棹的人就要站在船的右后部，反之亦然。因为船太大，船桨也大，每个人都要用双手握桨。前面的船桨比较费力，一般由年轻一点的人划；后棹既是桨也是舵，掌握着船的航向，需要更多的划船经验，但相对省力些，往往由岁数大一点的人划。

拐弯。"拐弯摸角"是淀区特有的一条熟语，注意这里用的是"摸"而不是"抹"。水上行船与陆上行车不同，船的方向在很大程度上受到水流和浮力的影响。水中拐弯时，假如船在航道中央，拐过弯后，在惯性的作用下，船会脱离航道中央而靠近阳角（凸出的拐角）的对岸，这时就需要费很大力气才能再次将船调到河道中央，然后才能继续前行。白洋淀人在多年的行船实践中总结出了拐弯的技巧，当船要拐弯时，特别是在壕沟的拐弯处，正确的做法是：把船头对准要绕过的那个航道的阳角，这样等转过弯后，借助惯性的作用，船又正好回到航道中央了。"拐弯摸角"由"拐弯抹角"仿拟而来，被赋予了新的含义。与此相近的还有一条"大弯小拐"，意思是说在一个大的拐弯处，船体行进的方向要像对待一个小的拐弯那样，这样才能顺利过去。其实这跟"拐弯摸角"的做法是一致的，都是将船头提前对准阳角。谚语"船到弯处要转舵"也是提醒人们拐弯时要提前转向。

过桥。"船到桥头自然直。"此谚的意思是，即使之前无法把船控制好，但到了桥跟前就会发现，船体会很自然地跟桥身形成垂直关系，而且能顺利通过。船在水上行驶时，不可避免地要受到水流方向和风向的影响，船体很难持久地控制自己的方向。由于桥墩的存在，以及桥有限的宽度，水流在进入桥洞前就会自然地向桥洞汇聚，就像是通过管道一样，呈现笔直向前的状态。在淀上或河道中行进的船只，船体时偏时斜，甚至会"横行"，但只要到了桥前，就会因桥下水流的影响而自然保持直向且稳定的状态。这条谚语告诉我们：事先不用着急，到时候问题自然可以解决，再不好的事情也会出现转机。这是人们面对困难和未知的前景时，表现出的一种乐观豁达的精神与心态。与“船到桥头自然直”经常连用的一句话是“车到山前必有路”。

面对风浪。“船头压浪行千里，舵后生风过九江。”这是一条行船的吉利话，激励人们面对风浪时要勇于劈波斩浪，只有这样，才最安全，才能前行。行船的人都懂得，在风尖上行船，犹疑不得，绝不能让船横过来，一旦船打横，十船九翻，劈波斩浪才是唯一出路。“船大抗风浪，船小好调头。”这条谚语里包含着辩证的生活哲理。大船因为体积大、重量大，所以能更好地抗击风浪；但是船大也有它的劣势，就是转弯和调头需要很大的空间和更多的时间。小船抗击不了大的风浪，但是小船体积小，灵活轻便，很容易转弯调头改变航向，特别是在狭窄的水域或者遇到紧急情况，小船的优势就充分表现出来了。总之，大有大的优势，小有小的好处。“见风使舵，顺水推舟。”见风使舵，根据风向来操纵船舵，比喻看势头行事，根据形势的变化而改变做法或态度，多含贬义。顺水推舟，顺着水流的方向推船，比喻顺着某个趋势或某种方式说话办事，常含贬义，讽刺不坚持原则、随声附和的行为。实际上，“见风使舵，顺水推舟”是符合行船规律的，风和水流的方向对行船影响很大。白洋淀人将风向分顺风、戗风、旁风、排风等几种，当风向不利于行进时，就“按‘之’字形或‘玄’字形的路线行进，并可调转风篷①，借助水势和风力两相挤压，船沿着斜向前进”②。

以篙撑船。“千篙撑船，一篙到岸。”这条谚语缘于白洋淀人以篙撑船的经验，意思是说只要坚持不懈，最后实现目标就很容易了。篙是一种又粗又长的竹竿或木棍。白洋淀内很多地方是苇塘或浅水区，无法用船桨，这时候就用篙来撑。“双棹划，单棹摇，比不上大田庄的一条篙。”此谚语是说大田庄村人擅于撑篙，为什么呢？大田庄附近浅水区多且水清澈，非常适合虾类生存；而浅水区只能撑船，村民们就每天用篙撑着小船去下篓捕虾③，于是有了这条谚语。“下风篙——顶着呢。”如果船在下风向，即逆风撑船，插入水底的篙与水面的

---

① 篷，即帆，为避讳“翻”的字音人们将“帆”叫作“篷”。

② 安新县地方志办公室编：《白洋淀志》，北京：中国书店，1996 年，第 196 页。

③ 刘贺军：《我的白洋淀》，长春：吉林人民出版社，2020 年，第 134 页。

夹角要比平时小很多，这样才能让船逆风前进。这样一来，篙与风向几乎是“互顶”的状态。歇后语中的“顶”是双关用法，用来形容意见不同或有矛盾的双方互不相让。

掌舵。“把舵的不慌，坐船的稳当。”这条谚语说明了把舵者的重要性。“把舵的”指船上掌舵的人。大船上需要有专人掌舵，掌舵者一般是年纪较大、经验丰富的男性。

拉纤。“隔河拉纤——少交谈。”旧时，白洋淀上货运有艚、艘、艕等大型船只，这些船载重量大，顺水顺风或逆水顺风可利用风帆借风力行驶，如遇逆水或逆风，则需要拉纤，“数人在河岸上共拉一条系在船桅上的纤绳，沿河道同步蹒跚前进”[①]。拉纤一般在河道的大堤岸边[②]，拉纤人行走在河道一侧，让出另一侧给下行的船只通行。对面岸上的人，隔着中间的水面，自然就不可能跟拉纤人“交谈”了。

船行速度。“船赶船，要一天。”这是反映白洋淀地区驾船行舟速度的一条谚语。划船是个力气活儿，船的行驶速度相对车马而言是比较慢的，后面行驶的船要想赶上或超过前面的船，是要费很大力气、花费很长时间的，特别是当前后两只船的划船者有了比赛意识的时候，那就更要好好较量较量了。“不怕慢，就怕站。”指在行船或行路的过程中，不能走走停停，要有坚持的耐力，哪怕是走得慢一些，只要不停下来，一直走下去总会到达目的地的。与之相反，虽然船划得很快，但如果总是停下来休息，也会被别人超越。这句谚语的道理跟寓言“龟兔赛跑”是一样的。

（三）以船载货

在白洋淀地区，船不仅载人，而且经常载货。关于载货，白洋淀地区有谚语“前丁后拉”和“船头前丁，赛过跑风；船尾载大，赛过拉胯”。前者可以看作是后者的缩略版。船头装载的货物多、货物重叫“前丁（或为‘顶’）”，船尾装载的货物多、货物重叫“后拉”。多年的经验告诉人们，船头载重量大，利于船行，夸张一点说，这样船行驶起来比风都要快；如果船尾载重量大，船行则慢，就像人走路拉着胯走不快一样，慢吞吞的。适度“前丁”，可以让划船省

① 安新县地方志办公室编：《白洋淀志》，北京：中国书店，1996 年，第 185 页。

② 大船行进在白洋淀淀区时，不能拉纤，因为淀区芦苇丛生，岸边的苇地泥泞，不可能作为纤道。

力快速，而实际上，船头也好，船尾也罢，装太多太重的货物都是不行的，装船行船讲究前后左右重量的合理平衡，只有平衡了，船划起来才又省力气，速度又快。谚语用人们熟悉的“跑风”和“拉胯”来说明船头和船尾载重的不同效果。

（四）摆渡

“摆船摆到岸，救人救到底。”淀中村之间隔着一段距离的水，人们往来都要借助摆渡船。每个村里都会安排几个上了年纪的老人负责此事，近处的收上一两元钱，远处的也不过十几元钱。谚语借摆渡习俗告诉人们好事要做到底。

（五）行船的艰险

“宁走十步远，不走一步浅。”谚语总结了雄安人的行船经验，也体现出他们的辩证思维。水上行船忌讳走水浅的地方，因为在浅水区船有可能搁浅，特别是当船上载有货物的时候。如果发生搁浅，就不得不下水去推船，船上的货物还有可能掉到水里去。所以，宁可绕远路，也不走太浅的地方。与之类似的谚语在很多地方都有，例如“宁走十步远，不走一步险”，讲的也是规避风险，都是人类出行经验的总结。

“天下三苦：打铁、撑船、磨豆腐。”打铁和磨豆腐，都是很辛苦的劳作，将撑船与二者并列，足以说明撑船的劳动强度之大。船在水上，看似轻松，但由于水流的作用，再加上风力的作用，船只行进是有很大阻力的，如果再赶上逆风，船上再装有货物，就更加费力。

“世上三种险：跑马、行船、打秋千。”这句谚语的意思是，风险最大的三件事是骑马奔跑、水上驾船和打秋千。在这三者中，行船风险系数应该是最高的，船在水上漂，如果遇到风浪，不但行进吃力，而且还有翻船丧命的危险，不得不让人提心吊胆。为了避免水上遇险丧命，水乡的小孩子不论男女，从三四岁就开始在大人的指导下学习游泳，个个水性极佳。

“十七十八力不全，二十七八正当年，三十七八还可以，四十七八下水船。”这条谣谚总结了男人在不同年龄段的体力状况，其中“四十七八下水船”意思是到了四十七八就不能在船上劳作了，足以说明对行船人员技术要求之高、劳动强度之大。而在实际生活中，淀区四十七八的人一般还在驾船捕鱼，干的活儿并不比年轻人少。

“大风大浪闯过来，小河沟里翻了船。”水上行船比陆上行车的风险要大得多，即使是小的水域，也有翻船的可能，于是便有了这条俗语，提醒人们只有小心才能使得万年船。

“骑马防摔，坐船防翻。”船在水上，容易受风浪影响而晃动，所以行船应该防止翻船。水乡人怕翻船，由此而忌讳“翻”的字义甚至字音，用“打张”表示把东西翻过来，管船上的“帆”叫“篷”。

“脚踩两只船，终归要落水。”水是流动的，船身始终是晃动的，人站在船上，需要叉开双脚，才能保持平衡。双脚站在一只船上尚且如此，如果两只脚同时踩着不同的船，那身体就不可能平衡了，掉进水里也就无法避免了。这句谚语告诫人们千万不要为了投机取巧而跟两方面都保持联系。

到了冬天，水面结冰，出行的危险更大了，人们严格遵守着“开河冻河不出门”的原则。此时淀区谓之孱河期，多有危险，不宜出行。即使过了孱河期，冰上也暗藏凶险，你可能遇到断开的蹦河[①]以及陷阱一样的疤眼、白子和亮子[②]，夜间光线暗，一不小心就会掉进去。白洋淀的冬季，落水事件时有发生。冰面的颜色能反映冰层的厚度和结实程度，人们总结了走冰的要领：“冬天走黑不走白，春天走白不走黑。”冬天冰上黑色的地方冰层更厚，而到了春天，黑色的冰下往往水流涌动。这里的“白”和“黑”用了借代手法。大人们从孩子很小的时候就向他们传授冰下逃生技法，一旦落入冰水，要迅速脱掉外衣，双手拄着冰面爬上来。[③] 如果碰上薄冰区，则不能拄冰面，而要先让身体浮起来，再往上爬。为了救险，淀区人家平时都备有救人用的绳子、长杆，发现有人落水，大家一起营救。冰上出行的多种风险，迫使白洋淀人不断观察冰面情况并评估安全系数，这套经验被称为“识凌水”。

船还是渔民的休息场所，在舱内睡觉是白洋淀水区居民的一项极具地方特色的生活习俗。外出捕鱼时，当天回不了家，白洋淀人经常要睡在船上，于是有了谚语“塌舱睡，顶条被”。这是一条反映白洋淀人用船的谚语，意思是在船舱里睡觉，相当于盖上了一条棉被。因为船舱的四周都被船板挡着，风吹不进

① 蹦河，淀面冰层断开而形成的一道很长的裂缝。

② 由于气温变化、流水冲刷、人工开凿等原因，冰面上出现的圆形窟窿。一般出现在河或淀的北岸，这里接受日照的时间相对南岸更长，积温高，冰体更容易融解。

③ 过去人们冬天穿的衣服层数少，上身一般只穿一件棉袄，而且棉袄宽松，容易脱掉。衣服吸水会增加重量，脱去外衣可有效增加人体浮力，助人上岸。

去，所以感觉比较温暖。

最后，我们再谈一下出行观念。雄安人讲究“宁往北走一千，不往南走一砖”。“一千”和“一砖”都是虚指，一千形容极远，一砖形容极近。白洋淀以北地区大多是沃野良田，而白洋淀以南地区多是贫瘠的盐碱地，所以灾年逃荒时，灾民都往北走，而不往南走。一说白洋淀以北地区民风淳朴，以南地区民风欠佳，所以走北不走南。该谚语的缩略版为“宁走一千，不走一砖”。

出门在外，有诸多的不方便，于是人们总结说“在家千日好，出门万事难”。因为难，所以要小心与人相处，所谓“出门三辈小，礼多人不怪”。意思是待人接物礼貌周全，才能保证事事顺利。

“饱带干粮，暖带衣。”这条谚语提醒人们离家远行或者下地劳动时，对吃穿这两件大事要早做准备，即便是离家时吃得已经很饱了，离家时天气还很暖和，也要带足干粮，拿上御寒的衣物，这样才会有备无患。与之意思相近的熟语如“未雨绸缪”。雄安人外出便于携带的干粮有玉米饼子、火烧，菜有熏鱼和咸鸭蛋。白洋淀端村的四方火烧是雄安一大特色。火烧是四方形的，面里抹了油酥、芝麻盐，外酥里嫩、焦黄酥脆，就是干吃也有滋味。咸鸭蛋和熏鱼都是富含蛋白质且方便携带的食物。白洋淀熏鱼，除了木屑熏制以外，还会用苇叶熏制，且熏鱼种类很多，有鲂鱼、罗非鱼、武昌鱼、泥鳅、嘎鱼等。

二、前明子，死垛子——居住民俗

在我们所收集的雄安熟语中，有关居住民俗的数量并不多，下面按照取土、结构、朝向、院落、邻里的顺序进行介绍。

（一）取土

旧时百姓的居住条件普遍较差，特别是在水区，雨水多，房子漏雨的现象经常发生，“干柴细米不漏的房”就是他们追求的目标。过去农村盖房是一项大工程，谚语“一年盖房，十年备料”以“一”跟“十”构成对比，虽然稍显夸张，但也反映了盖房要消耗大量精力财力这一事实，如果不是必需，人们情愿不盖房，正所谓“一辈子不盖房，胜过自在王”。在淀区，这两条谚语有着更沉重的客观原因。淀区土地稀缺，盖房用的土，都是从淀底挖上来的，这项活计叫“打垡子”。所谓“垡子”就是成块的泥。打垡子需要两人配合，一人“拿锨儿”①，一人“踢斗儿”。打垡子的水域要选在水面齐腰的地方。拿锨儿的站在水中，用脚在水底比着尺寸，开出一个三角形的洞，这块土剔出去不要。然后围着洞切出一块块长立方体的土块，这就是垡子。踢斗儿的站在他左侧，拿锨儿的切出一块垡子，用脚一拨，正好拨在踢斗儿的右脚上。踢斗儿的用脚勾着垡子一抬腿，垡子借助水的浮力被踢出了水面，他用手接住，将其整齐地摆放在船舷上。一船垡子大概有一立方米的土。垡子装满船后，由专人撑船，运到岸边，负责卸垡子的人在岸上一字排开。踢斗儿的把垡子扔给卸垡子队伍中的第一个人，第一个人传递给下一个人，就这样把垡子传卸在需要的地方。在打垡子这套活儿中，拿锨儿的和踢斗儿的最需要技术，主家犒劳大家管饭的时候，拿锨儿的、踢斗儿的单围一桌，有特殊的待遇。②

（二）房屋结构及建盖

谚语“前明子，死垛子”记录了雄安水乡旧时两类有特点的房屋结构。“前明子”，这类房子的正面全部为梁柱结构，木制门窗，室内采光好，更显宽敞明亮，所以叫“前明”。经济条件较好的人家一般都盖前明房子，房子木料讲究，门窗连体设计，做工精细。“前明”房子大多采用“一出水”③，房顶左右和后面都砌有栏幔墙。“死垛子”，房子正面无梁柱，门窗分开单留，柱子都用砖砌成，因此叫“死垛”，门窗上边的横梁处用“过木”承重，也有用钢筋水泥打过梁的。这类房子一般窗口不大，所以室内采光较差，大部分木结构处以砖砌代替，相对“前明”房子节省了大量木料，造房成本也大为降低，条件一般的人家多建此房。④ 谚语“七层锅台八层炕”记录了锅台和炕的高度。旧时睡觉的土炕和烧饭用的锅台都是用砖或土坯垒起来的，炕比锅台要高一些，一般是锅台七层，炕八层。俗语“隔着锅台上炕”从侧面反映出乡村房屋内火炕和锅台的位置关系。锅台紧挨着火炕的一侧，烧火做饭的时候，热气和炊烟从炕内的通道经过，顺着烟囱排到屋外，炕也就暖和了。其实，上炕时完全不必考虑锅

① 打垡子使用的工具叫“垡锨”，锨头为一块长方形的铁制平板，刃部非常锋利。

② 邓志庚：《抢泥・套苇・打垡子》，微信公众号“白洋淀便民网”2016-11-26 15:47。

③ 即房顶雨水从一面流下。

④ 泥鳅张绘画、撰文：《水淀留痕》，北京：学苑出版社，2015年，第68—69页。

台，直接从炕沿上去即可。此条俗语就是以不合常规的组合，喻指那些越级或迈过别人行事的错误做法。此外，“一明两暗”“明四暗六”体现的是民居的房间数量安排和明暗分配方案。

至于盖房的材料，“里生外熟”用两组反义词做了简要说明，意思是外面是砖，里面是土坯，砖是经过烧制的，所以叫“熟”，土坯没有经过烧制，所以叫“生”。过去砖要用钱买，土坯自家就能制作，所以普通人家的房子一般都是“里生外熟”，这样外表看着美观，里边土坯保温，经济实惠。

瓦匠盖房时的专业经验，也被总结成谚语。“宁盖房一间，不垒一个弯。”这是流传在泥瓦匠中的一句谚语。泥瓦匠盖房砌墙时，弧形或圆形的拐弯的墙是最难垒的，需要具备一定的几何计算能力，还要把砖瓦切割成合适的形状，与横平竖直的墙相比，既费时又费力。

“倒墙不倒基。”强调了建房过程中打根基的重要性。“浆七不浆八。”此谚指“浆灰的天数”①。“齐不齐，一把泥。”这也是瓦匠的行话。过去用砖和土坯盖房，黏合剂就是泥，泥不是普通的泥，而是要和上一定的麦秸，以增加黏合力。当某处砖坯垒得不太整齐的时候，瓦匠就用泥抹一抹，嘴里还要说上一句“齐不齐，一把泥！”

（三）房屋朝向和位置

雄安冬季寒冷，水乡冬日比旱区还要更冷一些，滴水成冰，北房向阳更有利于采光，东房和西房光线暗且冷，相比之下，北房更适合人居，东西房则适合储存物品，所以说“有钱不盖东西房”。如果非要盖东西房，那么就必须是东西对称。过去人们讲究男左女右，东为左代表男，西为右代表女，所以认为“有西无东，家无老翁；有东无西，家无老妻”。这是中国人和谐观念在住宅格局上的体现。② 当地人如果房屋与庙宇相邻，则讲究“宁盖庙左，不盖庙右；宁盖庙前，不盖庙后”。庙宇多是坐北朝南，且都比民居高很多。左即东，右即西，将房子建在庙的西边或后边，都会影响光照，而东边和前边是不受影响的。

---

① 中国民间文学集成全国编辑委员会、中国民间文学集成河北卷编辑委员会编：《中国谚语集成·河北卷》，北京：中国社会科学出版社，1992 年，第 882 页。

② 武占坤编：《中华风土谚志》，北京：中国经济出版社，1997 年，第 656 页。

（四）厕所设置

旱区的院落宽敞，一般每家都有自建厕所，而水乡则跟旱区有很大的不同，水区地界狭窄，不可能家家都留出一块地方建茅厕，于是村头村尾就建起了公共厕所。旱区人对此感到不可思议，还专门给水乡造了一条歇后语："下庄子的厕所——难寻。""下庄子"指的就是淀中村，是旱区人对水区的叫法，这些村子大多带"庄"字，如邵庄子、张庄子、季庄子等；水乡人则管旱区叫"上地"，这是雄安独有的说法，"上"和"下"的分别应该缘于水乡低而旱区高的地势特点。俗语"占着茅坑不拉屎"是淀区公厕中常见的现象。公厕是村民们聚会的特殊场所，一些人边上厕所边聊天，有的甚至还要抽上两根烟，于是被站在外面"立等"的人骂作"占着茅坑不拉屎"。

（五）院落植树

房前屋后种什么树，也是有讲究的。"前不栽桑，后不栽柳，院里不栽鬼拍手。""桑"谐音"丧"，不吉利；"柳"谐音"流"，与财源流失相关联；"鬼拍手"指杨树，叶片大，遇风哗哗响，夜晚听起来很吵，人们厌恶其声，将其比喻为"鬼拍手"。有趣的是，当地人喜欢在房前种桃树，认为"门前一株桃，讨气讨不了"。

（六）邻里关系

淀中村地界小，人口稠密，房舍相连，每个村里除了一两块小型广场还比较宽阔，其他地方各家房舍之间只有很窄的过道，有的地方仅能一人通过。在如此紧密的居住环境里，人们的关系也密切得很。水乡人在谚语"远亲不如近邻"之上又加上了一句"近邻不如对门"，通过顶真的方式强调了邻居对门的特殊关系。在这里，门不闭户、路不拾遗，串门是必不可少的，有事没事就到邻家对门坐上一会儿，聊上几句，无论主家是吃饭还是干活儿，无论是来客还是过节，大家都不忌讳。

三、天下大庙数鄚州——商贸民俗

（一）地方特色商贸——渔业销售

渔业捕捞和养殖所得水产是雄安特色产品，当地销售主要靠鱼市和串村的小贩，对外销售则为大规模的批发。鱼市主要分布在淀区，雄安有谚语"鱼行鬼市"。之所以把鱼行叫作"鬼市"，原因有：一是经常晚上开市，渔民打鱼经常一出去就是一天，晚上回来才到市场去售卖；二是鱼贩往往要将鱼贩运到外地，所以早早就开市，甚至天不亮就来收鱼。此外，还有一种情况，就是卖家在销售环节中常常掺假，比如，鱼是水里生长的东西，连水称重就增加了些许分量，往大鱼肚子里塞进小鱼烂虾，那小鱼烂虾就相当于按大鱼的价钱出售了。我们从事理谚“河里没鱼市上看”可以看出当地鱼市的繁荣景象。这条谚语的意思是同类事物散存于各处时往往不容易被人发现，而到了具体的环境里你会发现其数量是可观的，就如同你在河里看不到鱼，但是到了鱼市上却有大量的鱼，而这些鱼都是从河里抓到的。你在河里没有发现鱼，只是由于受到观察的范围、角度等局限，并不是真的没有鱼。这条谚语还有一个歇后语的形式：“河里没鱼——市（事）上看。”这里面的“市”谐音“事”，是说人与人之间的关系怎么样，在平时看出来，只有在遇到事情的情况下才能看出远近亲疏。所以人们常会说：“咱俩关系怎么样？甭说别的，咱河里没鱼——市（事）上看。”事理谚“鱼行管不了虾行的事儿”反映了白洋淀渔业市场的专业性特点。鱼行，专门经销各种鱼的店铺；虾行，指专门卖虾的店铺。意思是说，在鱼行卖鱼的或者管事的人，管不了虾行的事情，引申为管理者各自有自己的职权范围，不能超越管理权限胡乱指挥。

除了行商和鱼市，雄安还有大型渔业销售，过去多为鱼店和鱼行贩，他们将鱼整包地发往保定、天津、北京，那时候三地的活鱼大多来自白洋淀。雄安所产鱼虾除了鲜售之外，不能卖出的制成咸干制品，运到天津再销往国内各地。

雄安民间从事鱼虾零售的小贩很多，过去是挑着大木盆，后来推着小推车，再后来改成自行车，到现在改成小三轮车。他们走村串街叫卖。新鲜的活鱼用水养着，死了的用冰块冰着。“柳毛掉，卖鱼的叫。”春天，随着气温的逐渐升高，渔业捕捞大面积展开，卖鱼的自然就多了起来，他们在街上喊着：“约鱼唻！”“柳树挂毛，急得卖鱼的满街嚎。”“嚎”即哭嚎，淀区管出声地哭叫“嚎”，这里用了夸张手法。为什么嚎呢？因为气温升高，活鱼难以保存，死鱼很快会烂掉，鱼贩自然会心焦。

很久以前，淀区的渔业销售就是当地的一个重要产业，目前仍有为数可观的人员在京津冀各大城市从事此业，从集贸市场到大型超市都能见到他们的身影。

（二）村镇集市和大型庙会

小农经济时代，人们拿着自家的劳动产品到集市上交换，“这种贸易在大部分的中国到现在还是在日中为市式的‘街’‘集’等临时集合的摊子上进行的”①。旧时，大型的村镇都有固定的集市，庙会则是借助神佛祭祀活动发展起来的大型集市，兼具祭祀和物资交流两项功能。“能舍新安庙，不舍端村集。”有人认为此谚语“意思端村集大、货全”②，但我们认为这条谚语用的是互文手法，意思是新安庙和端村集都是不能错过的。新安庙和端村集在白洋淀地区是两个规模大、影响大的集市。“新安”是过去的地名，指现在的安新县城，为津保交通的必经之地，曾经是大清河沿岸的三大集镇市场之一，是当时粮食、棉花、苇席等多种物资的集散地③，平日集市上就非常热闹，到了庙会就更不用说了。过去新安庙会有两次，四月初四至初八，八月初十至十二。孙犁在他的《织席记》里描写过端村集上的情形：“到端村，集日那天，我先到了席市上。这和高、蠡一带的线子市，真是异曲同工。妇女们从家里把席一捆捆背来，并排放下，她们对于卖出成品，也是那么急迫……在集市里充满热情的叫喊、争论。”④

过去商店很少，人们的物资来源主要是集市，于是对于集日记得很清楚，有的总结成了谚语，如雄县的“一六三八围城转，逢五排十赶南关”。“清末民初，本县水路交通方便，县城商业繁荣，城内外集日较多，农历一、六、三、八是城内集日，五、十是南关集日。”⑤

很多村子还有自己的小集，这些小集往往一年只有一次，而且时间都设置在某个传统节日，持续的时间都比较短，有“露水集”之说。“快马赶不上西槐的集”说的是雄县西槐村的集不仅规模小而且时间短。西槐是个古村落，汉、满、回三个民族的村民世代在这里繁衍生息。每年中秋节早晨，天刚蒙蒙亮，十里八乡的人便推车挑担到这里赶集，而待太阳出来，人便渐渐散去，满打满算持续不过一两个小时。小集不仅持续时间短，且一年只有一次，孩子们盼小

---

① 费孝通：《乡土中国》，上海：上海人民出版社，2007年，第254页。

② 安新县地方志编纂委员会编：《安新县志》，北京：新华出版社，2000年，第1020页。

③ 肖红松、王永源：《白洋淀区域的村庄、集市与社会变迁（1840—1937年）》，《河北大学学报》（哲社版），2018年第6期，第69—77页。

④ 孙犁：《白洋淀纪事》，北京：中国青年出版社，2000年，第421页。

⑤ 雄县县志编纂委员会编：《雄县志》，北京：中国社会科学出版社，1992年，第568页。

集如盼过年。[①] 圈头乡的张庄子小集在腊月二十三，“张庄子小集儿二十三，大人们发愁小孩儿们欢”。二十三是农历的小年，从这天开始民间开始忙年，各家各户准备过年的用品，孩子们自然高兴，而在过去贫困时期大人们却要为钱而发愁了。乡村的集市，一般早上起来就有，到中午就基本上收了；也有专门设在晚上的集，这叫“晚集”。“起个大早，赶个晚集”，这条俗语比喻行动虽早，收获却晚。

雄安地区最大的商业性庙会是鄚州庙，规模非常大。谚语“天下大庙数鄚州”“北京人全，鄚州货全”是鄚州庙盛况的真实反映。该庙会的设立距今已有几百年的历史。明万历年间鄚州庙大规模重建，“因传说扁鹊生日为农历四月二十八”[②]，钦命每年四月为鄚州庙会，并敕命全国各地较大商号都来鄚州赶庙。当时从鄚州到大庙之间几里地，商业布篷搭成了街道，车马辐辏，人声鼎沸，据说客商们从来到走要三个月的时间。庙会上降香的善男信女摩肩接踵，传说很多水井都被赶庙人喝干了；各地的客商云集此地，大街上各种商品货物堆积如山，招牌林立，横幅凌空，“市场上卖香草的、卖冰水的、卖五香面的娓娓小调，不绝于耳”[③]。鄚州成为重要的物资集散交流地。水乡的庙会比旱区多了船只的参与，雄县“十方沿庙会之期，水淀之中，帆船千百成群”[④]。

在雄安的集市上，苇席是必不可少的特色商品。“赶集买顶新席子，年底娶个新媳子。”过去普通人家家里没有床只有炕，炕上再铺一领苇席。春节前，各家都要打扫收拾屋子，换一领炕席，相当于今天换个新床单。

做生意是有一定规律可循的，雄安人常说“上赶着不是买卖”。意思是做事要把握好时机，不能过于主动，否则难以成功。它揭示了做买卖谈生意的一个规律：双方要揣摩对方的心理，见机行事；如果一方太过主动，反倒会让对方生疑，买卖很难做成。“薄利招客，暴利逐客。”商家只有适度让利，才能吸引更多的顾客，贪图一时的高利润，就会失掉客户，俗话说“薄利多销”。

---

① 王福增：《雄安往事——中秋佳节话小集儿》，微信公众号“诗意故乡”2021-09-21 06:34。

② 任丘市文联编著：《中国任丘》，北京：中国文史出版社，2005 年，第 136 页。

③ 安新县地方志编纂委员会编：《安新县志》，北京：新华出版社，2000 年，第 963 页。

④ 《地方不靖》，《大公报》(天津版)，1932-06-01 (05)。

第四节　雄安熟语中的节令习俗、人生礼俗和民俗观念

在漫长的历史进程中，大量文化信息沉淀于熟语之中，透过雄安熟语，我们可以洞见彼时彼地的文化风尚、世俗人情，从中领悟到若干民俗惯制，了解当地百姓的价值理念以及对世界的认识。

一、二月二，敲房梁，蝎子蚰蜒无处藏——节令习俗

节令的意义在于，在漫长的生命长途中给人以安慰，而且是整个群体的安慰，比如新年，大家可以“尽力快乐一下，然后再整顿精神做第二年的事”[①]。于是，雄安熟语中反映节令习俗的条目多是关于美食或是忙碌而欢快的劳动。

（一）春季节日

1. 春节

虽然春节时节的气温还很低，但由于春节常在立春之后，自此大地开始回春，所以本书将春节归入春季节日。

春节之前要大搞卫生。过去房屋内除了供人起居，还要烧柴做饭、织席打箔，因此四壁灰土很多。当地的习俗是在腊月二十三或二十四把室内卫生搞一遍，“二十三，扫尘土”“二十四，家家忙，又做豆腐又扫房”。反复出现的两个“又”字，将年前紧张忙碌而又令人兴奋的欢乐气氛描写了出来。扫房时全家齐动手，把屋顶、墙壁、床底下都清扫一遍，并把锅碗瓢盆、屋内摆设全都擦洗干净，床单被罩、门帘都清洗干净，营造一种过年的新气象。有的人家还会用大白把墙壁粉刷一新，用白纸或彩纸或报纸吊顶。房屋收拾干净后，就该准备过年的吃食了。旧时，春节之前各家都要准备足够的主食。一是正月里人们要彻底休息，除了吃就是玩，所以要多储备吃食；二是腊月里气温低，吃食放在户外也不腐坏。豆腐是过年必备的食材，炸豆腐、冻豆腐都是熬菜的材料，由于过年用量很大，所以过去人们都是自家“做豆腐”。民谚有“二十八把面发，二十九蒸馒头”，这里的馒头泛指花样众多的蒸制面食，包括供瓣儿、豆包、年糕、焖子等。蒸馒头是个力气活儿，平日里从不动手做饭的男人们也来助力，

---

① 顾颉刚：《顾颉刚民俗论文集》，上海：上海文艺出版社，1998 年，第 395 页。

全家人齐帮动手，笑语欢声，过年的气氛越来越浓。

春节是团圆的日子，初一早上全家人一起吃团圆饭，出嫁的女儿一般在婆家而不在娘家过年。一家人团坐在一起吃饺子，俗话说“大年初一的饺子——没外人。”雄安习俗有正月不剃头之说，人们认为“正月里剃头死大爹”。“大爹”，方言，即伯父。这一说法没有任何科学依据，但有大爹的孩子却一直遵守着，唯恐对长辈造成伤害。

2. 龙头节

农历二月初二，相传为龙王上天之日，一说蛰伏了一冬的龙开始活动，所以叫“龙抬头”。这一天也叫龙头节，谚语云“二月二，龙抬头”。当地有“引龙”之俗，“以灰糠画龙，自井而延于室”①，认为这是“钱龙”。雄安民间对二月二的“龙”很看重，当日忌担水，据说会把懒龙引到家里来；不出太阳禁用刀，怕伤到龙头；忌用针线，怕扎龙眼。② 民间有谣谚告诫人们节前不要做针线活儿，否则就会招来各种灾难：“一蛆二蚍蜉（白介），三夫三寡，四父四孝，五把眼疼，六起溜，七疥癞，八疙瘩，九腌疢，十（石）性子，初一初二掉长虫。”（详见第二章第一节）

二月之初，万物复苏，百虫苏醒，包括一些毒虫，人们总结为谚语：“二月二，龙抬头，蝎子蜈蚣都露头。”“二月二，敲房梁，蝎子蚰蜒无处藏。”人们打扫房舍，用木棒敲打炕厢、房梁，惊出害虫将其打死。老人们用红纸或红布剪成葫芦之形缝在孩子的衣服表面，意为引毒虫进葫芦，将其一网打尽，正所谓“二月二龙抬头，蝎子蜈蚣钻葫芦”。雄安的民俗是二月初二摊煎饼。据说煎饼的热气可以熏死毒虫，能够“避蝎”③，保人寿康泰、五谷丰登。

到二月二，休整了一冬的人们就得下地干活了。俗话说：“二月二没的盼，低着头把活儿干。”从二月初开始，田里的活计、水乡的采掘和捕捞都陆续开展起来。人们企望丰收，龙头节这天家家户户在打谷场或院中画谷仓，祈愿新的一年五谷丰登，粮食满仓。谚语“二月二，龙抬头，大囤满，小囤流”描绘的

---

① 丁世良、赵放编：《中国地方志民俗汇编》（华北卷）之《雄县新志》（二十一篇·民国十八年铅印本），北京：北京图书馆出版社，1989 年，第 336 页。

② 安新县地方志编纂委员会编：《安新县志》，北京：新华出版社，2000 年，第 971 页。

③ 丁世良、赵放编：《中国地方志民俗汇编》（华北卷）之《安州志》（十九卷·清道光二十六年修稿本），北京：北京图书馆出版社，1989 年，第 319 页。

就是这一景象。

（二）夏秋节日

1. 端午节

“端午节，挂葫芦。”民间认为，端午时节各种毒虫，如蛇、蝎、蜈蚣、蛤蟆、蚰蜒等都出来活动。挂上葫芦，希望引毒虫钻进去，使其不再出来害人。

2. 夏至

夏至是一个重要的节气，谚语有“吃过夏至面，一天短一线”，意思是过了夏至，白天越来越短，每天做针线活儿用的线也一天比一天少。夏至前后，小麦收割，新面粉登场，农家都要在这一天尝尝新面。另有谚语曰：“冬至饺子，夏至面。”吃面，既表示夏至这天最长，以面条寓意白天时间长，同时也有庆丰收之意。

3. 中元节

农历七月十五为中元节，雄安有谚语“七月半，鬼乱窜”。传说这一天地狱大门大开，阴间的鬼魂都被放了出来，有后人祭祀的鬼魂回家去接受香火供养，与阳间亲人团聚同乐，无主的孤魂则到处游荡找东西吃。旧时的农历七月寺庙经常举行布施活动，设食祭祀，诵经作法，以安抚超度孤魂野鬼，防止它们为祸人间。中元之夜，人们沿淀边或河边放灯，有的用腊纸（以免水浸）做成莲花灯，燃烛后放河内，超度死去的灵魂，为活人消灾、祈福。中元节当天或其前一两天，人们到祖坟绕纸，出嫁的女人也要回娘家上坟，为已故老人上坟。民间在这天到坟前烧纸焚香，摆奉供物，祭祀祖先。女人们坐在坟前边哭泣、边述说，一时间坟地里哭声此起彼伏，所以有谚语“七月十五嚎死，八月十五甜死”。

4. 中秋节

中秋节是家人团圆的节日，出门在外的人节前都要赶回家与亲人团聚。旧时，出嫁女不能在娘家过中秋，必须回到婆家去，民谚称：“宁留一个秋，不留一个节。”意思是平时在娘家住多久都可以，但是中秋节不能在娘家过。

（三）冬季节日

1. 寒衣节

“十月一，送寒衣。”这是各地普遍流行的一种祭奠风俗。当冬天来临的时候，人们开始穿上棉衣，凛冽的寒风令人想到逝去的亲人，认为地下也有冬天，逝者也需要棉衣，于是用彩纸折叠或剪裁成衣服的样貌，连同纸钱在农历十月初一这天到坟前烧化祭奠。

2. 腊八节

腊八是春节的序曲，俗话说“小孩儿小孩儿你别馋，进了腊八儿就是年”。腊八这一天早上，雄安人要吃腊八粥或腊八饭。相传腊月初八为释迦牟尼得道日，寺院这天煮粥供佛，后来民间相沿成习，家家都煮腊八粥吃，而且“将粥撒于门上，以示驱鬼邪，讨吉祥。置果树上禁虫兼祝茂盛”[①]。雄安腊八粥或腊八饭的材料有“黄米、大米、鸡头米、菱角米、莲子、豇豆、花生仁、红枣等”[②]。为缩短煮饭的时间，所有的材料都在头一天晚上备好并用水泡发。这一天的早饭“求早”，民间认为“饭早”能带来来年的好收成，有谚语云：“谁家灶筒先冒烟，谁家高粱先红尖儿。”天还没亮，各家的早饭就都熟了。

3. 祭灶节

“腊月二十三，灶王爷上天。”腊月二十三在民间被称为“小年”，这个节日的主题是祭灶，因此又叫祭灶节。民间有“糖瓜儿祭灶”之说。糖瓜儿是一种经过熬制的麦芽糖，风干后做成扁圆形，状如南瓜，所以叫“糖瓜儿”[③]。腊月二十三这一天每家都要买上一包用来祭灶王爷，所谓“二十三，糖瓜儿粘”。祭灶是女人的事，雄安民间流传有谚语“女不上坟，男不祭灶”。

二、秤杆儿不离秤砣，老头儿不离老婆儿——人生礼俗

（一）婚嫁习俗

雄安民间非常重视婚姻家庭，崇尚和睦的夫妻关系，讲究“是非讨散，婚姻讨合”“宁拆一座庙，不毁一门婚”“女爱男，要成全；男爱女，单相思”。

首先，来看择偶观念。“家中有三宝：丑妻、近地、破棉袄。”这是人们生产生活经验的总结，反映了民间的择偶观念。“丑妻”一般不招惹是非，而且踏实能干，吃苦耐劳，能把家里的日子过好。庄稼地离家近，种植打理起来很方便。棉袄虽破，可是自己的衣服穿久了感觉会很舒服，依然具备遮风避寒的功

---

① 安新县地方志编纂委员会编：《安新县志》，北京：新华出版社，2000 年，第 970 页。

② 安新县地方志编纂委员会编：《安新县志》，北京：新华出版社，2000 年，第 970 页。

③ 也有的糖瓜儿做成长条状、矩形片状的，粘上芝麻。

能，而且因为破旧不必担心剐破蹭脏，不必像穿新衣服那样有压力。旧时，民间认为，媳妇大一点好，老成持重，会过日子，也心疼男人，有“女大三，抱金砖”“女大两，黄金长”之说，但是不赞成娶大一岁的妻子，认为“女大一，不是妻”。“嫁鸡随鸡，嫁狗随狗，嫁个扁担抱着走。”这里用了谐音手法，“鸡”即“乞”，“狗”即“叟”，“扁担”即“偏瘫”。以上反映的是旧的婚姻观念，如今人们崇尚婚姻自由，更加看重感情基础。

然后，看一看婚嫁的时间习俗。“正月里不说媒。”这是雄安人至今依然遵守的原则。一说正月里说媒不容易成，一说对媒人不利。腊月里办婚事是雄安民间的习俗：“赶集买顶新席子，年底娶个新媳子。”入冬以后，特别是进了腊月，各种活计都开始收尾，外出的人们返回家乡，准备过年，大家的时间相对自由而充裕，正是操办婚事的好时段。而且，腊月里办事剩下的饭菜和食材，在低温条件下方便储存，甚至可留到过年。所以，农村大都选在这时候结婚。“正不娶，腊不订。”意思是说正月里一般不娶亲，腊月里一般不订婚。为什么会有这样的说法呢？办婚事一般会剩下不少饭菜，假如正月里娶亲，天气转暖，剩下的饭菜就不好存放，容易造成浪费。过去人们的经济状况普遍较差，浪费饭菜就是罪过。按照当地风俗，正月里要把订了婚的未婚妻接到男方吃饭，男方长辈还要给女孩礼钱。腊月紧跟着正月，假如腊月里订了婚，正月里就必须把姑娘接来吃饭给礼金，这样对男方而言很不划算；而且，一旦发生悔婚退婚，经济损失就更大了。因此，为了规避风险，民间一般选择在上半年订婚，当年就完婚，这样既省钱风险还小。随着社会的发展，人们生活水平不断提高，很多人家已经不受这些老礼的限制了。

婚礼习俗。婚礼当天，在天地位前的香案上放一个斗，斗里装满五谷，五谷中插入秤杆和秤砣，新娘和新郎站在前面拜天地，有“秤杆儿不离秤砣，老头儿不离老婆儿”之说。其中有两层含意：一是对工具的崇拜，秤和斗是最原始的计量工具，也是生活居家、社会交往中必不可少的工具，这样做是提醒新郎新娘要循规守矩，心正手勤；二是秤有公平之意，意思是要新郎公平地对待自己的妻子。①

婚宴讲究。“赶集早进城，赶席早入棚。”过去人们赶集或是吃席都讲究早

---

① 保定历史文化丛书编辑委员会编：《燕南赵北民俗》，北京：方志出版社，2002年，第176页。

早出发。赶集去得早，集上的货物新鲜且种类齐全。过去交通不发达，赶集买了货物后还要赶早回家，特别是冬季白天时间短，回家晚了，天冷，路又不好走。吃席去得早，席面上的饭菜丰盛，可以吃饱吃好。民间红白喜事有摆席宴请宾朋的习俗，由于室内空间有限，一般在户外临时搭起高大的席棚，棚里摆上成排的餐桌，亲友们就在棚里吃饭。宴席的饭菜比平时要丰盛很多，鸡鸭鱼肉乃至河虾河蟹都有，过去人们平日吃不上如此好的饭食，所以会早早进棚，尽量多吃一些，甚至还要打包带走。雄安还有“吃一个席，饱一个集”的谚语，虽然有点夸张，但足以说明席面的丰盛程度和人们的进食量。

婚后习俗。谚语“结婚三日无大小”讲的是结婚闹房的习俗。婚庆当日，娘家客人走后，与新郎平辈的男性便拥入洞房，用各种方式耍逗新娘，甚至搂搂抱抱，正所谓“三天不论大小，大大伯子摸摸脚”。“大大伯子”，已婚妇女对丈夫哥哥的称呼。“接三回四”是婚后回娘家的讲究，也可以说成“三天接四天送”。新婚第三天，新婚夫妇携带礼品到女方家拜见父母及亲朋长辈，俗称“回门”，这一天娘家人要早早赶车来接，一般是新娘的兄弟来接，也有母亲来接的；第四天要把新人送回去。也有的当天去当天回的。回门时一般要带四色礼品，如大包子（馒头）、肘子、粉条、酒水。新娘返回婆家时，娘家亲戚送上两盒（包）糕点作为“奉礼”，新娘将礼品带给公婆，民间有“儿媳前边走，婆婆张着口”之说，意思是婆家在等着“回礼”呢。至此婚礼全部结束。

（二）丧葬习俗

不同的丧葬标准。雄安民间讲究“穷埋爹富埋娘”，无论家境贫富，葬父与葬母大不相同。逝父，可厚葬也可薄葬，自家人没人挑眼；葬母，牵涉娘舅家，买什么样的棺材，办什么标准的宴席，都必须听取娘舅家人的意见。一般人家宁肯破费，也要把老太太的丧事办得风风光光，以免娘舅家人生气挑眼，影响安葬。雄安民间有“闹丧盘”的习俗，就是娘舅家的亲戚对逝者（老太太）的儿女不满意而在丧事上闹事，其原因或是儿女不孝顺，或是丧事办得太寒酸。闹事的往往会当众摔盘子摔碗，以示不满。

坟墓安置。“定穴破土。”出殡前一天上午，由总管、逝者的长子随本家族长辈，有的还请风水先生去看坟地，位置确定后，由长子在墓穴的四角挖四个浅坑，叫作“定穴”。破土前，摆供上香，鸣鞭放炮以驱鬼神，告知土地爷这里要动土了。“挖坟打套”，即挖出埋棺材的墓穴。墓分为两种，一是墓穴，即坟坑；二是墓室，即在坟坑内砌地椁。贫困人家只挖坟坑，砌不起地椁，较富裕的人家在开穴的同时，准备好砖、灰、石料，请瓦匠砌圈打套，下葬时将棺木置于套内。

丧葬礼数。办丧事是最讲礼数的时候，以逝者为参照，不同身份的人穿孝和行为有不同的说法。“白吃白喝白戴白”就是雄安民间的一种丧俗，其中的三个“白”字意思并相同，前两个是没有任何代价地去做某事，第三个是白色，指代白色的孝布。民间遇上丧事，不管亲叔伯还是堂叔伯，只要是当家子，一律不上礼，而且白吃白喝，白穿孝布。过去物资匮乏，孝布大有用处，可以用来做被褥的里子、鞋里子和枕套。“活着看没人，死了一大群。”这条谚语中的“活”与“死”、“没人”与“一大群”构成了强烈对比，讲的是娘家人在丧礼上的特殊作用。如果逝者老太太生前遭儿子和儿媳虐待，即使逝者的娘家人平时并不来往，丧事上也要来上门“说道说道”。

上坟烧纸的讲究。“烧一不烧二，烧三不烧四。”逝者入土以后，逢七烧纸，即从死亡之日开始算，第一个七天是“一七”，第二个七天是“二七”，由此类推。民间讲究一七、三七、五七烧纸祭奠，而二七、四七不必烧纸。“烧浅不烧满”，满为七天，浅为六天，意思是说烧七纸要提前一天烧，而不能正日子烧，因此所谓的“三七”和“五七”并非是二十一天和三十五天。

三、结干亲，生闲气，相好别拜把兄弟——民俗观念

民俗观念，指“民间长期流传并广为人知的世界观、信仰和信念、价值标准、社会经验和历史知识等构成的精神世界”①。雄安熟语在一定层面反映了当地民众对世界的认知和价值追求，“凝聚着当地百姓的智慧……是当地群众身份认同的重要根据，也是维系情感的坚实纽带”②。

前文介绍各类民俗时，所举之例或多或少也体现了雄安民众的民俗观念，我们这里只谈一谈民间信仰、民间智慧和民众生活观念。

① 高丙中：《中国民俗概论》，北京：北京大学出版社，2009 年，第 315 页。

② 李亚宏、李燕凌：《文化自信视域下河北方言文化的保护与传播》，《河北大学学报》（哲社版），2021 年第 2 期，第 34—39 页。

（一）民间信仰

民间信仰“是以超自然、超人间的存在与力量（表现为多种神祇）为崇拜对象，以祈福禳灾为主要目的，与民俗活动紧密结合，在民间自发产生和流传的非制度化的宗教信仰现象”[①]。这些民间信仰影响着一般民众的思维方式、行为方式、社会关系，也不可避免地进入熟语之中。

跟其他地区的人一样，旧时雄安民众也是敬神拜佛的，于是熟语中出现了一些信仰元素，主要涉及民间庙宇、民间诸神、祭祖等。

首先，我们从雄安熟语中发现了两个很有地方特色的民间庙宇的名称：小圣庙和鄚州庙。“小圣庙里的船——吊起了来。”小圣庙是“水区所独有的庙，霄神即治水之神”[②]。需要说明的是，“霄神”应为“小圣”之误。[③] 小圣庙供奉的是小圣神。此神又称“平浪元侯”，姓滕名经，明代河北清河滕蒿林村人，其自幼聪颖好学，于天津落水而亡后显圣，被民间奉为海神。对雄安水乡人而言，其地位相当于淀神。传说小圣神有震慑水患、保护海上运输、保佑行船平安的功能，如果船进了他的庙里，自然也就有了“神威”，于是就高傲起来了。“吊起来”，意思是趾高气扬。

“天下大庙数鄚州。”历史上的鄚州庙位于鄚州城北约 2.5 千米处，供奉着药神扁鹊。扁鹊是中医的开山鼻祖，原名秦越人，春秋战国时期的渤海莫人。他医术高超，于是当时的人们借用了上古神话黄帝时神医“扁鹊”的名号来称呼他。鄚州庙始建于元朝，据说为元人义建，当时为扁鹊祠。大明万历年间奉敕重修、续建。[④] 原建筑坐北朝南，由正殿三皇殿、东配殿扁鹊祠、西配殿文昌庙组成。鄚州大庙整个建筑庄严肃穆，宏伟壮观。竣工之后，神宗敕令兴办鄚州庙会，召天下人前来赶会，逐渐兴盛，甚至千百里以外的善男信女都来庙烧香，还愿者接踵摩肩，香火冲天，赶庙客商更遍及全国。如今鄚州大庙香火依然很旺，每年庙会的前一天，还有正月十四晚上，有很多人到庙里抢烧“头炷香”，很是热闹。

---

① 金泽：《试析民间信仰的概念边界》，《西北民族研究》，2020 年第 4 期，第 107—114 页。

② 安新县地方志办公室编：《白洋淀志》，北京：中国书店，1996 年，第 439 页。

③ 关于该庙的考释，见本书第六章第二节。

④ 冬子李：《白洋淀美食笔记》，中国香港：中国文化出版社，2016 年，第 45 页。

“庙里打埝子——淘（逃）神。”这条歇后语关涉渔法“围埝捕鱼”，用泥在水中筑起小堤，然后把堤内的水淘出去，鱼就无处可逃了。“埝”，即小堤。引子为我们虚设了一个场景：在一座庙里筑起小堤，而庙里没有鱼只有神佛，所以说“淘神”。“淘”语音双关“逃跑”的“逃”。

其次，在雄安熟语中还有土地爷、灶王爷这些民间小神的影子。“土地爷掏耳朵——搌泥（崴泥）。”土地爷被视为冥间的地保，人们由“土”联想到“泥”，于是创作出这样一条歇后语。“灶王爷伸手——拿糖。”灶王爷掌管各家的生活，每年腊月二十三家家户户都要摆供“祭灶”，其中最重要的祭品就是“糖瓜儿”，所以人们由此联想到灶王爷“拿糖”。这条歇后语既关涉民间信仰习俗，同时也反映了雄安节令食俗。

最后，来看民间祭祖的方式。“烧香不磕头——惹祖宗生气。”旧时，每逢大的节日各家都要祭祖，讲究的人家供品丰盛、程序复杂，有的整个家族集合到一起祭祖，普通人家则简单摆供祭拜即可。不论复杂还是简单，祭祖都要磕头，以示对祖先的尊敬。

此外，雄安熟语中还有算卦的内容。“瞎江算卦——两头截。”“瞎江”指的是过去圈头村的一个江姓算卦先生，据说十分灵验，远近闻名。算卦先生为了让人信服，讲话都非常周全，所以说“两头截”。

（二）民间智慧

民间智慧是“世俗生活的经验积累”①。雄安谚语是民间智慧的集中反映，在前面几章当中，所举语例从不同方面反映了民众的智慧，包括生产、生活、饮食、居住、出行、气象、商贸，等等。这里再谈一谈雄安熟语所体现的处世哲学，包括修养、事理、治家、社交、保健、着装等。

修养智慧。如“百巧百能，必得受穷”，这条谚语是说人的精力有限，如果涉猎门类太多，做了这个做那个，哪门工作都不能长期坚持，必然导致样样不精，什么都做不好，结果也就赚不到钱。再如“人有恒心万事成”强调做事必须坚持到底，“骡子马大了值钱，人大了不值钱”劝人要低调谦虚，“君子不传流言”劝人不要乱传闲话。

事理智慧。很多雄安谚语都是借助雄安特有事物现象来说理。以船来作比，

① 高丙中：《中国民俗概论》，北京：北京大学出版社，2009 年，第 337 页。

如“逆水行舟不进则退”“船到弯处要转舵”“船到桥头自然直”“船稳不怕风大，真理能行天下”“脚踩两只船，终归要落水”“无风打下有风的橛[1]”。以过河和搭桥来作比，如“要想过河先搭桥”。以莲荷作比，如“采了荷花牵动藕”。张莉老师发现在他们搜集到的113条安新事理谚中，有半数以上“表述上呈现出淀域特色”[2]，如强调要注意观察的“走路看地下，打鱼看浪花”，讲条件关系的“不湿脚的人捕不到鱼”，讲事物彼此关联的“上河涨水下河深”，讲坚持终会成功的“十网九网空，一网会成功”，讲做事要先调查研究的“不知水深浅，先别忙下水”。当然，更多的事理还是用普通事物来说解的。如“除死无大祸，顶窄要饽饽”体现了达观豁达的人生观，其中的“窄”是方言，即穷；“要饽饽”，即要饭。“靠天不能吃饭，靠手万事能干。”说明了靠天靠地不如靠自己辛勤劳动的道理。“活儿是眼里的毛，手是光棍子。”“活儿”即活计，看上去很重很烦琐的活儿，其实就像眼睛里一根小毛毛而已，小毛贴在眼球上，看着好像很粗大，但只要动手做起来，就会发现没有想象的那么困难。“光棍子”，白洋淀地区把能打架的人叫“光棍子”，这种人天不怕地不怕，“手是光棍子”指的就是人的双手就像“光棍子”一样，能把一切繁重的任务完成，只要不产生畏惧心理，动手干起来，没有干不完的活儿。

治家经验。人们发现，家庭成员的性情是互相影响的，如讲母女关系的“什么娘什么女儿，什么凳子什么腿儿”。再如讲婆媳关系的“婆婆底下垒窝儿”。这是一条非常有地域特色且生动有趣的谚语，将婆婆比喻成老母鸡，说她能孵化出儿媳妇来。谚语的意思是说，有什么样的婆婆就可能有什么样的儿媳妇，婆婆的性情决定将来儿媳妇的性情。此谚确实是现实规律的反映，同时也是家人三观一致的表现，与“不是一家人，不进一家门”有异曲同工之妙，不过前者要生动得多，而且目光焦点集中在婆媳身上，反映了雄安人对于选媳妇选性情的特别关注。家人最值得信赖和依靠，“养儿防老”告诉我们儿女的价值所在，“满堂儿女不如半路夫妻”告诉人们老伴儿在生命中的重要意义，“老嫂比母”“一个姐半个聂”肯定了嫂子和姐姐对弟兄姐妹做出的奉献。“聂”读三

---

① 橛，用来固定船只的木桩。

② 张莉：《安新谚语的白洋淀淀域文化内涵解析》，《河北科技师范学院学报》（社科版），2019年第2期，第66—71页。

声，过去雄安有些地方管母亲叫聂。雄安民间有一种说法："你爹啦聂啦地叫喊什么呀！"

社交智慧。"节令不到不知冷暖，人不相处不知厚薄。"强调应在相处中去了解一个人。"劝架不能劝一边，看人不能看一面。"提醒我们评价人要客观全面。"结干亲，生闲气，相好别拜把兄弟。"结干亲、拜把兄弟是雄安民间两项非常普遍的社交习俗。结干亲，也叫认干亲，多是两家关系交往密切，主动认对方儿女做干儿、干闺女。也有因担心孩子不能顺利长大而选"刘"姓的人为干爹娘的，"刘"谐音"留"，取"留住"之意。此外，还有为了攀附权贵，主动将儿女认给人家做干儿女的。普通家庭认亲，确定对象后要举行一个简单的仪式。选定良辰吉日，干爹干娘带着礼物到干儿女家，对方盛情款待一番，即成干亲。干爹干妈送给干儿干闺女的礼物必须包括碗筷和长命锁，其他还有衣服、鞋帽、围嘴和兜肚等。结亲以后彼此称"干亲家"，两家要像亲戚一样走动，孩子成年以后，每遇年节和干爹干妈的寿辰，都要带礼物去看望。其实干亲家的关系是以孩子父母之间的友情为基础的，友情一旦丧失，干亲也就不了了之；而且这种关系讲究多，花费也多，难以持久，所以说"生闲气"。拜把兄弟的习俗古已有之，同龄的男孩如果关系好即结金兰之好，旧时，这种习俗在白洋淀水乡尤为盛行。淀中村的人家相对较少，大家生活在岛上，彼此之间更需要互相帮助，于是只要是年岁差不多的男孩，就一起结成"盟兄弟"，一个都不拉下。由于年龄相仿，他们一般还有一层同学关系。盟兄弟之间的关系类似堂兄弟，每遇婚丧嫁娶都要去帮忙并有所表示。这种关系并不以志趣相投为基础，在日常生活中免不了出现矛盾，所以说"相好别拜把兄弟"。朋友是亲人之外的依靠，特别是出门在外的时候，"在家靠父母，出门靠朋友""在家交傻子，出门交嘎子①"。与人交往的前提是保持自己自尊自强，因为"人善被人欺，马善被人骑"，人要有斗争的勇气。人心难测，所以说"人心隔肚皮"，因此，"害人之心不可有，防人之心不可无"。君子正直坦荡，小人阴暗叵测，所以"得罪君子不得罪小人"。

保健经验。"饭后百步走，活到九十九"告诉我们餐后有氧运动的重要性，"紧活不紧饭"提醒人们吃饭不要着急慌张。"春捂秋冻，老来无病。"这是一条

① 嘎子，方言，用于指称头脑灵活且讲义气的人。

与穿衣有关的保健谚语，是人们维护身体健康的经验总结，有一定的科学道理。所谓“春捂”，就是春天不要急于脱掉棉衣。春天气温刚转暖，乍暖还寒，气温变化较大，尤其是在水区，早晚温差很大，如果过早脱掉棉衣，一旦气温下降，就很容易生病或犯病。“秋冻”，就是说秋季不要急于增添衣物。秋季是夏季到冬季的过渡季节，气温逐渐转凉，但气温尚不稳定，暑热尚未退尽，过多过早地增加衣服，一旦气温回升，出汗后再着了秋风，很容易伤风感冒。这条谚语从中医学角度来看也是很有科学依据的，春天是人体阳气生发的季节，如果过早脱掉厚衣服，体表寒凉，阳气就无法顺利生发出来；秋天是人体阳气收敛的季节，如果过早加上厚衣服，体表温暖，阳气就不能及时收束，这样对身体是不利的。

着装原则。“脚下没鞋穷半截。”这条谚语讲的是衣着搭配的原则，强调了鞋子对外表形象的重要作用。这里所说的“没鞋”是指没有合适的、像样的、能提高品位和档次的鞋，并非指赤足光脚。不管你身上穿的衣服多么高档，只要脚下的鞋子不得体，一切都是枉然。

（三）民众生活观念

在长期的历史过程中，民众逐渐形成了一些具有普遍影响力的观念意识，指导、约束着民众的生产生活。由雄安熟语反映出来的生活观念，主要是尚勤和尚俭观念、亲缘和社交观念。

1. 尚勤和尚俭观念

尚勤观念。“人勤地生金，人懒地长碱。”“弯腰勤，地不贫。”“人勤地不懒。”“秋里猫猫腰，胜过冬天转三遭。”雄安人习惯用这些农耕生产谚语教育子孙：只有辛勤的耕耘才有丰收的硕果和收获的喜悦。“馋老婆好说媒，懒汉子好赶集。”这条谚语讽刺了偷懒耍滑、逃避劳动的男女。这里的“老婆”是方言，读轻声，用于指有不良习性的女人，如“馋老婆”“懒老婆”“瞎话老婆”。过去男女有别，不兴自由恋爱，青年男女的亲事要靠媒人来说合，即所谓“媒妁之言”。民间一般有专业的“媒婆”，而生活中也有非专业的媒人，一般是成年妇女。保媒拉纤儿往往很费时间，所以男女双方都要给说媒者一些食物作为补偿，所以有了“馋老婆好说媒”的说法。集市上的物品琳琅满目，赶集很耗费时间，而且耽误下地劳动，所以有了“懒汉子好赶集”的说法。与之类似的谚语再如“勤上坡，懒赶集”。意思是说勤快人上坡种地，懒人才去集市闲逛。旧时民间有很多迷信活动，各地都有神汉巫婆，而在一般人眼里，装神弄鬼而不下地劳动是不值得提倡的，“装神的是懒货，求神的是闲人”。

尚俭观念。“兴家人惜土如金，败家人挥金如土。”谚语用对比的方式告诉人们要俭以发家。“新三年，旧三年，缝缝补补又三年。”这是关于过去俭省穿衣的谚语，意思是一件新衣服穿几年就旧了，把破了的地方修补修补，还可以再穿上几年。集市是购物花钱的地方，所以过去人们不提倡赶集。我们在雄安熟语中发现“赶集”被看成是“浪费”的同义词，“少赶集”的组合频繁出现，如谚语“有钱多买粪，无事少赶集”“勤扫院，少赶集，三年能买一头驴”。赶集往往要消费，于是有歇后语“寡妇赶集——要人没人，要钱没钱”“叫花子赶集——穷逛”。教育人们节俭度日的熟语，还有一组结构方式一致的谚语：“一天省一口，一年省一斗。”“一顿省一口，一月省一斗。”“一天省一把，十年买匹马。”而俗语“升攒成斗、斗攒成囤”形象地说明了财富要逐渐积累才能增加的客观规律。

强调生活要有计划。“吃不穷，花不穷，算计不到就受穷。”这条谚语劝人过日子要有安排、有计划。日常的吃饭花销都不可能造成穷困，而如果吃穿用度缺少算计，该买的不买，不该买的瞎买，那肯定是要败家的。与之类似的还有“一粒米，一滴汗，省吃俭用要盘算”。过去生活水平低，物价也相对平稳，所以普通人家从不囤货，这叫“有钱不买半年闲”。但是，事物都有两面性，人们发现算计也不可过度，不管怎么拮据该花的钱一定要花，比如上学、看病。雄安人告诉你“尖着省着，窟窿等着”“人尖没饭吃，狗尖没屎吃”。“尖”，即吝啬，抠门儿；“窟窿”，指亏空。两条谚语都是告诫人们不要过于算计。

2. 亲缘和社交观念

民间传统观念，认为父系血亲比母系血亲更亲密，如“姨表亲，一辈亲；姑表亲，辈辈儿亲”，还有专门强调姑家亲的谚语“姑家亲，辈辈亲，死了姑还连着筋”。人们认为母系亲属是外戚，关键时候指望不上，所以还有一句俗话：“外甥是狗，吃了就走。”谚语“免亲不免族”是雄安人处理人际关系时所遵从的一条礼法规范。“亲”，指亲戚关系，“族”，指一个姓氏的族人关系。在民间，特别是白洋淀水乡，村内通婚、邻村通婚相当普遍，于是亲戚套亲戚的现象普遍存在。日常生活中，难免会遇上既是亲戚同时又是族人的情况，在某些事情上处理这样的关系必须要做出选择，这时人们就会说“免亲不免族”。用这个礼法规范做出选择，其实是一种父系伦理规范的具体体现。比如，自己的姑姑嫁给了自己的舅舅，跟姑姑还要叫姑姑，而不能改叫“舅妈”；红白事上随礼的时候，也是按照族人关系。

要以家庭为核心，重视身边的亲人，“是灰就比土热”。“灰”，指燃烧之后的热灰，谚语的意思是只要是亲友就比一般人要亲近。“一日夫妻百日恩”“家有一老，胜似一宝”强调家人要团结，因为“家和人人敬，家乱外人欺”“兄弟同心金不换，妯娌心齐家不散”。

亲友之间再好，也要讲礼数、讲分寸，“亲不亲，礼上分”，而且反对出太高的礼钱，认为“礼大断亲戚”，因为有的人家可能就会因出不起礼钱而不能再往来。亲友不要合资办事，因为很可能为财物划分而伤感情，“亲戚不通财，通财两不来”。要友好对待他人，只有坦诚相待才能换取对方的真心，“人心换人心，四两换半斤”。要尊重他人，“当着矬人别说短话”“伸手不打笑脸人”。要乐于助人，“摆船摆到岸，救人救到底”“宁帮穷人支锅，不帮富人吃喝”。要有一颗宽容之心，多为别人着想，“得饶人处且饶人”。要注重邻里关系，“远亲不如近邻，近邻不如对门”。要懂得感恩，“受人滴水之恩，当以涌泉相报”。

第六章　雄安熟语用字现状考察

据笔者观察，雄安熟语的用字存在一定问题，规范性不高，这在本书绪论当中已经提到。本书“雄安熟语用字”是一个广义范畴，包括熟语本身的用字以及用于解释熟语的相关民俗词语的用字，后者如惯用语“死眼儿穿子”涉及的工具“穿子”，很多人写成“篅子”。之所以将这些民俗词语的用字纳入讨论对象，主要是因为熟语是一种“口承文化”，它们很多都没有书面形式，如果与其相关的词语用字不当，肯定会影响到人们对该熟语的准确理解。

雄安熟语用字问题，既有主观原因，也有客观原因。我们在借鉴前人研究方法的基础上，从语言学和民俗学“融合视角”出发，探究熟语的民俗语源，借民俗语源考据熟语之用字，根据汉语用字规律，就熟语的语形和相关民俗用字提出建议。需要说明的是，很多雄安熟语及相关词语的地方性很强，已经属于方言学范畴，而作为非方言专业的工作者，笔者自知考字能力水平非常有限，在此主要是提出问题，提出看法，旨在引起学界对雄安熟语和民俗表述形式的关注。黄遵宪在《日本杂事诗》中曾指出方言在民俗学研究中的重要性，并提到他为研究民俗学“弟不通方言，终虑多谬，愿后来者订正之耳”①。这也正是笔者想跟大家说的。文中不足之处，还请专家老师批评指正。

第一节　雄安熟语用字问题

笔者对现实语用中雄安熟语的用字情况进行了调查，调查范围包括：雄安新区设立前后的出版物、网络文章。笔者发现，部分志书、词典、网络文章和现实出版物中关于雄安民俗的书写，存在着数量可观的用字不当现象。

---

① 黄遵宪：《日本杂事诗》，北京：朝华出版社，2017年，第169页。

一、雄安熟语用字的主要问题

总体来看，用字随意性较强，主要是重音轻义，同时还有没有必要地造字、错用繁难字形或异体字等。

（一）重音轻义，随意借用同音字或近音字

在雄安熟语及相关词语的用字中，重音轻义倾向较为明显。文字是记录语言的书写符号系统，语言是音义结合的符号系统，文字记录语言既可以从语义着眼也可以从语音着眼，汉字属于表意体系的文字，记录的是语言的意义；只顾记音而忽视意义，不求本字，随意选用同音字代替，是不符合汉字的性质和使用习惯的。方言描写用字的重音轻义倾向是一个普遍存在的问题，而不止限于雄安熟语。这种做法很容易造成混乱，“同一个词，由于不同方言读音不同，用不同的字去记录，被误认为是不同的词”①。这种做法给雄安熟语带来的直接影响就是“一语多形，一词多形”。这其中有些是偶尔出现的，有些是反复出现的。偶尔出现的，如：

例 1. 野猫子进宅，无事不来。（《安新县志》，第 1021 页）

其中“野猫子”应是“夜猫子”之误，“野”应是“夜”在当地音变后的记音字，这样用字令人不解“野猫子”为何物。

例 2. 白洋淀上的普通人家，有的在修船，有的在打薄，谁也不会让这个冬天闲过（微信公众号“直隶尚书房”2019-11-29 19:21）

“打薄”应是“打箔”之误，“箔”字在当地白读音为“báo”，而文读音为“bó”，恰好与“薄”字的文白异读一致；“薄”字比“箔”字在民间的使用率更高，于是造成误用。

例 3. 那天父亲起早扛上抜子提着篓斗走出村南，沿着田间小路来到

① 张桂光：《方言描写的用字问题略议》，《学术研究》，2009 年第 11 期，第 151—154 页。

一个叫大肚壕的地方…… [《水淀风来》(2013 年合订本)，第 177 页]

"挔子"应是"回子"之误，"挔"，古同"㧑"，意思是相击，用在此处讲不通。

例 4. 而初春的湖面颇显寂寥，我们的船往苇田深处行驶，惊起在此栖息的鹘丁，它们飞掠而过。(草白等:《渔猎：消逝的渔歌》，第 12 页)

上文中的"鹘丁"应该是"骨顶"，一种水鸟，具体见下文。

临时情况不具有普遍性，我们暂且不讨论，本书关注的是反复出现的一语多形或一词多形。仔细分析，雄安熟语的同音或近音待商榷字，主要有以下几种情况：

1. 以同音或近音的常用字代替不常用字

指/秩/穉

谚语"穉儿穉女穉庄稼"和"穉谷晚麦，不收别怪"是流传很广的两条谚语，我们发现有将"穉"写作"指"或"秩"的。

例 1. 指谷晚麦，不收别怪。(指，方言早的意思。指谷灌浆，正逢阴雨天气，倒青。晚麦过冬，苗弱，不分蘖)(《容城县志》，第 514 页)

例 2. 严志和说："咱这里也比过去耩得早了。我记得咱小的时候，麦芽儿发，耩棉花。谷雨前后，才种高粱谷子。这咱晚，人们觉得庄稼还是耩早点好，都把高粱谷子提前耩了。常说：'秩儿秩女秩庄稼。'就像你吧，早早儿有俩大小子，也就帮上生活。要是老得哼哼咩咩才有孩子们，咱老了，孩子们还没长大呢！"[梁斌:《梁斌文集》(第 1 卷)，人民文学出版社，2005 年，第 30 页]

例 1 用"指"表示"早"明显不合理。例 2 所出文献还给"秩儿秩女秩庄稼"做了页下注："北方谚语：有早能得利的意思。儿女大，老年人能早受赡养，庄稼熟得早，便可早到口。"

《汉语大词典》收录了"秩"，释义中有：

次序。《书·洛诰》:“周公曰:‘王，肇称殷礼。祀于新邑，咸秩无文。’”孔传:“皆次秩不在礼文者而祀之。”《逸周书·籴匡》:“凡美不修，余子务穑，于是纠秩。”孔晁注:“纠之令有事秩。”朱右曾校释:“秩，次也。纠其分次，毋或踰也。”(《汉语大词典》，第 4755 页)

而此谚语的意思却与次序无关，这从例 1 和例 2 中的用例及解释也可看出来。《汉语大字典》收“稙”，注音“zhí”，请看:

早种，种植。《说文·禾部》:“稙，早种也。”……《诗·鲁颂·閟宫》:“黍稷重穋，稙稺菽麦。”毛传:“先种曰稙，后种曰稺。”孔颖达疏:“重穋稙稺，生熟早晚之异称耳，非谷名。先种曰稙，后种曰稺……后熟曰重，先熟曰穋。”《农桑辑要》卷二:“古农语云:‘彭祖寿年八百，不可忘了稙蚕稙麦。’”

又早。《广雅言·释言》:“稙，早也。”《齐民要术·种谷》:“谷田必须岁易，二月三月种者为稙禾，四月五月种者为稺禾。”清蒲松龄《日用俗字·庄农章》:“莨麦打完才上囤，稙谷秀齐已坠圈。”

又指早谷之类。唐柳宗元《天对》:“子宜播稙稺，于丘于川。”(《汉语大字典》，第 2796 页)

《汉语方言大词典》收“稙”，注音“zhī”，且提供了《雄县新志》中该字的用例，请看:

〈形〉原指庄稼种得早，借指为未成年而过早得子。

冀鲁官话。河北雄县。1929 年《雄县新志》:“～，早种禾也。用以称之于人，凡未成年而生子者曰得子甚～。”(《汉语方言大词典》，第 6595 页)

综上，“稙谷”的意思是早种的谷子，“稙儿稙女稙庄稼”的意思是尽早地生育儿女，尽早地种植庄稼，因此，两处都应该用表示“早”之义的“稙”。

2. 受方言语音影响而误用同音字或近音字

（苇）眉（子）/（苇）𥬠（子）

例1. 月亮升起来，院子里凉爽得很，干净得很，白天破好的苇眉子潮润润的，正好编席。（孙犁：《荷花淀》）

例2. 把好栽苇篙成5毫米左右的细𥬠批，用水闷软待用。用闷好的苇𥬠子编成两个由六角形篮眼组成的中空筒形织物……（《白洋淀志》，第163页）

“𥬠”音mí，《现代汉语词典》将“𥸠”看作其繁体字，而且指出其多以（～儿）的形式出现，释义为：“竹篾、苇篾等：席～儿。也叫𥬠子。”① 既然“𥬠”即竹篾、苇篾，我们来看一下“篾”。《汉语大字典》“篾”的释义如下：“竹子剖成的长条薄片或细长条。也指藤类、苇子等剖下的茎皮。”② 请注意以上释义第一句中的关键词“长条薄片”“细长条”“苇子等剖下的茎皮”，“篾”的本义应该是指竹子的，后来才指藤类和苇子，故以竹字头为形旁。③

中原官话山东济宁方言中有“篾子席［꜀mi · tsɿ ꜀ɕi］”的说法，指“用高粱秸编的席”（《汉语方言大词典》，第7350页）。这里的“高粱秸”应该是从高粱秸秆上剥下来的皮，也就是说，当地管高粱秸秆上劈下的皮叫“mí子”。词典虽然用的是“篾”字，但由注音可推知，用“𥬠”字更合理。

《正字通·竹部》有：“𥬠，同𥸠，俗省。”“𥸠”，“同‘[illegible]’”。④《汉语大

---

① 中国社会科学院语言研究所词典编辑室编：《现代汉语词典》（第7版），北京：商务印书馆，2016年，第897页。

② 汉语大字典编辑委员会编：《汉语大字典》（第二版，九卷本），武汉：崇文书局、四川辞书出版社，2010年，第3209页。

③《现代汉语词典》（第7版）第908页释义：“竹子劈成的薄片，也泛指苇子或高粱秆上劈下的皮：～席｜～匠。”（注：“皮”用于竹子、高粱秆是对的，但对于苇子来说，就不准确了。苇子是中空的，没有穰，苇秆表层有包皮，苇篾是苇秆去掉包皮后“劈成”的片，而不是苇子或苇子秆上“劈下”的皮。

④ 汉语大字典编辑委员会编：《汉语大字典》（第二版，九卷本），武汉：崇文书局、四川辞书出版社，2010年，第3235页。

字典》给篝的注音为mí①。而《类篇》对“籋”的解释为：“民卑切，《说文》：‘筿也。’筿，竹篾也。”这样看来，同“簕”的“籋”字有二音，mí与“民卑切”，而字义应该是相同的。“卑”在白洋淀地区的发音为阳平②，所以当地人称苇簕为“苇méi子”，这正是很多文本用“眉”字的主要原因，但是，“眉”只是记音而无法提示意义。

白洋淀地区的“笔”有文白两种读音“pi²¹⁴/pei²¹⁴”，“避”也有文白两种读音“pi⁵¹/pei⁵¹”，“密”也有文白两种读音“mi⁵¹/mei⁵¹”。③ 以上三个字的文白异读规律是一致的，即韵母文读音为“i”的白读音都是“ei”。由此，我们推测mí与méi很可能是“簕”字的文白读音，因此，没有必要再用“眉”字来记音。而且，从形音义三方面综合来看，“簕”字与词义非常相合，形旁竹字头提示字义与竹子等秆状物有关，声旁“弥”提示字音。

介（苇）/刲（苇）/解（苇）

用“介”字的文献较多，因为在白洋淀及周边地区，这个动作的发音就是jiè。所谓“jiè苇”即将苇秆破成几股。

例1. 介苇刀：即镰刀（图49），刀柄缠有布、绳类东西以便把持。用时一手持介苇刀一手持苇，自根至尖把苇劈为两半。（《白洋淀志》，第165页）

例2. 织惯了苇席，那多顺手，把苇子介成眉子，用水浸润，适时上碌碡碾轧，很快成了“绕指柔”。（王英年：《水乡琐忆》，第80页）

例3. 而解苇，轧眉子，则多在清晨和月夜进行。（孙犁：《织席记》）

查阅字典，“介”没有与“jiè苇”相合的义项，而“解”字的“剖开；锯开”之义正好相合，《汉语大字典》提供了古今用例：

---

① 汉语大字典编辑委员会编：《汉语大字典》（第二版，九卷本），武汉：崇文书局、四川辞书出版社，2010年，第3230页。

② 很多阴平字白洋淀人都读成阳平，如将“烟”念“盐”。

③ 安新县地方志办公室编：《白洋淀志》，北京：中国书店，1996年，第428页。

唐刘恂《岭表录异》卷中："木性如竹……工人解之以制博弈局。"孙犁《白洋淀纪事·织席记》："今天她就可解好苇。"郭沫若《看了〈抗美援朝〉第二部》："解木的大锯是敌人的废钢甲。"（《汉语大字典》，第4182页）

将"解苇"写成"介苇"，也是受方言声调影响才造成的误用。人们不选"解"字，主要囿于该字一般读 jiě，与当地的读音"jiè 苇"声调相异。殊不知，白洋淀地区的很多上声字都是读为去声的，我们做过调查，"解"字在当地就读"jiè"。

（黑）浆（子）/（黑）囝（子）

例 1. 端黑浆子时，也是六七月间。此时黑鱼卵已孵化长成小黑鱼，三四厘米至七八厘米长。小黑鱼常在大黑鱼的保护下集结成群，当地百姓称之为黑浆子。（草白等：《渔猎：消逝的渔歌》，第105页）

经我们调查，白洋淀人确实管小黑鱼叫"jiàng 子"，但"浆子"之名实在令人费解，小鱼怎么跟"浆子"联系上了呢？因声求字，桑宇红老师指出："浆"字应为"囝"字之误，"囝"音 jiǎn，在口语中是可能读为 jiǎng 的，这与"茧"字相似；"囝"的字义为"儿子""儿女"，与方言所指音义相合。[①]

3. 不明字义而误用同音字或近音字

这种情况是，对于一组异形同音近义字，只看到了"相同之处"，而未注意"相异之处"，因而导致用错字。

（鱼）籽/（鱼）子

例 1. 黑鱼"籽儿"，更是淀中美味的极品。（草白等：《渔猎：消逝的渔歌》，第124页）。

例 2. 白洋淀当地的民谣这样讲："五月青虾满肚籽，秋分螃蟹顶盖儿

---

① 此观点是桑宇红老师在2022年4月8日傅林讲座"雄安新区的方言与文化"（腾讯会议）中提出的。

肥……"(黄强:《白洋淀又是全秋蟹儿肥》,《中国气象报》2018-09-03)

"籽",某些植物的种子;"子",植物的果实、种子,也指动物的卵。当种子为植物的时,用"子"和"籽"都可以,而鱼类或虾类的卵则应该用"子"。

鲥鲎/鲥鲦

例 1. 下密缝的抽烟——等鲥鲎(等时候)。(《白洋淀志》,第 439 页)

鲎,"节肢动物,头胸部的甲壳略呈马蹄形,腹部的甲壳呈六角形,尾部呈剑状,生活在浅海中"①。一种浅海鱼不可能成为白洋淀的捕猎对象,写作"鲥鲎"不合理。在安新县圈头乡东田庄村,有一个淀泊名叫"鲥鲦淀",就是因此处盛产"鲥鲦"鱼而得名。石磊等学者曾发表过一篇学术论文《鲥鲦淀鱼类群落特征与生物完整性评价》,他们"于 2018 年 10 月—2019 年 7 月在白洋淀区的典型湖泊鲥鲦淀开展鱼类群落采样"②。"鲥鲦"学名"棒花鱼",属于鲤科,体型较小,"可用迷房儿张捕"③。"迷房儿"应是"密缝儿"之误,这是一种由细竹丝编成的、缝隙极小的陷阱类渔具。棒花鱼体形细长,通常不超过一拃长,像小木棒,且整个背部自头至尾不规则地散布着许多大大小小的黑点,因此而得名,有的地方称之为"花里棒"。它们喜欢趴在水底,生物学分类属于鲤形目、鲤科、棒花鱼属。

4. 不明命名理据,误用同音字或近音字

鸪鸬

例 1. 春鸪鸬,秋鸭子(指春天鸪鸬肉鲜,秋天鸭子最肥)。(《白洋淀志》,第 435 页;《安新县志》,第 1020 页)

---

① 中国社会科学院语言研究所词典编辑室编:《现代汉语词典》(第 7 版),北京:商务印书馆,2016 年,第 547 页。

② 石磊等:《鲥鲦淀鱼类群落特征与生物完整性评价》,《生态学杂志》,2020 年第 8 期,第 2646—2656 页。

③ 夏石矿、田汉卿编:《白洋淀渔猎文化》(下),石家庄:河北出版传媒集团河北美术出版社,2021 年,第 224 页。

例文所谓的“鸪鸡”其实学名为“骨顶鸡”，又名“白骨顶”，“秧鸡科。体长约 40 厘米。头、颈深黑色，具白色角质裸出部分；背羽暗青灰色。趾具瓣状蹼膜，善游水。群栖于湖沼、河流中。杂食性。营巢芦苇丛间”①。此外，还有一种额甲为红色的，“通体黑褐，顶上红冠子，大小如蒜瓣儿，在湖面上飞着甚是醒目”②。为了区别二者，分别称为“白骨顶”和“红骨顶”。学名“骨顶”非常明确地说明了这种野禽的外形特征，“鸪鸡”应该是缘于对学名的误解，同时也有方言语音的影响，白洋淀一带的发音就是“gū dìng”。

（二）没有必要地造字

这种情况是，放着已有字不用，而又去造出一个字来。

扣（子）

例 1. 拼命的罾子，舍命的扣子。（《白洋淀志》，第 435 页）

“扣子”是什么呢？这是一种用于抄捞的渔具，形似一个长柄笊篱，但是将笊篱的铁网换成了丝网，而且丝网呈兜状，又分为抄回、旋回、粘回、漂回、捞凌回等。有的文献用“回”字，如：

例 2. 戗虾回子形似簸箕……戗虾作业也是抄捕苲草上中华小长臂虾和中华新米虾等。［《白洋淀渔猎文化》（上），第 182 页］

例 3. 抄捞渔法使用的渔具俗称“回子”，因抄捞对象不同，所使用“回子”的形状大小、规格、尺寸各不相同，作业时节和作业场地及操作方式差别较大。［白洋淀渔猎文化（下），第 13 页］

关于“扣”字的由来，《中国内陆渔具渔法》指出：“‘扣’字是渔民依照‘回’字的音、意，加上表示用于操作的‘扌’偏旁自造字。”③ 原来这是当地

① 汉语大词典编纂处编：《汉语大词典》（缩印本），上海：上海辞书出版社，2007 年，第 2442 页。

② 草白等：《渔猎：消逝的渔歌》，桂林：广西师范大学出版社，2018 年，第 12 页。

③ 陈家余编：《中国内陆渔具渔法》，北京：蓝天出版社，1999 年，第 270 页。

人自造的一个字！其实，完全可以用“回”字，《说文》：“从口，中象回转之形。”作为渔具的回子，其网兜的纹路就是不断地回转，非常符合“回”字的本义。所以，笔者认为，另造一个“掴”字真的没有必要。

樟

《白洋淀志》191 页有：“《棹》用以拨水使船前行。”而当页给出的图片“图 58”下说明性文字却用“樟”；《白洋淀志》191 页的图 55 下说明性文字中有“7、樟窝眼”，而同页还有“十五、扣棹我①、上螃蟹盖子、钉棹拨”。

《现代汉语词典》中有“棹”字，我们认为没有必要再造“樟”。

鸹

例 1. 早鸹（Wà 一种水鸟）阴，晚鸹晴，半夜里鸹叫等不到明。（《白洋淀志》，第 13 页）

我们查阅了相关文献，原来所谓的“鸹”就是“夜鹭”，“栖息和活动于平原和低山丘陵地区的溪流、水塘、江河、沼泽和水田地上。夜出性。喜结群。主要以鱼、蛙、虾、水生昆虫等动物性食物为食”②。别名有“水洼子、灰洼子”等。这种鸟的学名缘于其夜间活动的习性，而别名则缘于其特殊的叫声，专业书籍告诉我们：此鸟“飞行时发出 wok 或 kowak-kowak 深沉喉音，受惊扰时发出粗哑的呱呱声……地区性常见于华东、华中及华南的低地，近年来在华北亦常见……取食于稻田、草地及水渠两旁。结群营巢，甚喧哗”③。在我国的中部和南部省份，还有以它来命名的地名，如河南省沈丘县的“洼子庄”就是因为这里长年有大批夜鹭群居而得名。“所谓‘洼子’（读音为 wà），是河南东南部和安徽西北部地区民间对鹭科禽类的俗称。由于此类禽鸟多涉捕于水洼之间，其鸣叫声音类似‘哇哇’之声，故称其为‘洼子’。”④ 我们认为，既然此

① 这里的“我”应是“窝”字之误。

② 潘延宾、郑涛：《湖泊水网地区乡村建设中的鸟类栖息地保护规划》，《绿色科技》，2020 年第 7 期，第 23—25 页。

③ 赵欣如、卓小利、蔡益编著：《中国鸟类图鉴》，山西科学技术出版社，2015 年，第 20 页。

④ 金月全、杜欣：《洼子庄：水丰草茂“洼子”飞》，中华龙都网 http://www.zhld.com/content/2013-10/16/content_265071.htm，引用日期 2022-7-21，发布日期 2013-10-16 09:06:08。

鸟有现成的名字“夜鹭”和“水洼子、灰洼子”，没有必要再费事造一个专字，不但难写，而且电脑输入法也打不出来，一般人也不认识。

鮉(鱼)、鯙(鱼)

例 1. 春鲂夏鮉迎霜鯙，开河的鲫鱼赛猪肉。(《雄县志》，第 569 页)

例 2. 春鲂夏鮉迎霜鯙，开河屎包赛猪肉。(《中国谚语集成》，第 845 页)

“鮉”指的是刀鱼，其实应该写作“刀”，此鱼味道鲜美，是著名的长江三鲜，也是过去白洋淀非常稀罕的名贵鱼种。[①]《天津鱼类志》和《南京渔业志》认为“刀鱼”即刀鲚[②]，“是长江名贵鱼之一……《尔雅》记载：‘初春出江中，形色如刀，俗称刀鱭鱼’，又称‘长头而狭，腹背如刀，故名’。该鱼以肉质细嫩，味道鲜美而著称”[③]。关于刀鱼，还有一说为“红鳍鲌”，《白洋淀的渔具》指出该鱼“俗名刀鱼”，但是我们在其他文献中未找到相同的说法。经田野调查，现在的白洋淀人普遍没有见过“刀鱼”，可见其在白洋淀绝迹已久；而红鳍鲌，白洋淀人叫“噘嘴鲢”，在当今的白洋淀还是比较常见的。由此，我们认为美味的“刀鱼”应该是“刀鲚”，因“形色如刀”而得名，所以只能用“刀”字。“鯙”指的也是一种鱼，即草鱼，因为跟其他鱼种相比，该鱼的横切面宽厚，因此而得名“厚鱼”。

(三) 不明字义，受部件影响，错选不常用的繁难字

这种情况是，选了一个陌生且字义不符的字。之所以选它，只是因为它的声旁跟方言中的发音相近。

(船) 厰/(船) 鰊

白洋淀人所说的“船 gǎn”，指船的两边、用狭长木板搭起来的、供人在船头与船尾之间走动的地带，实际上就是甲板。我们发现，出版物中多是用的“厰”字。

---

① 刀鱼对水质要求很高，现在白洋淀已经绝迹。

② 李明德编：《天津鱼类志》，天津：天津科学技术出版社，2011 年，第 28 页。

③ 张敦宪、钱敬炜编：《南京渔业志》，合肥：黄山书社，2000 年，第 39 页。

例 1. 马家寨“水木匠”造船的工艺流程大同小异，可以概括为以下步骤：……（12）上船厰；……（马景文、杨亚蒙：《雄安“水木匠”——白洋淀边造船人》，第 78 页）

例 2. 大船上的烟囱——厰（甲板）上了（赶上了）。（《白洋淀志》，第 439 页）

翻阅《汉语大字典》，发现“厰”字有三个字音“yín、ǎn、kǎn”，三个字的字义均与山体有关。“厰 yín”，“〔厰崟〕也作‘崟厰’。山崖险峻貌”。“厰 ǎn”“山石下……一说山石貌”。“厰 kǎn”的释义为“〔厰崄〕侧穴”①。其中，最有可能与“船 gǎn”扯上关系的是“厰 yín”，其释义需要仔细研读：

《说文·厂部》“厰，崟也。一曰地名。”王筠句读：“当作厰崟也。厰崟当读如严吟，而又作崟。《五音集韵》：‘崟厰，山厓状也。’（地名）义与上义不异也。桂氏曰：《僖三十三年穀梁传》岩唫之下，馥谓即厰崟。段氏曰：盖《公羊传》殽之嶔岩是也。嶔盖即厰字。筠案：二传本一事，岩唫、嶔岩相颠倒，仍是一义，且皆是形容殽地之险，因目之为地名耳。”（《汉语大字典》，第 89 页）

由上可以发现，“厰 yín”只能用于“险峻”之地，而白洋淀人所说的“船 gǎn”并没无险峻之貌，因此，我们认为用“厰”字无从说解。之所以有人用此字，可能与其部件“敢”有关，他们想当然地认为厰的读音与之一致，便不再考虑字义的问题了。

通过翻阅字书、结合词义，我们认为可考虑用“䑣 gǎn”字或“⿰田亢 gǎng”字。先说“䑣 gǎn”，该字在形、音、义三个方面都比较适合。

《字汇补·舟部》：“䑣，巨舟之两旁曰䑣堂，官艓多用此字。”《西游记》第五十三回：“䑣堂油漆彩，艎板满平仓。”（《汉语大字典》，第 3270 页）

① 以上三个字的释义来自《汉语大字典》第 89 页。

但是，“𦨴”的词义范围稍显小，限于“巨舟”，而白洋淀一带的“船 gǎn”也用于中小型船只，当然，这也可能是地方用法。再来看“甿 gǎng”字。“田埂；田间道路。《说文·田部》：‘甿，陌也。赵、魏谓陌为甿。’《广雅·释宫》：‘甿，道也。’章炳麟《新方言·释地》：‘今人谓田上陌曰田甿，以埂为之。’”①《汉语方言大词典》收“甿”字，其释义与大字典基本一致，并收词条“甿子”：“〈名〉埂子。……孙锦标《南通方言疏证·释地》：‘凡田路高而狭者，谓之埂子……’”②

用“甿 gǎng”字的理由有三：第一，满足“船 gǎn”供人行走之义；第二，“甿 gǎng 子”之“高且狭”正好符合“船 gǎn”的结构特点；第三，从“gǎng”到“gǎn”，前后鼻音变换，是常见的音变现象。总之，“甿”字与方言“船 gǎng”音义相合。综上，“𦨴”与“甿”相比，前者更贴近雄安“船 gǎn”的音、义，且以“舟”为形旁，以“敢”为声旁，便于识解。

（四）不知常用字的非常用义项，错选不常用的繁难字

这种情况是，放着常用字不用，却选了一个陌生且字义不符的字。之所以未选常用字，是因为它的某个义项不太常用。

篅（子）/钏（子）/穿（子）

雄安惯用语当中有一条地方性非常显著的“死眼儿穿子”，用来指死心眼儿的人。其中的“穿子”是一种将苇秆劈成几股的工具。目前所见文献中用“篅”的最多，用“穿”的较少，偶有用“钏”的。

> 例 1. 篅子：是淀区芦苇编织必用工具。柱形圆木，长约 11 厘米，直径约 5—6 厘米，多用枣木，取其耐磨。（《白洋淀志》，第 164 页）
>
> 例 2. 安新劈芦苇的钏子制作工艺，从三孔到十孔，从一棵大树到工具成活，集木匠，铁匠，艺术家于一身。（《雄安——要亲吻白洋淀里的那条鱼》，微信公众号“太行人家”2017-08-12 01:34）

---

① 汉语大字典编辑委员会编：《汉语大字典》（第二版，九卷本），武汉：崇文书局、四川辞书出版社，2010 年，第 2714 页。

② 许宝华、宫田一郎编：《汉语方言大词典》，北京：中华书局，1999 年，第 4145 页。

例 3. 苇穿子（穿读 chuan 去声）：是把芦苇劈成苇篾片的工具，它可以把整根芦苇劈成为 3 片、4 片。多用硬木制成。（白洋淀 style 的博客 http://blog.sina.com.cn/u/2303564810）

此外，还有人写作“瑏子”，例如：

例 4. 但刲（jie）苇（把苇子用瑏子或刀子劈开，刲成苇眉子）的活儿他很少做，都是老德大妈帮忙。（《会织席的小简哥》，微信公众号“故事老王”2019-08-26 11:57）

这是一种用来劈开苇秆的工具。用一截圆柱形枣木制成，中心凿一长孔，在居中的位置安一枚枣核钉，钉上安有小刀片，与枣核钉同高的位置上，在圆柱的周围开出几个倾斜的长方小槽，用来出苇篾。使用时一手持工具，一手把苇秆用力送入长孔内，枣核钉的核尖与周围的刀片便把苇子劈成所需的苇篾。

先看“篅 chuán”字。《现代汉语词典》《汉语大字典》《汉语大词典》均收此字，其释义一致，前者只说明了它是类似囤的盛粮食的器物，后二者详细介绍了其构造。请看：

〈方〉一种盛粮食等的器物，类似囤。（《现代汉语词典》（第 7 版），第 202 页）

竹制圆形谷囤。《说文·竹部》：“篅，以判竹，圜以盛谷也。”段玉裁注：“用竹籓圜其外，杀其上，高至于屋盖以盛谷，近底之处，为小户，常闭之，可出谷。今江苏谓之土籧是也。”（《汉语大字典》，第 3191 页）

表示竹制粮囤的“篅 chuán”，其材质为竹，且功用、形状、大小跟解苇用的工具相去甚远。

至于“钏 chàn”字，就更不合理了，“钏”即“镯子”[①] 跟解苇实在是扯不

① 中国社会科学院语言研究所词典编辑室编：《现代汉语词典》（第 7 版），北京：商务印书馆，2016 年，第 202 页。

上关系。

最后看“穿 chuān”字。《汉语大字典》收录该字，而且有多条释义，其中接近我们需要的有两条，请看：

> ①通过（孔隙、空间等）。《淮南子·原道》：“络马之口、穿牛之鼻者，人也。”唐韩愈《题于宾客庄》：“榆荚车前盖地皮，蔷薇蘸水笋穿篱。”毛泽东《菩萨蛮》：“茫茫九派流中国，沉沉一线穿南北。”
>
> ②孔；洞。《玉篇·穴部》：“穿，穴也。”《字汇·穴部》：“穿，孔也。”《周礼·考工记·陶人》：“甑实二鬴，厚半寸，唇寸，七穿。”孙怡让正义：“穿即谓空。”《史记·田敬仲完世家》：“狶膏棘轴，所以为滑也，然而不能运方穿。”司马贞索隐：“然而穿孔若方，则不能运转。”《搜神记》卷十四：“家人不解其意，于壁穿中窥之。”（《汉语大字典》，第 2913 页）

破苇之工具（详见第四章第三节），一截圆柱状硬木，中间有一个直孔，壁上还有若干贯通的小孔，其结构特征符合第二个义项“孔；洞”。苇秆从直孔插入，被中间的刀片割开后，从几个小槽中出来，这一过程跟第一个义项的“通过（孔隙、空间等）”在意义上最为切合。该词的造词理据，有两种可能：其一，说明此工具是一个孔洞，且周身有小孔，词的结构为名词“穿”加后缀“-子”；其二，说明工具的功用，即苇秆所穿过之物，结构为动词“穿”加后缀“-子”。

因此，用“穿”字来命名这一工具是没有问题的，而用“篅”字是讲不通的。很多人选用“篅”而不用“穿”，究其原因，“穿”之“孔洞”和“通过（孔隙）”之义对一般人来说并非其常用义，于是想当然地选择了一个相对陌生的字“篅”。有趣的是，东北、山东等地有一种剥玉米的工具也叫“穿子”①，其结构与破苇的穿子不同：一块狭窄的木板，中间挖一个方孔，孔的上边中间钉上一根钉子样的东西，将玉米纵向从钉子上划过，一排一排的玉米粒被剥落下来。其造词理据应该是钉子穿过玉米粒的缝隙，也是符合义项“通过（孔隙、空间等）”的。

---

① 许宝华、宫田一郎编：《汉语方言大词典》，北京：中华书局，1999 年，第 4449 页。

（五）不明规范，错选异体字

异体字，是汉字发展历史过程中形成的一种用字现象，是一个字的正体之外的写法，是音同、义同而形体不同的字。2013 年 6 月 5 日，国务院发出关于公布《通用规范汉字表》的通知。《通用规范汉字表》公布后，社会一般应用领域的汉字使用以《通过规范汉字表》为准，原有相关字表停止使用。

蓆/席

例 1. 一九六四年我在端村税务所上班，经常跟着供销社去大淀头收蓆、征收蓆税。（陈广济：《白洋淀边母子情》，微信公众号“雄 AN 文学”2021-01-04 17:57）

例 2. 蓆苇牙行碑记——安州北关安济桥畔（五色祥云：《蓆苇牙行碑记——安州北关安济桥畔》，微信公众号“知安新”2020-04-11 20:38）

“蓆”是“席”（指用苇篾、竹篾、草等编成的片状物）的异体字。

鲶/鲇

例 1. 鲶鱼尾巴鲤鱼头，鲂鱼肚皮一兜油。（《真香啊!》，中国雄安官网 2019-03-17 09:40）

例 2. 鲶鱼尾，鲤鱼头，鲂鱼肚皮一兜油，黑鱼子和黑鱼肠，草鱼分段味道香。（《白洋淀美食文化策论》，微信公众号“冬子李文化随想”2021-01-12 09:57）

《天津鱼类志》在介绍鱼类时有“鲇科”“鲇鱼”“鲇属”。[①] 查阅《现代汉语词典》（第 7 版），原来“鲶”是“鲇”的异体字，应该废止使用。

（六）错选形近字

错别字很多情况是因为字形相近而造成的。雄县和容城有很多个村名包含着“昝”字，如，昝岗、王昝、昝村、大芦昝、小芦昝、西昝、昝王庄等。“昝”不是一个常用字，而它的字形跟“咎”只差一横，于是我们在很多地方看

---

① 李明德编：《天津鱼类志》，天津：天津科学技术出版社，2011 年，第 89 页。

到了二者的误用。

例 1. 西昝的姑娘会上树，五柳的姑娘会织布，米家务的姑娘红眼铁屁股。（《中国谚语集成》，第 442 页）

例 2. 西昝人民公社概况　昝岗人民公社概况（百度百科 https://baike.baidu.com/item/%E9%9B%84%E5%8E%BF%E5%9C%B0%E5%90%8D%E8%B5%84%E6%96%99%E6%B1%87%E7%BC%96/24313792?fr=aladdin）

以上两例中的“昝”都应改为“昝”。关于村名中这个字的来历，有两种解释：一说古时大将王昝（年代无考）战死后葬于此地，为纪念他取名王昝村；一说“相传公孙瓒筑京于此，讹‘瓒’为‘昝’耳”①，后人为纪念公孙瓒，称此地为瓒村，因“瓒”字笔画繁多，后改为“昝”字，称昝村。

二、不规范用字分布的民俗领域

经调查，我们发现不规范用字主要集中在芦苇编织、渔猎生产、舟船制造、地名等方面。

（一）芦苇编织

1. 苇编材料，如将“苇篾”的“篾”写作“眉”。

2. 苇编工具，如将“穿子”的“穿”写成“篅”或“钏”。

3. 苇编工序，如将“缲席”的“缲”写成“劁”或“撬”。

（二）渔猎生产

1. 渔猎对象，如将鸟名“骨顶”写作“鹘鸰”，将鱼名“鲇”写作“鲶”。

2. 渔猎工具，如将抄捞类渔具“回子”的“回”写成“捆”。

3. 渔猎方法，如将“扳罾”的“扳”写成“搬”，将“抢鱼”的“抢”写成“戗”。

（三）舟船制造

如将“船檄”的“檄”写成“厥”，将“棹”写作“樟”。

---

① 刘崇本编，王旭龙点校：《雄县乡土志》，内部资料，第 120 页。

（四）地域性较强的地名

如将“成子堼”的“堼”写成“横”，将“谭城庙”的“谭”写成“檀”。

三、用字问题出现的原因

熟语中的绝大部分成员（不包括雅成语）历来不登大雅之堂，而且不入经传，很多雄安熟语本就不存在文献记载，无法寻得文献语源，这为准确用字增加了难度。

第一，词语所指称的民俗事象具有明显的地方性，而写作者不了解其细节，而且没有或难以找到可参考的文献资料，于是就想当然地选用了一个同音字，或自造一个新字，或误用别字。雄安水乡拥有独特的自然条件和生活习俗，这对于他地人而言是十分陌生的，就算是本地人，也是只知其名而不知其字，大家的思维、行为受着民俗的规约、影响，很少有人深思缘何如此。对于连民俗事象的来龙去脉都不清楚的人来说，准确用字就更难了。

第二，过分关注字音，而忽略了字义。声音是语言的物质外壳，人们通过声音感知意义，所以在用字的时候也往往要受语音的影响，而且，汉字中百分之九十以上都是形声字，越发增强了这一影响。前面的案例，要么是误用同音、近音字，如“篙”；要么是受声旁影响而误用，如“厰”；即使是生造字，也多是遵循形声造字法，如“鲟”“鸙”。雄安熟语及相关词语没有用本字，原因很多，但都离不开方言语音的影响。

第三，一般人不具备方言和文字学的专业基础，难以考到熟语及相关词语的本字。有些本字的字形生僻，“虽见于古代字书，但在现代共同语和其他方言已经不用或少用，本地人又没有把这些写法传下来，写了训读字或另造俗字”①，如第二节将要讨论的“汕”（罧）。有些本字的读音不是常例，而是“变例或特例”②，于是按音用了训读字，如“介”（解）。有些字在“在现代方言中存在异读，人们不知其源流，写成了别字”③，如“眉”（簶）。此外，不能明辨

① 李如龙：《考求方言词本字的音韵论证》，《语言研究》，1988 年第 1 期，第 110—111 页。

② 李如龙：《考求方言词本字的音韵论证》，《语言研究》，1988 年第 1 期，第 110—111 页。

③ 钟昆儿：《汉语方言语词考本字研究方法综述》，《重庆交通大学学报》（社会科学版），2017 年第 6 期，第 121—124 页。

字义之间的细微差别，以致用错字，如“搬罾”与“扳罾”，“戗鱼”与“抢鱼”。这种情况详见第二节。

第四，语用规范意识差，语源意识差。语言文字的使用具有专业性，准确用字一般人很难做到，特别是在规范词形语形不明确的时候。很多人往往只关注内容，只注重表达，没有考虑字形的对错，更没有规范用字的意识。

第二节　雄安熟语用字建议

针对调查结果，我们对如何规范雄安熟语及相关词语的用字做了思考，提出以下建议供学界参考。

一、雄安民俗熟语用字应遵循的基本原则

（一）准确表义

所选的字要符合词语的本义，能够指称相应的事物。对于民俗词语应该先考察民俗之源，搞清楚语义词义，然后再寻找合适的字。要了解相关字之意义，因为无论是求本字还是同音假借都离不开意义。我们在第一节提到的“箣”字就跟破苇工具不沾边儿，“厩”字跟船的甲板也没有任何关系，它们都违背了准确表义这一原则。此外，还有一些意义非常相似的字，需要我们认真辨析，找到最能够准确表达词语本义的那一个，如后边将要讨论的“戗（抢）虾”、“搬（扳）罾”。

（二）通俗

所选的字要好写、好认，从俗从众，不怪不难。有些词语已有为人们广泛接受的通行写法，如果另用其他的同音字来记录，就会使读者感到陌生和难解。应当选用已经有的规范字形，而不用异体字或繁体字，如第一节提到的“鲶（鲇）鱼”；而且尽量用现成的字，而不必去造字，如前边讨论的“掴（回）子”。

（三）尊重方言，但不受方言限制

汉语各方言之间语音差异很大，有些方言之间几乎无法进行口语交流，但是不同方言区的人却可以读懂现代汉语书面语，这都得益于汉字超强的空间超越性。如果我们记录熟语只记音不记义，“那就是放弃汉字超方言的优长，将口

头语言的语音分歧引入到书面记录中”①，人为地制造障碍。比如破苇的一个工序当地发音为“jiè 苇”，如果按照这个声调是无法考到本字的。

（四）统一

相关部门应对常用的民俗词语用字做规范性整理和研究，明确规范语形、词形，避免异形词的大量出现。出版单位和网络发布平台，对于一些不易找到本字而用假借的，也应保证在同一出版物或同一文献中保持用字的一致，不要前后出现两种甚至多种写法。②

二、雄安熟语用字的考据途径

词语是“用来指称客观世界中的事物、现象和关系的”③，用什么样的词形、字形，必须先要搞清楚它要反映记录的那个事物、现象或关系，否则形式与对象之间你是你、我是我，成为“两张皮”。雄安熟语记录了当地民俗，因此，民俗语源是我们考证用字的必要前提，在此基础上，再去找音义相合的字。“民俗语源”，是民俗语言学的一个重要术语，其操作方法为“从民俗形态、民俗事象或民俗要素来追溯语源，考释其语义生衍流变和所相关联的文化内涵、文化背景”④。

（一）探究民俗语源，辨析字义

先考察民俗语源，搞清楚词语的所指为何物，然后对同音或近音字的字义进行辨析，找出差别，选出合适的字。在雄安民俗熟语的用字问题中，有的字义之间差别很大，如“缲/劁/撬”“穿/篅/钏”；有的差别细微，需要仔细辨析，如“搬/扳”。

qiāo 席：撬/劁/缲⑤

这是织席的最后一道工序，即收边。具体做法：把快要织成的席反面朝上，把四边的边沿都向内折叠好；用工具把苇篾的边茬按需要的长度截齐，再把边茬插进相应的席花里去。

---

① 张桂光：《方言描写的用字问题略议》，《学术研究》，2009 年第 11 期，第 151—154 页。

② 在一些志书中，我们发现了一些用字前后不一致的现象。

③ 葛本仪：《现代汉语词汇学》，济南：山东人民出版社，2001 年，第 121 页。

④ 曲彦斌：《民俗语言学》（增订版），沈阳：辽宁教育出版社，2004 年，第 74 页。

⑤ 最后一个字为本书推荐的字形，下同。

例 1. 折边：又叫窝边，撬边，是苇席编织中最后的一道工序；有焖茬席、舒茬席、压边席等。收边后，压平，苇席就成了。（白洋淀 style 的博客，http://blog.sina.com.cn/u/2303564810）

例 2. 他每天很早起来，先去水产收购站下边把泡好的苇眉子一把儿一把儿搬上来，戳起来控干水扛到供销社前面的碾苇场，压熟了再扛回家。从编芯、摆边、劁（qiao）席、压边，都做得得心应手，一天能织两领席。（《会织席的小简哥》，微信公众号“故事老王”2019-8-26 11:57）

例 3. 缲席系编席过程中最后一道工序。即将边茬用缲席刀子插入席花以使席成形。（《白洋淀志》，第 159 页）

先看“撬”字，《汉语大字典》注音 qiào，释义为“1. 举起；翘起。2. 用棍棒或刀锥等拨开或挑起”[①]。织席收边的时候并没有举起、翘起的动作，也没有拨开或挑起的动作，所以用“撬”是不对的。

再来看“劁”字：

1. qiáo《广韵》昨焦切，平宵从。又才笑切。割。《广雅·释言》：“劁，刈也。”王念孙疏证：“《小雅·白华篇》‘樵彼桑薪。’樵与劁通。”又《释诂一》：“劁，断也。”《齐民要术·收种》：“选好穗纯色者，劁刈高悬之。”2. qiāo 阉割。如：劁猪。（《汉语大字典》，第 388 页）

综上，不管是“割”还是“阉割”，“劁”都需要用刀具将某物从主体上切下来，而苇席收边时虽然有时也需要将过长的苇篾截掉一截，但是这一动作只是收边的一个环节，而且并非必须，正如例 3 所写“将边茬用缲席刀子插入席花以使席成形”才是收边的核心任务。所以，用“劁”显然不合理。

最后看“缲”字，《现代汉语词典》和《汉语大字典》均收录“缲 qiāo”，释义为：

---

① 汉语大字典编辑委员会编：《汉语大字典》（第二版，九卷本），武汉：崇文书局、四川辞书出版社，2010 年，第 2076 页。

缝纫方法，做衣服边儿或带子时把布边儿往里头卷进去，然后藏着针脚缝：～边儿。[《现代汉语词典》(第7版)，第1051页]

一种缝纫方法。即把布边向里卷，缝时不露针脚。如：缲边；缲一根带子。(《汉语大字典》，第3689页)

《汉语方言大词典》的词例把“缲”的适用范围解释得更为细致明白：中原官话、晋语、江淮官话“缲边子”；晋语“缲边边”；吴语“缲袖口”；中原官话“缲缝儿”；胶辽官话“缲缲子”；湘语“缲鱼牙齿”。①

织席的时候，将席的主体织好后，四周边缘的苇篾还在伸展着，这时需要将其向下弯折，塞入席缝之中，这一做法跟缝纫衣服时的缲边是一致的。所以，我们认为应该用“缲 qiāo”字。

bān 罾：搬/扳

例1. 搬罾是涨水期使用的一种定置渔法，作业地带在大河两岸或大河口，需要频繁提落罾网，捕捞顺流而下或逆流而上的鱼类，有一定技术含量。[《白洋淀渔猎文化》(上)，第184页]

例2. 白洋淀的渔猎文化，五花八门，千奇百怪，上百种捕鱼方法，各具特色。扳罾，是我们小田庄村一种特有的传统捕鱼方式。(王会来：《扳罾》，微信公众号“雄AN文学”2020-5-16 06:44)

关于“罾”，《汉语方言大词典》解释为：“〈名〉上提之网。江淮官话。”②《汉语大词典》的解释更为细致：“用木棍或竹竿做支架的方形渔网，形似仰伞。”③ 西晋周处《风土记》将“罾”的结构、外形特点、操作方法都做了介绍：“罾树四植而张网于水，车輓上下之，形如蜘蛛之网，方而不圆。”在古代

① 许宝华、宫田一郎编：《汉语方言大词典》，北京：中华书局，1999年，第7307页。

② 许宝华、宫田一郎编：《汉语方言大词典》，北京：中华书局，1999年，第7345页。

③ 汉语大词典编纂处编：《汉语大词典》(缩印本)，上海：上海辞书出版社，2007年，第5168页。

诗文当中，经常出现渔具“罾”，如唐代唐彦谦《蟹》：“扳罾拖网取赛多，篾篓挑将水边货。”元代曾瑞《哨遍·村居》套曲：“樵夫叉了柴，渔翁扳了罾，故来下访相钦敬。”其中用的都是“扳”罾，而非“搬”罾。

“搬”与“扳”的字义是有区别的。前者是将沉重的物体改变位置，一般为水平移动，如“搬砖”“搬家具”；也可以是垂直运动，如“搬起石头砸自己的脚”。“扳”的意思是“使位置固定的东西改变方向或转动：～闸｜～枪栓”[①]，被“扳”的物体只是暂时改变方向或位置，最终还要回归原位，扳起来的闸还会放下，扳过的枪栓还要弹回去。再来看罾这一渔具的使用，罾网先放置于水中，渔民站在岸上或船上，将罾网高高架起来的引绳向往下的方向牵拉，引绳牵动罾网从水中升起，渔民松开引绳，罾网再沉入水中。这一过程是让罾网在一个固定的垂直路线上反复来回地移动，因此用“扳”比“搬”更合理。

拉 gěng：绠/絚（緪）

“gěng”是地拽类渔法“拉 gěng”的必备工具。制作 gěng 绳的主要材料是白麻，同时还要一些小石块和砖瓦块。先搓出四个绳股，然后再将它们拧到一起，合股时把预先备好的石块、砖瓦块包裹在麻绳里。绳子做好后，有胳膊粗细，约 70 米长、300 斤重。[②]

例 1. 白洋淀渔民掌握的地曳渔具，有大<u>绠</u>、小<u>绠</u>两种。（《安新县志》，第 352 页）

例 2. 勤<u>绠</u>懒网自在箔。（《中国谚语集成》，第 847 页）

例 3. 拉大<u>绠</u>需要有一整套专用设施，包括绠绳、绠杆、绠苗、管船、罩船等。（草白等：《渔猎：消逝的渔歌》，第 145 页）

例 4. 扣大罩常用“蹚斤儿”和“拉<u>絚</u>”的方法。……絚是比较粗的大绳，上面再缠些荇菜、水草，有大碗口粗细。（宋忠臣：《白洋淀的故事》，第 157—158 页）

---

① 中国社会科学院语言研究所词典编辑室编：《现代汉语词典》（第 7 版），北京：商务印书馆，2016 年，第 32 页。

② 邓志庚：《拉大绠》，微信公众号“白洋淀便民网”2017-05-18 15:35。

《现代汉语词典》收“緪”字，释义为：“gēng〈方〉粗绳索。”①《汉语大字典》收“緪”字，指出它是“緪”的类推简化字，同时收“縆”字，“緪”本作“縆”；“縆”的一音为gēng，释义为：

《广韵》古恒切，平登见。蒸部。大绳子；粗索子。《说文·糸部》：“縆，大索也。”清王士禛《愁霖行》：“涒滩之岁阴气凝，愁霖不绝如贯縆。”（《汉语大字典》，第3659页）

《汉语方言大词典》有条目“緪（縆）”：

gēng〈名〉粗绳索。一中原官话。河南南阳。胡曜汀、贾文《南阳方言词语考证》：“《广韵·平登》：～，古恒切，大索。现在南阳人称‘粗大之绳’为‘～绳’，音义与《广韵》同。”（《汉语方言大词典》，第6377页）

再来看“绠”字。《汉语大字典》收“绠”和“綆”，前者是后者的简化字，“綆”的释义为：

①汲水用的绳索。《方言》卷五：“繘，自关而东，周、洛、韩、魏之间谓之绠，或谓之络。”《说文·糸部》：“绠，汲井绠也。”

②绳索。《文选·王粲〈咏史〉》：“临穴呼苍天，涕下如绠縻。”李善注：“绠、縻，皆绳索。”《宋史·韩世忠传》：“预以铁绠贯大钩授骁健者。”（《汉语大字典》，第3626页）

综上，“汲水用的”绳子肯定是不粗的，而“拉～”这种捕鱼法所用核心工具就是一条要裹入小石块、小砖块的“粗大”的麻绳，而且文献例4中也有“拉緪（縆）”的用例，因此，我们认为此处用“緪（縆）”更合适。

① 中国社会科学院语言研究所词典编辑室编：《现代汉语词典》（第7版），北京：商务印书馆，2016年，第446页。

密 fèng：封/缝

“密 fèng”是一种陷阱类渔具。

例 1. 白洋淀陷阱渔具主要包括箔旋、篓、篮、密封等。（《白洋淀志》，第 113 页）

例 2. 令人不解的是：大密封的入口很窄，小鱼儿游进去也算顺理成章。而那些几斤重的大鱼也非挤进去不可，尤其那鼋鱼（王八），圆团的身材本来是进不去密封的，却也一意孤行，想方设法扁着身子滚进大密封里，岂不怪哉？（草白等：《渔猎：消逝的渔歌》，第 119 页）

例 3. 密缝，我们土语叫作“密分儿”，这种工具不需要放置“须”。有大有小，小的密缝约尺许来高，可诱捕屎包儿（中华鳑鲏）、麦穗、大青虾、小草虾小型鱼虾等。（刘贺军：《我的白洋淀》，第 64 页）

该渔具的独特价值在于“能防止落网的鱼虾逃脱”，为什么呢？因为它由纤细的竹条编织而成，其“缝隙”非常小，其名称也由此而来。而且，与篮、篓等其他陷阱类渔具相比，其缝隙最小。所以，笔者认为应该选择“缝 fèng”这个字。用“封”字是不合理的，因为如果“密封”了就无法解释鱼虾如何能进去了。

qiǎng 虾（鱼）：戗/抢

地方志和部分学术性文献用的是“戗”，多数网络文章和雄安地方作家用的是“抢”。

例 1. 紧戗鱼，慢戗虾，不紧不慢戗蛤蜊。[①]（《中国谚语集成》，第 846 页）

例 2. 在雄安新区的白洋淀上，每个季节都有应时的特色劳动方式。冰封淀面，人们仍在寒冷中辛勤劳动，有打箔仗的，有抢回子的，有用拖床（冰床子）搞运输的。（陈永皋：《冰上采菱》，白洋淀老者的博客 2018-03-05）

① 该书当页脚注：“戗，音 qiāng，一种捕鱼方式。”

我们先来看“戗”字。这个字有两个读音：qiāng 和 qiàng。

“戗 qiāng”，《汉语大字典》与《现代汉语词典》（第 7 版）基本一致：

> 逆；方向相反。如戗风；戗水。（《汉语大字典》，第 1514 页）
>
> 方向相对；逆：～风｜～辙儿走（逆着规定的交通方向走）。[《现代汉语词典》（第 7 版），第 1047 页]

再看“戗 qiàng”。本来是一个动词，“撑；支持。如：戗劲；戗得住；戗住墙。《水浒传》第五十六回：墙里望见两间小巧楼屋，侧首却是一根戗柱”①。也指用于这一动作的工具材料，“斜对着墙角的屋架”②。具体做法是“（将物体）斜靠着放”③。

再来看“抢”字。这个字有两个读音：qiǎng 和 qiāng。“抢 qiǎng”《汉语大字典》的释义与《现汉》的释义基本一致，后者将其处理为两个同音字，我们认为这样做更合理。其中“抢[1] qiǎng”的常用义是“抢夺；争夺”，很明显，它与我们正在讨论的渔法无关；“抢[2] qiǎng”的释义为：

> 刮掉或擦掉物体表面的一层：磨剪子～菜刀｜锅底有锅巴，～一～再洗｜摔了一跤，膝盖上～去了一块皮。[《现代汉语词典》（第 7 版），第 1049 页]

再翻阅《汉语方言大词典》，“抢”的义项 8 为：

> 〈动〉平着铲。㊀北京话。北京［tɕʻiaŋ^{214}］把地上的灰渣～起来。㊁冀鲁官话。山东聊城、高唐、茌平［ᶜtɕʻiaŋ］他们都去～麦茬去了｜我给你

---

① 汉语大字典编辑委员会编：《汉语大字典》（第二版，九卷本），武汉：崇文书局、四川辞书出版社，2010 年，第 1514 页。

② 中国社会科学院语言研究所词典编辑室编：《现代汉语词典》（第 7 版），北京：商务印书馆，2016 年，第 1050 页。

③ 许宝华、宫田一郎编：《汉语方言大词典》，北京：中华书局，1999 年，第 3461 页。

～个饼子。㊂中原官话。江苏徐州［tɕʻiaŋ³⁵］把地上的土疙瘩～掉。（《汉语方言大词典》，第2566页）

这一解释与“刮掉或擦掉物体表面的一层”基本一致，只不过一个只描述了动作，一个还交代了对象和结果。

关于“抢qiāng”，《现汉》释义中，第二个义项与“戗qiāng”的“方向相对”相同①；《汉语大字典》的释义中，第二个义项为“推；搡”，所举用例的对象为人，第三个义项为“逆”，所举用例非具体动作行为②，但此二项可视为“方向相对”的引申。总之，“抢qiāng”与“戗qiāng”基本一致。

“qiǎng鱼”这一渔法，缘于工具“qiǎng回”，而此工具与正或斜无关，也无所谓“方向相对”与否，而是因为工具回子的舌头（回兜的一侧边缘）是平的，作业时要将舌头紧贴水底往前推，动作的角度与方向与“平着铲”十分相似；其结果是，回子所经之处的鱼或虾被收入囊中，这与抢锅巴不同但又相似。试想：锅巴紧贴锅底，铲子将其分离；鱼虾虽不紧贴但也是接近水底的，回子插入鱼虾和水底之间将其分离。

综上，表示“撑，支持”的“戗qiàng”与“qiǎng鱼/qiǎng回”没有联系；“抢qiǎng”与“qiǎng鱼/qiǎng回”的qiǎng音义相合。当然，“抢qiǎng”应该是由“抢qiāng”字音变而来，而“抢qiāng”又与“戗qiāng”的第一个义项相同，所以，用“戗qiāng”字也无不可。相较而言，“抢”的常用读音为qiǎng，更能如实反映当地方言的读音，而且“戗”是后起字。因此，笔者主张用“抢qiǎng”。

chǎn河：潺/孱

指淀区的一个特殊时间段，以下两例解释得非常清楚：

例1. 小雪潺背河（意即小雪节令一到，则背阴之河，船不能行，冰

① 中国社会科学院语言研究所词典编辑室编：《现代汉语词典》（第7版），北京：商务印书馆，2016年，第1046页。

② 汉语大字典编辑委员会编：《汉语大字典》（第二版，九卷本），武汉：崇文书局、四川辞书出版社，2010年，第2049页。

床不能走，淀区谓之潺河。）（《安新县志》，1022页；《白洋淀志》，第438页）

例2. 最麻烦的是初冬刚结冰和春天冰面融化的时候，船不能行，人又不能走，这种状态叫“孱河”。（白云霜、王春光：《邀君渔村上 再现民风淳》，水润雄安文化网站 2018-08-15 12:01:31）

在白洋淀地区，“河”指“内河”与“淀”，只要是水面都称为“河”。白洋淀的初冬和初春有两个“chǎn河”期，这两个时期的冰面非常薄弱，人不能在上面行走，船因冰块的存在也动弹不得。“潺”是一个不能做语素的字，叠音词“潺潺”用于描写水缓流的样子或描摹溪水泉水流动的声音，从性质和表义来看都不可能与“河”组合。

“孱”chán本是书面用语，指身体的瘦弱或性格的软弱①，在方言中也有这两个用法：“〈形〉懦弱；无能；差劲。㊀古北方方言。《汉书·张耳陈馀传》：‘吾王～王也。’唐颜师古注引孟康曰：‘冀州人谓懦弱为～’……〈形〉（体质）衰弱。粤语。”② 两个义项都是形容词性的，与“河”构成偏正关系，用于描写当时的冰面状态非常合适。

冬季结冰初期和春季解冻初期，淀面冰块的承载力非常弱，所以笔者认为，用“孱”更合理。

（二）探索民俗语源，参考相关文献，借鉴其他方言

部分与雄安熟语相关的语词可以找到文献或字书依据，能够从文献中求得正确写法。此外，一些用字还可以在不同方言之间找到借鉴，结合文献的帮助考得本字。

tán城庙：檀/谭

在白洋淀地区及距其不远的定兴县，都流传着这样一条谚语“涝不涝，tán城庙”，其中tán的写法不尽一致。

---

① 中国社会科学院语言研究所词典编辑室编：《现代汉语词典》（第7版），北京：商务印书馆，2016年，第141页。

② 许宝华、宫田一郎编：《汉语方言大词典》，北京：中华书局，1999年，第6352页。

例 1. 涝不涝檀城庙。(《安新县志》，第 1019 页)

例 2. 谭城村庙会，谚有“涝不涝，谭城庙”的传说……(《定兴县志》，第 145 页)

“谭城”是定兴县北南蔡乡的一个村子，之所以有名，跟其地理位置有关。该村处于兰沟洼的最低点，据《定兴县志》，该县“地势平坦开阔，自西北向东南略有倾斜，最高点西魏家庄海拔 43.2 米，最低点谭城北海拔 13.4 米，两点高差 29.8 米，地面纵坡 0.75‰”①。如此低的地势，使得该村经常积水。那么“谭城庙”跟涝不涝又有什么关系呢？据《定兴县志》“六月二十四谭城村庙会，谚语有‘涝不涝，谭城庙’的传说，意为庙会前不涝，日后不再暴雨成灾”②。作为定兴县的一个村子，其村名的用字《定兴县志》应更有权威性。综上，本书认为，应该用“谭”而非“檀”。

出 shàn：汕/罧

例 1. 出汕是一项众人参与、相互协作的大型围捕活动，20 世纪 80 年代以前的人民公社时期，都是以集体为单位，或几个生产队联合一起，少则六七十，多者百余人。[《白洋淀渔猎文化》(上)，第 268 页]

例 2. 1959 年，中国科学院水生动物研究所深入白洋淀渔村走访调查，编辑出版《白洋淀渔具渔法》(冯钟琪) 一书，介绍包括出汕在内的传统渔具渔法近百种。[《白洋淀渔猎文化》(上)，第 268 页]

例 3. 熟罧，就是在河湖选定的水域，为鱼类营造栖息场所。过段时日待鱼聚集众多，则由外及内抽罧移帘，将鱼驱入罧心，以渔具捕获。生罧则是利用天然条件做成“鱼池”，选择水草丰茂，水缓底深的鱼类聚集越冬地带作“罧场”，用竹帘沿其四周设防包抄，由外向里逐步收缩，然后利用箔网、麻罩等渔具加以捕捞。[《白洋淀渔猎文化》(上)，第 268 页]

“出 shàn”是一个复杂的综合性捕捞活动，秋、冬、春三季皆可进行。先用

① 定兴县地方志编纂委员会编：《定兴县志》，方志出版社，1997 年，第 1 页。

② 定兴县地方志编纂委员会编：《定兴县志》，方志出版社，1997 年，第 145 页。

苇箔将鱼群出没的地方围住，然后层层缩小范围，将鱼驱赶到一个小的空间，最后再捕捞。以上用例都来自于《白洋淀渔猎文化》（上），该书作者看到了“汕”和“罧”的联系，而且承认二者是一致的，但是在介绍这一渔法时，最后还是选择了“汕”字。我们推测可能是出于字音的考虑，因为在白洋淀地区确实念 shàn，但是汉语语音历史演变的规律告诉我们，shèn 是有可能变为 shàn 的。而且，“罧”字的字形更符合词的本义，该字为会意字，“罒”和“林”提示了这一渔法的工具和材料。

笔者查阅了《汉语大词典》《汉语大字典》《辞源》，它们对于“罧 shèn”的解释基本一致。

> 《说文·网部》：“罧，积柴水中以聚鱼也。”《广韵·沁韵》：“罧，《尔雅》曰：‘槮谓之涔。’郭璞云：‘今之作罧者，聚积柴木于水中，鱼得寒入其里藏隐，因以箔围捕取之。’”《淮南子·说林》：“钓者静之，罧者扣舟，罩者抑之，罣者举之：为之异，得鱼一也。”高诱注：“罧者，以柴积水中以取鱼。扣者，击也。鱼闻击舟声，藏柴下，壅而取之。罧读沙槮。”（《汉语大字典》，第 3115 页）

通过以上解释我们可以知道，“罧”这一渔法是先将树枝下于水中，鱼为取暖而藏于枝杈间，渔夫用竹帘将其围住，敲击船舷，靠声音驱赶鱼聚集到一起，然后去掉树枝，即可得鱼。白洋淀人使用这一渔法时，将“柴”换成了“芦苇”，因为淀内芦苇丛生，水中苇根的作用与柴相似，为鱼儿提供了天然的取暖场所，秋后、隆冬以及初春时节，气温极低，苇塘中鱼儿聚集，渔民用苇箔围住“罧地”，然后捕鱼，即所谓“以簿围捕取之”。

《汉语方言大词典》的“罧 shèn”字注音与释义与大字典一致，而且注明其为冀鲁官话，并举出《畿辅通志》的用例：“清光绪十年《畿辅通志》：‘积柴水中捕鱼为～。幽州名之涔。’”① 由此可以证明当时河北一带管这一捕鱼法就叫“罧”。

“汕 shàn”字与捕鱼相关的义项有三个：

---

① 许宝华、宫田一郎编：《汉语方言大词典》，北京：中华书局，1999 年，第 6569 页。

1. 鱼游水貌。2. 捕鱼的工具。《尔雅·释器》："罺谓之汕。"郭璞注："今之撩罟。"邢昺疏："捕鱼笼。"……明夏完淳《燕问》："于是水师编筚以防逸，罟工横汕以利收。"3. 用鱼笼捕鱼。明岳元声《方言拒》卷下："谓罩禽鱼之类曰汕。"唐韩愈《崔十六少府摄伊阳以诗及书见投因酬三十韵》："况住洛之涯，鲂鳟可罩汕。"（《汉语大字典》，第 1663 页）

第一个义项的主体是鱼，与渔法无关。由第二和第三义项可知，"汕"应该是"罩"之类的掩捕性渔具和以此为工具的渔法。一说"汕"为"一种渔网"或"以网捕鱼"①。然而，白洋淀"出 shàn"是一项大型捕捞活动，虽然可能会用罩等掩捕类渔具以及箔网等，但对于整个渔法而言只是很小的一个组成部分，也就是说仅仅靠"汕"类的渔具是不可能完成整个捕鱼活动的。因此，笔者认为"汕"字不适合。

《中国内陆渔具渔法》详细介绍了湖南的"罧场"，其中有：

罧场俗称"罧子"，属箔筌型，导陷式陷阱类渔具，是湖南冬季作业的大型渔具之一。是利用树枝扎成把，诱集鱼类越冬，然后下帘包围，逐步缩小包围圈，集鱼而捕之。（《中国内陆渔具渔法》，第 360 页）

这一解释跟前文的例 3 是一致的。这种渔法的最后一个程序就叫"出罧取鱼"②，之所以叫"出罧"，是因为这是"从罧场里取鱼"，该词的造词法与"出炉""出塘"是一致的，即"趋向动词＋所在场地"。"汕"为一种渔具或渔法，"出＋汕"无从说解。

综上，笔者建议用"罧"，而不用"汕"。

（三）通过系列词语来考本字

地名用字：横/埑

例 1. 在王家寨村东，有块地名叫成子横。一九八一年，生产队在这

---

① 汉语大词典编纂处编：《汉语大词典》（缩印本），上海：上海辞书出版社，2007 年，第 3126 页。

② 陈家余编：《中国内陆渔具渔法》，北京：蓝天出版社，1999 年，第 361 页。

儿抬田时，挖出了汉白玉砌成的七步台阶。（邓志庚：《一叶通津》，微信公众号“白洋淀便民网”2016-12-8 16:21）

例 2. 北田庄东横（《安新县水利志》，141 页）

例 3. 此外，新区在全力打通淀区水流通道上也下足了功夫。启动淀区内部水流通道疏浚（百淀联通）试点，完成枣林庄闸前开卡除埑、藻苲淀水系连通、圈头区域阻水小岛拆除和端村区域水道疏通，拆除围堤围埝78 公里、46.87 万立方米，提升了淀区水动力。（田恬：《白洋淀在系统性生态治理中重放光彩——中国环境网》，https://www.cenews.com.cn/news.html?aid=966517，引用日期 2022-07-23，发布日期 2022-04-10，来源：河北日报）

“成子横”与“东横”中的“横 hèng”，我们没有查到它的来历和意义，也无法判断两个地名的由来。但是，由相关地名可以推测：“横”应该是“埑 hèng”字的误写。“埑”字在现代汉语中很少用到，《现代汉语词典》《汉语大词典》《汉语大字典》等对该字的释义只有“地名”或“地名用字”，至于具体字义只字未提。国内各地有很多带“埑”字的村名，其中河北省内就有不少，如唐山的“大官沽埑”和“南刘埑”、高碑店市的“埑上”、献县的“埑头”、安国市的“埑头”、廊坊市的“西埑”等，天津市还有宝坻区的“东埑头”、蓟县的“大埑上”。这一系列的“埑”到底是什么意思呢？我们从一些相关介绍找到了线索。

公众号“东丽新青年”讲到村名由来时，提道：

张姓大户利用袁家河在这一带开挖了东西向三条干渠，各长 2 公里，开垦水田，租给附近农民耕种。农民为耕种方便，便沿着三条渠岸盖房居住，住户越来越多，形成一个自然村落。因地处东杨台村以东，且地势高，因此得名东埑村。“埑”即长条高地之意。（《连载丨东丽这些正在消失的村庄，有你的家乡吗？（三十一、东埑村）》，微信公众号“东丽新青年”2018-10-24 15:34）

根据上文，“埑”所指为“长条高地”。孤证不立，我们又查找了一些文献。

安国市的“北埝晚眺”为古代祁州八景之一。据《安国县新志稿》载，此景“在埝头村西，嵯峨百尺，平野千家，烟雾迷离中恍惚蜃楼海市”①。屠琛有诗赞道：“嵯峨百尺俯平墟……”② 之所以能“眺”，说明所处地势之高，也正是“嵯峨百尺俯平墟”一句的由来。我们查找了《安国县志》，该县北确实有一村庄名“埝头”，“汉时古村，该村遗有一土筑高台”③。

《白洋淀渔猎文化》解释了“埝地”一词，“指淀底隆起地带，长有大片野生芦苇或菰草、蒲草，十几亩、几十亩、百余亩不等”④。正因为是淀底隆起的地带，所以 2020 年 10 月雄安新区实施了“除埝”工程⑤。如今，除埝之后的白洋淀底平坦舒缓，水流顺畅，淀区水体连通性大大提高，淀区航道通畅，大小船只行驶起来非常方便。

综上，“埝”应该是指长条的、地势相对很高的平整地带，可能在水中或水边，也可能在平地。例 1 和例 2 中的两个地名应为“成子埝”和“东埝”。

霄神庙/小圣庙

《安新县志》有一句歇后语“霄神庙里的船——吊起了来”，其中的“霄神庙”令人费解。该志给出的解释为“霄神庙：水区所独有的庙，霄神即治水之神”⑥。然而，这位治水的神仙是什么来历呢？沈从文在其作品《霄神》等中多次提到“霄神”，这是湘西汉苗人民在近现代日常生活中普遍信奉的傩神之一，“身长不过一尺，头戴红帽，身穿花衣，脸如冠玉”⑦，这位霄神是个名副其实的“小个子”神仙，而且有着凡人的品性，“山间野猕般调皮、爱捉弄人的性格”⑧。从歇后语可以推知，其中的霄神应该与治水有关，因此我们认为，雄安

① 《安国县新志稿》（全二册），台北：成文出版社有限公司，1969 年，第 61 页。

② 《安国县新志稿》（全二册），台北：成文出版社有限公司，1969 年，第 62 页。

③ 河北省安国市地方志编纂委员会编：《安国县志》，北京：方志出版社，1996 年，第 77 页。

④ 夏石矿、田汉卿编：《白洋淀渔猎文化》（上），石家庄：河北出版传媒集团河北美术出版社，2021 年，第 29 页。

⑤ 2020 年 10 月雄安新区公共资源交易服务平台发布《淀区枣林庄闸前开卡除埝工程施工总承包招标公告》。

⑥ 安新县地方志编纂委员会编：《安新县志》，北京：新华出版社，2000 年，第 1023 页。

⑦ 沈从文：《霄神》，《沈从文全集》（1 卷），太原：北岳文艺出版社，2002 年，第 29—34 页。

⑧ 王梦琪：《人神共娱：素朴的湘西傩神信仰——论沈从文作品中的“霄神”形象》，《广播电视大学学报》（哲学社会科学版），2021 年第 2 期，第 58—63 页。

的霄神与湘西的霄神所指并非一神。不过王梦琪指出“‘霄’‘小’谐音，因此民间也将‘霄神’称为‘小神’”[①]。这提醒我们：雄安的霄神也可能是“小神”的音变。于是我们去查找“小神庙”，无果，却发现在天津清河、北京通州都有“小圣庙”，而且过去安新县的安州、王家寨和赵北口十二连桥附近也有小圣庙，道光《安州志》记载：“小圣水神称平浪王，庙在北关之东，春秋二仲致祭。道光年重修。”[②] 数来宝《十二连桥赵北口》中有：“关帝阁，枭神庙，紧连广惠桥。”其中广惠桥附近的“枭神庙”，“又叫小圣庙，是供奉保佑船只航行安全的神，位置在广惠桥东北角”[③]。由此，我们推断：所谓“宵神庙”很可能就是“小圣庙”。

《民国天津县新志》介绍了小圣神的来历：“神，滕姓，名经，年二十三落水成神，故称小圣，盖海神也。旧有庙在河西，始封平浪侯，继封护国济运显应平浪元侯，商舶往来屡荷显应；顺治六年，复建庙河东，栋宇宏敞，陈廷敬、余泰来皆有碑记，载碑刻志。”[④]

海神或河神为小神，所以叫“小圣”。能够被封为小圣的肯定不是一般人，关于“滕经”的身世，《民国清河县志》有载：“滕经，性聪敏，双手写字，目观八行。年十二补弟子员，当时号为神童。嘉靖二十三年，乡试不第，归，至天津坠河死，时年二十三。数月驸马显圣，嘉靖敕封北河平浪小圣。清康熙敕封护国镇海显佑济运平浪元侯灵应尊神，至今沿河多有庙宇，香火不绝。”[⑤] 滕经是河北清河县滕蒿林村人，至今当地还有纪念他的元侯祠。元侯祠始建于嘉靖二十三年至隆庆六年间（1545—1567），原名“小圣祠堂”[⑥]。几百年来人们

① 王梦琪：《人神共娱：素朴的湘西傩神信仰——论沈从文作品中的“霄神”形象》，《广播电视大学学报》（哲学社会科学版），2021 年第 2 期，第 58—63 页。

② 上海书店出版社编：《中国地方志集成·河北府县志辑 34·道光安州志/乾隆新安县志》，上海：上海书店出版社，2006 年，第 63 页。

③ 赵虎：《数来宝〈赵北口十二连桥〉》，微信公众号“雄 AN 文学”2020-05-16 09:28。

④ 王守恂、高凌雯编：《民国天津县新志》，《中国地方志集成·天津府县志辑》第 3 册，上海：上海书店出版社 2004 年，第 698 页。

⑤ 张福谦、赵鼎铭编：《民国清河县志》，《中国地方志集成·河北府县志辑》第 72 册，上海：上海书店出版社，2006 年，第 185 页。

⑥ 胡梦飞：《镇水、平浪与祈雨：清代小圣信仰的历史考察》，《临沂大学学报》，2017 年第 3 期，第 78—84 页。

祈求小圣防水患、保一方平安。胡梦飞《镇水、平浪与祈雨：清代小圣信仰的历史考察》提到小圣信仰最为盛行的地区是天津，当时天津盐业发达，而且食盐的运输主要依赖于水运，而水神小圣本身就具有保障水上运输安全的职能。后来，小圣的职能逐渐多元化，小圣信仰也由天津扩展到直隶、山东等地区。[①]乾隆《通州志》记载通州小圣庙有两处："一在州北门外，一在张家湾。"[②] 至今，北京的通州区大运河岸边还有一个村子就叫"小圣庙村"，当地流传着小圣的传说。雄安附近的部分地方也曾建有小圣庙，如定兴县的大沟、清苑县的城东南隅。定兴人五月端午祭河神[③]，清苑县的庙临府河，"今在清苑县者，每岁商贩往来府河，秋日致祭，盖即祀府河之神也"[④]。在山东的利津、垦利、东营等地，人们也信仰小圣。[⑤]

小圣庙在一些地方被称为"肖神庙"或"小神庙"。"在芦台，小圣庙又称肖神庙，称为镇里最小的庙。"[⑥] 1913 年，在保定城区及四关清代遗存的寺庙祠观中就有"肖神庙"[⑦]。据说清光绪以前，潴龙河堤年年决口，淹没庄稼，冲毁房屋，民众在左右两堤修起过六座肖神庙，"肖神塑像凝眉注目，单叉腿立于桌案之上，左手揽袍，右手怒指险工激流"[⑧]。北京通州大运河岸边也有小神庙，"过去很长一段时间里，'小圣庙'与'小神庙'两称并行"[⑨]。据我们调查，白洋淀水村王家寨及其附近村民，口语中称"xiāo 神庙"。

---

① 胡梦飞：《镇水、平浪与祈雨：清代小圣信仰的历史考察》，《临沂大学学报》，2017 年第 3 期，第 78—84 页。

② （清）高天凤、金梅等编：《（乾隆）通州志》，华东师范大学图书馆藏稀见方志丛刊第 19 册，北京：北京图书馆出版社，2005 年，第 325 页。

③ （清）王履泰编：《畿辅安澜志》，《续修四库全书史部·政书类》，上海：上海古籍出版社，1995 年，第 291 页。

④ （清）王履泰编：《畿辅安澜志》，《续修四库全书史部·政书类》，上海：上海古籍出版社，1995 年，第 326 页。

⑤ 胡梦飞：《镇水、平浪与祈雨：清代小圣信仰的历史考察》，《临沂大学学报》，2017 年第 3 期，第 78—84 页。

⑥ 津味君：《运河造神·航海敕封·盐业崇奉——小圣平浪侯信仰民俗考述》，北京旅游官网 2019-11-07 17:22:36。https://www.visitbeijing.com.cn/article/47QtPBL7PfL。

⑦ 郝群峰：《保定城里，竟然有过这么这么多的庙》，微信公众号"直隶尚书房"2020-11-02 20:18。

⑧ 小讯：《关于潴龙河，博野人知道多少?》，微信公众号"博野快讯"2016-07-25 17:19。

⑨ 运河文库：《地名谈｜小圣庙　大王庙》，微信公众号"通州区图书馆"2018-03-15 11:45。

综上，“霄”“肖”与“小”谐音，“神”与“圣”只是前后鼻音之分，“霄神”与“肖神”应该都是“小圣”二字在当地的音变。笔者认为，本字“小圣”更便于表现该神年纪轻、原为平民、神位低等特点，而且笔画比“霄神”“肖神”都简单，因此各地庙名的文字表述统一为“小圣”更合适，这样可以避免很多考证之劳。

参考文献

著作类

[1] 王勤. 汉语熟语论［M］. 济南：山东教育出版社，2006.

[2] 武占坤. 汉语熟语通论（修订版）［M］. 保定：河北大学出版社，2007.

[3] 武占坤. 武占坤文集（卷二）［M］. 石家庄：河北教育出版社，2018.

[4] 孙维张. 汉语熟语学［M］. 长春：吉林教育出版社，1989.

[5] 王勤. 谚语歇后语概论［M］. 长沙：湖南人民出版社，1980.

[6] 武占坤，马国凡. 谚语［M］. 呼和浩特：内蒙古人民出版社，1980.

[7] 温端政，温朔彬. 惯用语［M］. 北京：商务印书馆，2014.

[8] 温端政. 歇后语［M］. 北京：商务印书馆，1985.

[9] 温端政. 谚语［M］. 北京：商务印书馆，1985.

[10] 温端政. 方言与俗语研究——温端政语言学论文集［M］. 上海：上海辞书出版社，2003.

[11] 谭永祥. 歇后语新论［M］. 济南：山东教育出版社，1984.

[12] 王吉辉. 固定语研究［M］. 天津：南开大学出版社，2009.

[13] 王捷，徐建华，刁玉明. 中国俗语［M］. 上海：上海文艺出版社，1992.

[14] 陈长书. 歇后语研究［M］. 北京：中国社会科学出版社，2016.

[15] 马国凡，马叔骏. 俗语［M］. 呼和浩特：内蒙古人民出版社，1997.

[16] 马国凡. 谚语　歇后语　惯用语［M］. 沈阳：辽宁人民出版社，1961.

[17] 屈朴. 俗语古今［M］. 石家庄：河北人民出版社，1991.

[18] 刘叔新. 汉语描写词汇学［M］. 北京：商务印书馆，2000.

[19] 胡裕树. 现代汉语（重订本）［M］. 上海：上海教育出版社，2011.

[20] 葛本仪. 现代汉语词汇学［M］. 济南：山东人民出版社，2001.

[21] 王德春. 词汇学研究［M］. 济南：山东教育出版社，1983.

[22] 周荐. 词汇学词典学研究 [M]. 北京：商务印书馆，2004.

[23] 温端政. 汉语词汇学教程 [M]. 北京：商务印书馆，2006.

[24] 游汝杰. 汉语方言学导论 [M]. 上海：上海教育出版社，1992.

[25] 姚殿芳，潘兆明. 实用汉语修辞 [M]. 北京：北京大学出版社，1987.

[26] 王希杰. 汉语修辞学（第三版）[M]. 北京：商务印书馆，2014.

[27] 李庆荣. 现代实用汉语修辞（修订版）[M]. 北京：北京大学出版社，2012.

[28] 郭伏良. 新中国成立以来汉语词汇发展变化研究 [M]. 保定：河北大学出版社，2001.

[29] 费尔迪南·德·索绪尔. 普通语言学教程 [M]. 高名凯，译. 北京：商务印书馆，1980.

[30] 曲彦斌. 民俗语言学（增订版）[M]. 沈阳：辽宁教育出版社，2004.

[31] 谭汝为. 民俗文化语汇通论 [M]. 天津：天津古籍出版社，2004.

[32] 黄涛. 语言民俗与中国文化 [M]. 北京：人民出版社，2002.

[33] 钟敬文. 民俗学概论（第二版）[M]. 北京：高等教育出版社，2010.

[34] 钟敬文. 民俗文化学：梗概与兴起 [M]. 北京：中华书局，1996.

[35] 高丙中. 中国民俗概论 [M]. 北京：北京大学出版社，2009.

[36] 顾颉刚. 顾颉刚民俗论文集 [M]. 上海：上海文艺出版社，1998.

[37] 费孝通. 乡土中国 [M]. 上海：上海人民出版社，2007.

[38] 河北省地方志编纂委员会. 河北省志·民俗志 [M]. 石家庄：河北人民出版社，2013.

[39] 丁世良，赵放. 中国地方志民俗汇编（华北卷）[M]. 北京：北京图书馆出版社，1989.

[40] 容城县地方志编纂委员会. 容城县志 [M]. 北京：方志出版社，1999.

[41] 雄县县志编纂委员会. 雄县志 [M]. 北京：中国社会科学出版社，1992.

[42] 安新县地方志办公室. 白洋淀志 [M]. 北京：中国书店，1996.

[43] 安新县地方志编纂委员会. 安新县志 [M]. 北京：新华出版社，2000.

[44] 定兴县地方志编纂委员会. 定兴县志 [M]. 北京：方志出版社，1997.

[45] 安国县新志 [M]. 台北：成文出版社有限公司，1969.

[46] 安新县水利志编纂委员会. 安新县水利志 [M]. 北京：方志出版社，

1994.
[47] 河北省地方志编纂委员会. 河北省志·水产志 [M]. 天津：天津人民出版社，1996.
[48] 王履泰. 畿辅安澜志 [M] //续修四库全书史部·政书类. 上海：上海古籍出版社，1995.
[49] 海河志编纂委员会. 海河志（第一卷） [M]. 北京：中国水利水电出版社，1997.
[50] 海河志编纂委员会. 海河志（第二卷） [M]. 北京：中国水利水电出版社，1998.
[51] 河北省安国市地方志编纂委员会. 安国县志 [M]. 北京：方志出版社，1996.
[52] 李大本等，李晓泠等. 高阳县志 [M]. 台北：成文出版社有限公司，1968.
[53] 刘炳，王应鲸. 任邱县志 [M]. 乾隆二十八年（1763 年）刻本.
[54] 任丘市文联. 中国任丘 [M]. 北京：中国文史出版社，2005.
[55] 上海书店出版社. 道光安州志 乾隆新安县志 [M] //中国地方志集成·河北府县志辑（第 34 册）. 上海：上海书店出版社，2006.
[56] 张福谦，赵鼎铭. 民国清河县志 [M] //中国地方志集成·河北府县志辑（第 72 册）. 上海：上海书店出版社，2006.
[57] 彭艳芬. 白洋淀历史与文化 [M]. 保定：河北大学出版社，2012.
[58] 夏石矿，田汉卿. 白洋淀渔猎文化（上）[M]. 石家庄：河北出版传媒集团河北美术出版社，2021.
[59] 夏石矿，田汉卿. 白洋淀渔猎文化（下）[M]. 石家庄：河北出版传媒集团河北美术出版社，2021.
[60] 幽之，马伊凡. 老保定方言拾趣 [M]. 北京：新华出版社，2018.
[61] 保定历史文化丛书编辑委员会. 燕南赵北民俗 [M]. 北京：方志出版社，2002.
[62] 宋忠臣. 白洋淀的故事（一）[M]. 中国香港：天马出版有限公司，2010.
[63] 王英年. 水乡琐忆 [M]. 保定：河北大学出版社，2016.
[64] 冬子李. 白洋淀美食笔记 [M]. 中国香港：中国文化出版社，2016.

[65] 马景文，杨亚蒙．雄安水木匠：白洋淀边造船人［M］．天津：天津人民出版社，2020.
[66] 泥鳅张．水淀留痕［M］．北京：学苑出版社，2015.
[67] 刘贺军．我的白洋淀［M］．长春：吉林人民出版社，2020.
[68] 草白，小麦，等．渔猎：消逝的渔歌［M］．桂林：广西师范大学出版社，2018.
[69] 李明德．天津鱼类志［M］．天津：天津科学技术出版社，2011.
[70] 张敦宪，钱敬炜．南京渔业志［M］．合肥：黄山书社，2000.
[71] 陈家余．中国内陆渔具渔法［M］．北京：蓝天出版社，1999.

工具书类

[1] 中国民间文学集成全国编辑委员会，中国民间文学集成河北卷编辑委员会．中国谚语集成·河北卷［M］．北京：中国社会科学出版社，1992.
[2] 许宝华，宫田一郎．汉语方言大词典［M］．北京：中华书局，1999.
[3] 武占坤．中华风土谚志［M］．北京：中国经济出版社，1997.
[4] 温端政．俗语大词典［M］．北京：商务印书馆，2015.
[5] 温端政．中国俗语大词典［M］．上海：上海辞书出版社，1989.
[6] 汉语大词典编纂处．汉语大词典（缩印本）［M］．上海：上海辞书出版社，2007.
[7] 汉语大字典编纂委员会．汉语大字典（第二版）［M］．武汉：崇文书局、四川辞书出版社，2010.
[8] 中国社会科学院语言研究所词典编辑室．现代汉语词典（第 7 版）［M］．北京：商务印书馆，2016.
[9] 张紫晨．中外民俗学词典［M］．杭州：浙江人民出版社，1991.

论文类

[1] 申小龙．民俗事象的语言视界［J］．学术研究，1992（3）.
[2] 王勤．俗语的性质和范围——俗语论之一［J］．湘潭大学学报（哲社版），1990（4）.
[3] 王勤．俗语的构成和意义——俗语论之二［J］．湘潭大学学报（哲社版），1998（1）.
[4] 周荐．惯用语新论［J］．语言教学与研究，1998（1）.

[5] 张桂光. 方言描写的用字问题略议 [J]. 学术研究，2009 (11).
[6] 潘延宾，郑涛. 湖泊水网地区乡村建设中的鸟类栖息地保护规划 [J]. 绿色科技，2020 (7).
[7] 肖红松，王永源. 白洋淀区域的村庄、集市与社会变迁（1840－1937 年）[J]. 河北大学学报（哲社版），2018 (6).
[8] 彭艳芬. 白洋淀区域航运功能的历史考察 [J]. 保定学院学报，2012 (2).
[9] 秦树辉，韩秀珍. 初探自然地理环境对民俗事象的影响 [J]. 内蒙古师大学报（哲社科版），1998 (5).
[10] 曲彦斌. 略论语言与民俗的双向研究 [J]. 语言教学与研究，1997 (3).
[11] 徐建华. 俗语，一种独立的熟语语种 [J] 衡阳师专学报（社会科学），1992 (1).
[12] 钟昆儿. 汉语方言语词考本字研究方法综述 [J]. 重庆交通大学学报（社会科学版），2017 (6).
[13] 王梦琪. 人神共娱：素朴的湘西傩神信仰——论沈从文作品中的“霄神”形象 [J]. 广播电视大学学报（哲学社会科学版），2021 (2).
[14] 张莉. 安新谚语的白洋淀淀域文化内涵解析 [J]. 河北科技师范学院学报(社科版)，2019 (2).
[15] 张莉. 安新渔谚的知识传授及文化传承价值 [J]. 河北师范大学学报（哲社科版），2018 (3).
[16] 张莉，李琴. 安新事理谚的白洋淀淀域文化内涵探析 [J]. 汉字文化，2018 (24).
[17] 董丽娟. 民俗语汇研究的历史、传统、定位和新进展 [J]. 文化学刊，2011 (5).
[18] 方言. 白洋淀上的传统造船技艺 [J]. 共产党员（河北），2018 (16).
[19] 李如龙. 考求方言词本字的音韵论证 [J]. 语言研究，1988 (1).
[20] 刘燕. 俗成语与类成语及其他词语的划界问题 [J]. 齐齐哈尔大学学报(哲社版)，2014 (1).
[21] 刘中富. 成语的界定与成语的层次性 [J]. 山东师范大学学报（人文社会科学版），2016 (4).
[22] 李亚宏，李燕凌. 文化自信视域下河北方言文化的保护与传播 [J]. 河北

大学学报（哲社版），2021（2）.

[23] 韩阙林. 谈谈“俗语”[J]. 河北师院学报，1979（4）.

[24] 胡梦飞. 镇水、平浪与祈雨：清代小圣信仰的历史考察［J］. 临沂大学学报，2017（3）.

[25] 金泽. 试析民间信仰的概念边界［J］. 西北民族研究，2020（4）.

[26] 石磊等. 鲥鯸淀鱼类群落特征与生物完整性评价［J］. 生态学杂志，2020（8）.

[27] 王会昌. 一万年来白洋淀的扩张与收缩［J］. 地理研究，1983（3）.

[28] 孙文举. 安新苇席生产史略［J］. 河北学刊，1984（3）.

[29] 王泽鹏. 近20年汉语惯用语研究［J］. 学术研究，1998（11）.

[30] 孙月. 俗语在熟语中的定位及其特征［D］. 保定：河北大学，2006.

后　记

2023年的春天即将过去，打开窗子，暖风送来初夏的气息。经过反复修改，本书终于可以问世了。在此，记录一下本书的写作过程。

对于雄安熟语的关注缘于我的婆母。十几年前，老人家还健在的时候，我们每年都会有一段时间生活在一起。老太太一口安新水乡方言，十分健谈。她经常念叨起老家的生活：捕鱼、织席、打箔……让我这个旱区长大的“旱鸭子”听得兴奋而神往。从那时起，我每次回白洋淀婆家，都要采风，并收集当地的民俗信息和具有地方特色的熟语。2017年雄安新区设立，保定学院组织学术骨干承接了新区交办的“雄安百题”项目，我有幸参加。紧接着，我校受新区管委会委托，创建“水润雄安”文化网站，我承担了网站三个子栏目的编辑工作。此间我对雄安文脉有了整体认知，对雄安民俗有了更加深入的思考。2018年，校科研处组织雄安研究人员编撰“雄安丛书”，我的专业方向是汉语词汇学，加上多年来积累的材料，便确立了“雄安熟语”这一选题。说实话，最初只是想做一套工具书，将熟语及其所承载的民俗介绍给大家。但是，在材料梳理过程中，我发现，工具书还不够尽研究之兴，熟语中还有许多宝贵的民俗信息等待我们去发掘和整理。于是，我申报了河北省社科发展项目并成功获批（本书为白云霜2018年承担的河北省社会科学发展研究课题，课题编号：201803050102）。

当雄安熟语收集工作基本完成时，困难就来了——如何将手里的熟语进行归类，涉及熟语的成员（成语、谚语、惯用语、俗语、歇后语）的界定。释义的难度也很大，既要有一定的语言学功底，还需要掌握足量的文化信息，理解当地民众心理，这样才可能悟出每一条熟语背后的真实意味。另外，雄安熟语一般为口头形式，少有文献供参考，因此考证词语的用字和词形（语形）又是一个难题。

有几次，研究限于困境，无法推进，我的身体也不做主，一度遭受各种病痛的折磨。当时的感觉就好像是在黑暗的隧道里爬行，看不到一点光亮。每到这时候，我便暂时停下思考，继续阅读、调查、收集，期待有新的感悟出现。偶尔也会豁然开朗，半夜起来开灯记录下一闪即逝的灵感火花。书稿艰难地推进着，黑暗中慢慢出现了一点光亮，越来越大。2022 年 11 月底，在遭遇新冠病毒袭击之前，我终于把书稿交给了出版社。

感谢保定学院校领导，为我提供了参与雄安文化建设的机会。感谢保定学院提供的资金支持，感谢许明远处长、彭晓峰书记为我争取出版经费。感谢我的责任编辑韩立霞老师，我们因此书而结缘，她淳朴而聪慧，严谨而热心，给了我很多专业性指导。感谢刘玲娣老师，她为本书提供了非常有雄安特色的熟语条目。感谢文学院中文系主任马晶晶老师，是她不辞辛苦的努力，保证了本书的顺利出版。

最后，还要感谢我的家人。我爱人王春光是土生土长的白洋淀人，他非常熟悉当地的风俗习惯，而且对语言十分敏感，在调查、整理和解释熟语的过程中，给了我很大帮助。我的姐姐、大嫂、二嫂、二哥、五哥、五嫂、侄女、外甥都是白洋淀劳动者，他们深谙各种生产生活习俗，不厌其烦地帮我解读民俗信息，为本书提供了宝贵的民俗资料。在此谨向他们表示感谢！

限于本人的能力水平，本书难免存在疏漏与不足，敬希学界同仁和广大读者批评指正。

白云霜

2023 年 4 月于保定尚城